财务会计类专业精品课程规划教材

统计基础

（第三版）

● 王玉梅　刘新勇　主编

苏州大学出版社
Soochow University Press

图书在版编目(CIP)数据

统计基础 / 王玉梅, 刘新勇主编. -- 3 版. -- 苏州：苏州大学出版社, 2023.1(2025.7重印)
 ISBN 978-7-5672-4230-2

Ⅰ.①统… Ⅱ.①王… ②刘… Ⅲ.①统计学－高等职业教育－教材 Ⅳ.①C8

中国版本图书馆 CIP 数据核字(2022)第 249636 号

统计基础(第三版)

王玉梅　刘新勇　主编

责任编辑　王　亮

苏州大学出版社出版发行
(地址：苏州市十梓街1号　邮编：215006)
苏州工业园区美柯乐制版印务有限责任公司印装
(地址：苏州工业园区双马街97号　邮编：215012)

开本 787 mm×1 092 mm　1/16　印张 18.5　字数 462 千
2023 年 1 月第 3 版　2025 年 7 月第 7 次修订印刷
ISBN 978-7-5672-4230-2　定价：59.00 元

图书若有印装错误，本社负责调换
苏州大学出版社营销部　电话：0512-67481020
苏州大学出版社网址　http://www.sudapress.com
苏州大学出版社邮箱　sdcbs@suda.edu.cn

第三版前言

"统计基础"是教育部规定的高等职业教育财务会计类专业的一门专业基础课程。本书是为适应高等职业教育会计类专业课程改革和精品课程建设的需要,在会计专业人才培养方案和"统计基础"课程标准的基础上,由江苏联合职业技术学院会计专业建设指导委员会开发编写的精品课程教材。

随着大数据和我国统计理论与实践的飞速发展,大数据统计正在改变人们对数据的需求层次,对人才培养和专业教学提出了不同的新需求和新思维。为适应新时代统计应用的实践需要,引导学生运用统计思维去发现数据和分析数据的新发展,同时配合课程名称的调整,我们在江苏省"十四五"职业教育规划教材《统计认知与技术(第二版)》基础上对教材名称和内容进行了必要修订。

在本次修订中,我们坚持从统计基本观念入手,以统计调查技术、统计整理技术、统计描述技术、静态分析技术、动态分析技术、统计指数分析技术、统计报告分析技术为体系,以知识认知和能力训练两条教学主线的融合为切入点,基于统计工作认知过程进行项目设计,体现任务引领和实践导向的课程思想,强调以学生为主体,有创新、有特色地为职业岗位工作所需的必备技能提供最基本的统计应用技术。本次修订的基本原则与内容如下:

第一,根据近年来我国统计法规、统计法实施条例和统计制度建设的最新成果和变化情况,对教材部分内容进行了补充和完善。

第二,根据课程教学新要求,同时为了体现教材内容的新颖性,更换了教材中的部分案例资料。使用最新公布的统计资料、统计年鉴和统计公报数据,贴近教学实际,有利于进一步提升教师授课和学生学习的质量。

第三,根据国家对课程思政的基本要求,在课后阅读与思考和有关项目任务内容中结合业务特点补充融入了有关课程思政方面的思考题,有利于让学生在案例资料的统计学习中了解国家和社会发展的新能量、新导向。

第四,根据统计应用的实践需要,更新了部分统计资料,选择最新的社会关注热点和最新的统计数据充实有关案例和任务测试等,使教材内容与统计工作实务更加紧密联系,有利于拓展学生的学以致用能力。

第五,根据统计整理技术与分析应用要求,加强了统计技术能力与 Excel 数据处理技术的实践结合,在任务思考中补充和完善了 Excel 的统计应用内容。

第六,针对本书编写过程中的文字表述等方面的内容,进行了全面复查与修订。

第七,与本书配套的教学参考书《统计基础职业能力训练》也同时修订再版。

由于编者水平有限,书中可能存在一些缺点和不足,恳请广大读者不吝批评与指正,以便我们更好地加以完善和改进。

编 者

2022 年 12 月

前言

本书是为适应高等职业教育会计类专业课程改革和精品课程建设的需要,在会计专业人才培养方案和《统计认知与技术》课程标准的基础上,由江苏联合职业技术学院财务会计专业建设指导委员会开发编写的精品课程教材。

本书从统计基本观念入手,按照"知识认知、技能训练""理论教学与统计实践有机结合"的思路来设计教材内容,有选择地安排统计理论和方法的认知学习与技能训练,力求基于统计工作过程进行课程项目教学设计,形成仿项目化任务型体系,尽可能体现"任务引领、实践导向"的课程设计思想及富有先进性、通用性、实用性和延展性的教学理念。

本书在编写过程中,吸收和借鉴了国内外专家学者在统计领域的研究成果,以培养学生的职业通识能力为切入点,引导学生在建立一般统计观念的基础上,认知统计的基本知识和掌握统计工作的基本技能,涵盖职业岗位工作所需的最基本的统计应用技能。本书一方面服务于职业人才培养目标,为学生的职业能力培养提供统计方法和应用工具;另一方面注重培养学生的统计职业能力和职业素养。在结合高职院校统计教学实际需要的基础上,经过反复研讨编写了该教材。本书具有以下几个方面的特点:

1. 模式新颖:突破传统课程体系的模式,以知识认知、技能训练为主线,注重学生统计活动能力的培养;项目任务充分体现新知识、新技术、新方法,通俗易懂,简练实用。

2. 内容精简:在分析职业岗位能力需求的基础上选取课程的整体内容;强调必需、够用、能用的原则,不追求理论性和系统性,避免深奥的理论推导,着重统计知识的认知,较为精简地介绍统计方法在实践中的运用。

3. 结构层递:以基本的统计工作认知过程为导向确定教学内容的框架模块,依据统计技能的基本运用环节展开分解,将每个环节作为一个项目来学习。根据每个项目的学习特点和目标,构建不同的任务情境,采用层层递进的方式对各个项目学习目标的思路进行展开描述。

4. 形式多样:教材体例以项目教学目标为引领,由任务引入进行知识导入,进而讲解贯穿各项目内容和任务情境的理论知识、技术方法、实践运用与技巧,主要采用学习目标、任务引入、任务描述、相关知识、任务实施、能力测试、课后阅读与思考等框架流程,穿插想一想、议一议、做一做、试一试、知识链接、问题讨论、软件操作、重点提示、小资料等作为课程设计的基本体例。以仿项目化任务的实施过程及许多个性化的案例、小测试等,激发学生的思考兴趣和学习热情。

5. 观念突出:以统计观念为基础,在统计认知基础上突出学生对统计技术实际操作能力应用的培养,通过项目教学、工作任务引领,提高学生的学习兴趣,激发学生的成就动机,尽量将现实生活中的经济现象、统计实践、会计工作等存在的相关问题联系起来,使学生在实际工作中对身边最普通的社会经济统计问题展开开放性的思考。

为帮助学生深入领悟书中的有关内容,加深学生对相关统计理论与方法的理解,我们还编写了与教材配套的辅助读物——《统计认知与技术职业能力训练》。

本教材由江苏联合职业技术学院常州刘国钧分院王玉梅副教授和刘新勇老师担任主编,提出编写思路,组织教材编写、论证工作。全书共分八个项目及附录,编写人员的具体分工为:项目一中的任务一由刘新勇编写,任务二、任务三、任务四由江阴中等专业学校王晓编写;项目二中的任务一、任务四由常州刘国钧分院糜德萍编写,任务二、任务三、任务五由刘新勇编写;项目三中的任务一、任务二、任务三、任务四由扬州分院张中元编写,任务五、任务六由江苏省靖江中等专业学校范剑锋编写;项目四由南通商贸分院庄跃进编写;项目五由南京财经学校张二网编写;项目六由徐州财经分院李辉编写;项目七由连云港财经分院韩春燕编写;项目八由苏州旅游与财经分院张澄华编写;附录由王玉梅编写。全书由刘新勇设计编写方案,并负责统稿、总纂与定稿工作。

本书是在江苏联合职业技术学院领导的关心、支持和精心指导下立项编写的,徐州财经分院郑在柏教授对本书的编写给予了大力支持,在编写过程中还参考和借鉴了国内外学者的有关文献,在此一并表示衷心感谢。本书的出版得到了苏州大学出版社薛华强、王亮两位同志及其他工作人员的热情帮助和大力支持,对他们的辛勤付出,一并表示诚挚谢意!

本书主要适用于高等职业教育财经管理类专业,也适用于中等职业教育财经管理类专业,还可以作为其他相关专业人员的学习用书。由于时间仓促、编写水平有限,本书难免存在一些缺点和不足,恳望广大同仁和读者不吝赐教、批评指正!

CONTENTS 目录

项目一　统计观念的建立　001
任务一　认知统计数据　001
任务二　认知统计工作过程　013
任务三　认知统计学中常用基本概念　017
任务四　认知统计计算工具　026

项目二　统计调查技术　039
任务一　认知统计调查　039
任务二　原始资料的收集　045
任务三　次级资料的收集　055
任务四　编写统计调查方案　064
任务五　设计调查问卷　070

项目三　统计整理技术　079
任务一　认知统计整理　079
任务二　数据排序　084
任务三　数据筛选　090
任务四　数据分组　096
任务五　编制分配数列　106
任务六　数据汇总　118

项目四　统计描述技术　　132

　　任务一　认知统计表　　132
　　任务二　编制统计表　　138
　　任务三　认知统计图　　146
　　任务四　绘制统计图　　154

项目五　静态分析技术　　171

　　任务一　总量指标分析　　171
　　任务二　相对指标分析　　178
　　任务三　平均指标分析　　184
　　任务四　标志变异指标分析　　197

项目六　动态分析技术　　206

　　任务一　编制动态数列　　206
　　任务二　发展水平分析　　210
　　任务三　平均发展水平分析　　212
　　任务四　增长量和平均增长量分析　　217
　　任务五　发展速度分析　　220
　　任务六　增长速度分析　　227
　　任务七　平均发展速度和平均增长速度分析　　231

项目七　统计指数分析技术　　235

　　任务一　认知统计指数　　235
　　任务二　计算综合法总指数　　241
　　任务三　计算平均法总指数　　250

项目八　统计分析报告技术　　259

　　任务一　认知统计分析报告　　259
　　任务二　统计分析报告的选题与撰写　　270

附　录　国民经济和社会发展常见统计指标解释　　283

参考文献　　288

项目一

统计观念的建立

 学习目标

1. 能够运用统计数据的特性辨析统计事项与统计数据。
2. 能够运用统计的基本工作过程进行简单的统计实践活动。
3. 能够运用总体与总体单位、标志与指标、变量与变异等基本概念辨析统计工作过程中的特性问题。
4. 能够使用统计计算工具，会用 Excel 进行简单的统计处理操作。

任务一 认知统计数据

 任务要求

1. 能指出不同统计数据的来源或获取途径；能辨别各种信息资料中的统计数据类型。
2. 能说出数据计数与统计过程的内在关系；能从统计的角度解释与数据信息有关的问题，能用统计思维质疑数据。

 任务引入

如何认识统计和统计数据

晨兴夜寐，您在常州这个城市结束了忙碌的一天，也许不会留意到：这一天，会产生15亿元左右的工业总产值，有1.6万平方米的住宅竣工，消耗了6 300多万度电、60多万吨自来水，有100多对新人步入婚礼殿堂，80个小生命来到人间……这些数字，每天都被城市社

会经济调查队(统计队伍)详细地记录着。

再如,河南省某市有个小女孩得了一种血液病,有三个治疗方案可供选择,一种是父母再生一个,用孩子的脐血来治疗,治愈率为70%,另外两种方案的治愈率则只有50%和30%。那么,是不是说第一种方案就肯定比后两种方案好呢?不见得。对一个患者来说,要么是治好,要么是治不好,没有其他的结果。治愈率就是一种统计平均数,是在过去多次临床试验中显示出来的一种百分比。

把统计引入生活,不是想要让每个普通人都成为专家,而是希望通过掌握一些简单的统计知识,为日常生活提供实在的服务。

那么,统计是什么?如果想"快餐式"地知道,那么统计就是采集数据、处理数据,并由这些数据得到结论的概念、原则和方法。

在日常生活中,很多现象具有不确定性,统计上叫作随机事件,就像随意投掷硬币,可能正面朝上,也可能反面朝上。但如果把这些随机事件放在一起,我们会惊讶地发现它们所显现出来的规律性,观察的同类事件越多,规律性越强。投掷硬币到1 000次左右,我们就会发现,正、反面朝上的机会差不多。

从随机性中寻找规律性,是统计的基本思想,也是统计的魅力所在。这种规律是"模糊数学",会有一定误差。我们仍相信统计数字的理由,是因为这个误差有一个合理的"度"。

(资料来源:根据《常州晚报》2008年6月2、10、16日A6版内容整理)

任务描述

1. 用表格的形式列出上述资料中出现的所有数据。
2. 指出每一统计数据的来源或可能的获取途径、数据类型。
3. 资料中提到"投掷硬币到1 000次左右,我们就会发现,正、反面朝上的机会差不多"。你能以此为例说出数据计数与统计过程的内在关系吗?
4. 资料中关于血液病的治愈率提到了三个数据:70%、50%和30%,请你从统计的角度对这三个数据信息的可靠性做出质疑解释。

议一议 在人们的一般认识中,"统计"就是"计数"。统计学?估计是和数据有关吧。结合图1.1-1中的漫画谈谈你的看法。

数据是统计学家的原材料,我们正是运用这些数字来诠释现实。统计问题不是搜集、描述和分析数据,就是对数据的搜集、描述和分析进行推理。

(资料来源:[美]拉里·戈尼克、沃尔科特·史密斯著,梁杰等译:《漫画统计学入门》,辽宁教育出版社,2002年1月)

图1.1-1 我弄懂这个问题的概率是92%……

项目一 统计观念的建立

相关知识

一、认识统计数据

(一)统计数据的含义和形式

《辞海》对"数据"的解释是:人们进行各种统计、计算、科学研究或技术设计等所依据的数值。数据有很多种形式,最简单的就是数字,数据也可以是文字、图像、声音等。数据可以用于科学研究、设计、查证等。

(二)统计数据的呈现方式

数据的呈现可以用表格、文字、图形等方式进行描述。下面给出几个日常统计数据资料的例子,让大家对数据有一个直观的了解。

【例1】 我国2024年一季度GDP初步核算结果(表1.1-1)。

表1.1-1　　　　　　　　2024年一季度GDP初步核算数据

指标名称	绝对额/亿元	比上年同期增长/%
GDP	296 299	5.3
第一产业	11 538	3.3
第二产业	109 846	6.0
第三产业	174 915	5.0

注:1. 绝对额按现价计算,增长速度按不变价计算;
　　2. 三次产业分类依据国家统计局2018年修订的《三次产业划分规定》;
　　3. 行业分类采用《国民经济行业分类(GB/T 4754—2017)》;
　　4. 本表GDP总量数据中,有的不等于各产业(行业)之和,是由于数值修约误差所致,未做机械调整。

(资料来源:中国国家统计局网,https://www.stats.gov.cn/sj/zxfb/202404/t20240429_1948771.html)

【例2】 2023年常州市国民经济和社会发展统计公报(节选)。

【综合】部分

经济总量突破万亿。初步核算,全年实现地区生产总值(GDP)10 116.36亿元,按不变价格计算,比上年增长6.8%;按常住人口计算,人均地区生产总值达18.84万元,增长6.5%。分三次产业看,第一产业增加值178.92亿元,增长3.2%;第二产业增加值4 857.43亿元,增长7.1%;第三产业增加值5 080.01亿元,增长6.6%。三次产业增加值比例调整为1.8∶48.0∶50.2。民营经济实现增加值6 761.25亿元,按不变价格计算,比上年增长7.3%;民营经济增加值占GDP比重达66.8%,对全市经济增长的贡献率为71.3%。

(资料来源:常州市统计局网,https://tjj.changzhou.gov.cn/html/tjj/2024/OEJQMFCO_0305/27901.html)

【例3】 2019—2023年上海市生产总值及其增长速度(图1.1-2)。

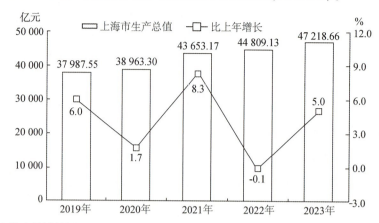

(资料来源:上海市统计局网,https://tjj.sh.gov.cn/tjgb/20240321/f66c5b25ce604a1f9af755941d5f454a.html)

图1.1-2 2019—2023年上海市生产总值及其增长速度

问题讨论

> 根据你对数据的直观了解,说说数据的描述方式有哪些?你觉得哪一种比较好?为什么?

 想一想 阅读这些数据:① 深圳天然淡水资源的总量为19.3亿立方米。② 第七次全国人口普查主要数据情况显示,全国人口共14.117 8亿人。③ 某班级献血的人数有38人。④ 港珠澳大桥全长55公里,是世界上最长的跨海大桥。⑤ 上海金茂大厦是88层的高层建筑。

思考:以上哪些数据是精确的数据?请说明理由。

(三) 统计数据的来源

统计数据的来源主要有两个渠道,一个是直接来源,另一个是间接来源。

1. 直接来源

直接来源主要是通过统计调查和科学实验获得原始数据,这是统计数据最直接且较真实的来源,一般称之为原始数据或一手数据。进行统计调查或实验活动是搜集数据最基本的形式。统计调查是根据统计研究预定的目标、要求和任务,运用科学的方法,有计划、有组织地搜集客观实际资料的过程。通过统计调查得到的数据,一般是观测数据。实验是通过有意识地改变或控制某些输入变量,观察其他输出变量的变化,从而获得对事物本质或事物间相互联系的认识。通过做实验得到的数据就是实验数据。无论是统计调查还是实验活动,所搜集的数据都是原始数据,这是统计数据最基本的来源。

2. 间接来源

间接来源主要是从已有的数据、报告、出版物或其他公开可获得的资料中获取数据。这些数据通常是经过别人加工、整理后公布的,如各种统计年鉴、行业报告、政府机构发布的公开数据等。此外,大数据时代,互联网也是一个重要的间接数据来源,可以通过网络爬虫等技术手段获取大量公开可用的数据。

总的来说,统计数据的来源是多元化的,既包括通过统计调查和实验活动获得的原始数据,也包括从各种公开资料和网络资源中获取的间接数据。这些数据为政府决策、企业经营和学术研究提供了重要的支持。

问题讨论

根据前面例1、例2和例3的资料,说说它们的数据来源渠道属于哪一种?你觉得哪一种来源渠道更好?为什么?

二、认识统计

"统计"一词起源于国情调查,最早意为国情学。简单来说,统计就是通过搜集、整理数据,运用各种统计方法对数据进行分析,并从数据中得出结论。通常,统计包括统计工作、统计资料和统计学三种含义。

《中华人民共和国统计法实施细则》指出,我国《统计法》所指的统计,是指运用各种统计方法对国民经济和社会发展情况进行统计调查、统计分析,提供统计资料和统计咨询意见,实行统计监督等活动的总称。

大数据时代的到来,使信息不足转变为信息泛滥,信息匮乏的危机让位给了信息甄别的困难。统计的基本思想是要从随机性中寻找规律性,在大众日益依赖数据的今天,我们要树立正确的统计思维,才能有效地开展数据处理与分析,甄别出对决策有用的信息。统计观念的形成不同于计算、画图等简单技能,是一种需要在亲身经历的过程中培养出来的感觉。建立统计观念,最有效的方法是真正投入到统计活动的全过程中去:提出问题、收集数据、整理数据、分析数据、做出决策,进行交流、评价与改进。

知识链接

"统计"的不同含义

"统计"一词在不同场合具有不同的含义,它可以是指统计数据的搜集活动,即统计工作;也可以是指统计活动的结果,即统计资料;还可以是指分析统计数据的方法和技术,即统计学。

统计工作即统计实践,是指搜集、整理和分析客观事物总体数量方面资料的活动过程,是统计的基础。统计资料即统计工作成果,是统计工作过程中所取得的各项统计数据资料,包括未经加工的原始资料和经过整理的次级资料等,一般反映在统计表、统计图、统计手册、统计年鉴、统计资料汇编和统计分析报告中。统计学即统计科学,主要研究如何搜集、整理和分析统计资料的理论与方法,它是在统计实践活动的基础上形成和发展起来的,是阐述统计原理、原则和方法的一门科学。

> 三者的关系：统计工作的成果是统计资料，统计资料和统计科学的基础是统计工作，统计科学既是统计工作经验的理论概括，又是指导统计工作的原理、原则和方法。原始的统计工作即人们收集数据的原始形态已经有几千年的历史，而它作为一门科学，是从17世纪开始的，但统计学并不是直接产生于统计工作的经验总结，它是统计工作经验、社会经济理论、计量经济方法融合、提炼、发展而来的一种边缘性科学。

三、数据的计量与类型

（一）数据的计量

统计研究客观事物的数量方面，离不开统计数据，统计数据是对客观现象进行计量的结果。对统计数据的属性、特征进行分类、标示和计算，称为统计计量或统计量度。美国社会学家、统计学家史蒂文斯(Stanley Smith Stevens,1906—1973)1968年按照变量的性质和数学运算的功能特点，将统计计量划分为四个层次或四种计量尺度。

1. 定类尺度

定类尺度中，不同的数字仅表示不同类(组)别的品质差别，而不表示它们之间量的顺序或量的大小。这种尺度的主要数学特征是"＝"或"≠"。例如将国民经济按其经济类型，可以分为国有经济、集体经济、私营经济、个体经济等类，并用代码(01)表示国有经济，用(02)表示集体经济，用(03)表示私营经济，用(04)表示个体经济。进而用(011)表示国有经济中的国有企业，用(012)表示国有联营企业；用(021)表示集体经济中的集体企业，用(022)表示集体联营企业；用(031)表示私营经济中的私营独资企业，用(032)表示私人合伙企业，用(033)表示私营有限责任公司；用(041)表示个体经济中的个体工商户，用(042)表示个人合伙；等等。其中两位代码表示经济大类，而三位代码则表示各类中的构成。不同代码反映同一水平的各类(组)别，并不反映其大小顺序。各类中虽然可以分别计算其单位数，但不能反映某一类的一个单位相当于其他类的几个单位。

2. 定序尺度

定序尺度不但可以用数表示量的不同类(组)别，而且可以反映量的大小顺序关系，从而可以列出各单位、各类(组)的次序。这种尺度的主要数学特征是"＞"或"＜"。例如对合格产品按其性能和好坏，分成优等品、一等品、合格品等。这种尺度虽然也不能表明一个单位一等品等于几个单位二等品，但明确表示一等品性能高于二等品，而二等品性能又高于三等品，等等。

3. 定距尺度

定距尺度中，不同的数字不仅能将事物区分为不同类型并进行排序，而且可以准确地指出类别之间的差距是多少。例如，学生某门课程的考分，可以从高到低分类排序，形成90分、80分、70分直到零分的序列。这些数字不仅有明确的高低之分，而且可以计算差距，90分比80分高10分，比70分高20分，等等。

4. 定比尺度

定比尺度是在定距尺度的基础上，确定可以作为比较的基数，将两种相关的数加以对比,从而形成新的相对数,用以反映现象的构成、比重、速度、密度等数量关系。例如,将一个国家(地区)的国内生产总值与该国(地区)居民人口对比,计算人均国内生产总值,可以反映该国家(地区)的综合经济能力。2017年我国国内生产总值 827 122 亿元约占世界生产总值的 14.84%,排列世界第二位,堪称世界经济大国,但我国人口占世界总人口的 18.82%,如果按人均国内生产总值计算,我国在世界各国中又居于比较落后的位次,说明我国仍属于发展中国家。

上述四种计量尺度对事物的计量层次是由低级到高级、由粗略到精确逐步递进的(表 1.1-2)。高层次计量尺度具有低层次计量尺度的全部特性。显然,我们可以很容易地将高层次计量尺度的测量结果转化为低层次计量尺度的测量结果,比如将考试成绩的百分制转化为五等级分制。

表1.1-2　　　　　　　　　　四种计量尺度的比较

测定层次	特征	运算功能	示例
定类尺度	分类	计数	产业分类
定序尺度	分类,排序	计数、排序	产品等级
定距尺度	分类,排序,有基本测量单位	计数、排序、加减	产品质量差异、气温
定比尺度	分类,排序,有基本测量单位,有绝对零点	计数、排序、加减、乘除	商品销售额、产值、人的身高

小资料

史蒂文斯(Stanley Smith Stevens,1906—1973),美国社会学家、统计学家,以研究声音强度的感觉性而闻名。他提出了新的感觉等级评定方法,这种方法可以用来比较不同感官的感觉强度;还提出了心理物理的幂函数定律,弥补了传统心理物理学的不足。1946 年当选为国家科学院院士,1960 年获美国心理学会颁发的杰出科学贡献奖。史蒂文斯曾依据测量的基本性质把测量定义为:测量就是按照一定的法则,用数学方法对事物的属性进行数量化描述的过程。这是对一切事物差异进行区分的测量定义。

(二) 数据的类型

统计数据是采用某种计量尺度对事物进行计量的结果,采用不同的计量尺度会得到不同类型的统计数据。从上述四种计量尺度计量的结果来看,可以将统计数据分为以下四种类型:

(1) 定类数据——表现为类别,但不区分顺序,是由定类尺度计量形成的。
(2) 定序数据——表现为类别,但有顺序,是由定序尺度计量形成的。
(3) 定距数据——表现为数值,可进行加、减运算,是由定距尺度计量形成的。

（4）定比数据——表现为数值，可进行加、减、乘、除运算，是由定比尺度计量形成的。

四个测定层次的比较：例如以张三、李四两个人为观察对象，测量结果见表 1.1-3。

表 1.1-3　　　　　　　　　　　四种统计数据类型的示例比较

数据类型	测量结果	测量精度	计算方法	信息数量
定类数据	张三、李四有生命	有无生命	无	张三、李四有生命
定序数据	张三为中年人 李四为青年人	生命的长与短	无	张三、李四有生命 张三比李四年长
定距数据	张三 1960 年出生 李四 1985 年出生	确切的生命长度	加、减	张三、李四有生命 张三比李四年长 张三比李四大 25 岁
定比数据	张三 50 岁 李四 25 岁	确切的生命长度	加、减、乘、除	张三、李四有生命 张三比李四年长 张三比李四大 25 岁 张三的年龄是李四的 2 倍

问题讨论

假如学生甲得 90 分，学生乙得 0 分，可以说甲比乙多得 90 分，能不能说甲的成绩是乙的 90 倍或无穷大？为什么？我们能不能说 26℃的气温比 13℃的气温暖和 2 倍？为什么？

任务实施

1. 用表格的形式列出上述资料中出现的所有数据。

■ 实施过程：

（1）资料中出现的数据均带有一定的名称和计量单位，可用铅笔划出所有数据带有的名称、单位和具体数值。

（2）以名称、计量单位和数值为表头列出一定格式的表格，将资料中出现的所有数据填入表内（表 1.1-4）。

表 1.1-4　　　　　　　　　　　资料中出现的所有数据

名　称	计量单位	数　值
工业总产值	亿元	15
住宅面积	万平方米	1.6
电	万度	6 300 多

续表

名　　称	计量单位	数　　值
水	万吨	60 多
结婚新人	对	100 多
小生命	个	80
治愈率	%	70、50、30
掷币次数	次	1 000 左右

2. 指出每一统计数据的来源或可能的获取途径、数据类型。

■ **实施过程：**

（1）在表1.1-4的基础上，添加"来源或获取途径""数据类型"两列。

（2）根据自己对统计认知的常识，分析资料中的数据来源或取得途径，确定数据的类型，将结果填入表内（表1.1-5）。

表1.1-5　　　　　资料中出现的所有数据及其来源或获取途径和数据类型

名　　称	计量单位	数据	来源或获取途径	数据类型
工业总产值	亿元	15	城市社会经济调查队	定比数据
住宅面积	万平方米	1.6	城市社会经济调查队	定比数据
电	万度	6 300 多	城市社会经济调查队	定比数据
水	万吨	60 多	城市社会经济调查队	定比数据
结婚新人	对	100 多	城市社会经济调查队	定比数据
小生命	个	80	城市社会经济调查队	定比数据
治愈率	%	70、50、30	医院	定比数据
掷币次数	次	1 000 左右	掷币者	定比数据

3. 资料中提到"投掷硬币到1 000次左右，我们就会发现，正、反面朝上的机会差不多"。你能以此为例说出数据计数与统计过程的内在关系吗？

■ **实施过程：**

（1）计数是一个重复加（或减）1的数学行为，通常用于算出对象有多少个或放置想要数目的对象（对第一个对象从一算起且将剩下的对象与由二开始的自然数一一对应）。而统计过程可以看成一个包括四个阶段的架构，这四个阶段分别是提出问题、收集数据、分析数据和做出判断并沟通。

（2）"投掷硬币到1 000次左右"包含了计数过程，也包含了一部分统计过程（收集数据）。"正、反面朝上的机会差不多"是在分析掷币到1 000次左右后而做出的判断，也反映了统计过程的一部分。

（3）数据计数是统计过程的一个方面，统计过程并不只是简单的计数问题，它还包括分析和判断等方面。

4. 资料中关于血液病的治愈率提到了三个数据:70%、50%和30%,请你从统计的角度对这三个数据信息的可靠性做出质疑解释。

■ **实施过程:**

（1）对一个患者来说,要么是治好,要么是治不好,没有其他的结果。

（2）治愈率就是一种统计平均数,是在过去多次临床试验中显示出来的一种百分比。

（3）治愈率高起码可以说明某一种治疗方案比较可靠。

（4）三个治愈率的数据分别代表了三种治疗方案的可靠程度,每一种治疗方案均有成功的可能和失败的风险,所以说病人在选择治疗方案时,不见得第一种方案就肯定比后两种方案好。

（5）统计研究客观事物的数量方面时,离不开统计数据,统计数据是对客观现象进行计量的结果。有时候,大家觉得统计数字不可信。除了因为在工作中存在一定问题外,很多时候是因为对统计数据理解上的误读。

能力测试

小明奶奶的抱怨

有一天,小明的奶奶来到学校,反映作业负担太重,说孩子前一天写作业整整用了90分钟。校长听后请奶奶先回去,并答应次日会给她一个满意的答复。

如果你是校长,接下来你会做什么呢?

也许,校长会去问老师是否昨天留的作业太多了。

老师可能对校长说,不多呀。有人会质疑,老师是成人,而小明是孩子,大人知识那么多,做题肯定比小孩熟练,时间一定短呀,不能这样比!

怀疑得好像也对呀,那就找一个学生来把作业做一遍。但是,万一找的这个学生做得也很慢呢?或者他是班里做作业最快的学生,怎么比呀?

也有人可能会提出,那多找几个人来做不就行啦?

最后大家的意见是要把小明的作业时间和别的同学的作业时间进行比较。表1.1-6就是一张全班同学作业时间的统计表,老师派人拿去给校长看。

表1.1-6　　　　　　　　全班同学作业时间的统计表

学号	时间/分	学号	时间/分	学号	时间/分
1	18	8	29	15	14
2	26	9	23	16	44
3	24	10	28	17	34
4	16	11	27	18	25
5	47	12	58	19	23
6	30	13	32	20	27
7	26	14	39	21	19

续表

学号	时间/分	学号	时间/分	学号	时间/分
22	37	30	27	38	26
23	90	31	29	39	25
24	50	32	22	40	29
25	25	33	27	41	23
26	31	34	17	42	26
27	23	35	26	43	18
28	20	36	29	44	38
29	19	37	30	45	25

校长拿着这个表格就想了：这么多数据，奶奶的眼睛不都看花了？怎么办呢？

要求：假如你是校长，你拿着这个统计表该如何对奶奶做出合理的解释呢？老师布置的作业真的很多吗？你能否结合统计的具体数据来说服奶奶呢？

课后阅读与思考

坚决挤"水分" 理性看数据

最近一段时间以来，内蒙古自治区部分统计数据不真实、天津滨海新区因"更改统计口径和挤水分"导致地区生产总值缩水等情况，引发各方关注（图1.1-3）。

有观点认为，除内蒙古和天津滨海新区外，其他地区经济数据的真实性也值得怀疑；也有观点认为，地方统计数据"掺水"，导致全国统计数据也失真了。

图1.1-3　GDP的"水分"

一些地方承认并主动对统计数据挤"水分"，是迈向高质量发展必须迈出的第一步。提高数据质量事关国家长远发展，统计部门也应尽快构建保障数据质量的体制机制，加快形成推动高质量发展的统计体系。

坚定不移挤"水分"

不久前，内蒙古自治区党委"自揭家丑"，表示自治区存在财政收入虚增空转、部分旗区县工业增加值存在水分、一些地方盲目过度举债搞建设等问题。经财政审计部门反复核算，内蒙古调减2016年一般公共预算收入530亿元，占总量的26.3%，同时调整了2017年收支预算预期目标。调减后，2017年全区一般公共预算收入1 703.4亿元，比2016年原本公布的数据下降了14.4%。内蒙古2016年规模以上工业增加值数据也存在"水分"，经过初步认定，应核减2016年规模以上工业增加值2 900亿元，占全部工业增加值的40%。

内蒙古"挤水分"后不久，天津滨海新区两会上也传出消息，经更改统计口径后，滨海新区2016年生产总值调整为6 654亿元，比此前公布的数值减少3 300多亿元；2017年预计为

7 000 亿元,同比增长6%。

对此,国家统计局中国经济景气监测中心副主任潘建成表示,数据失真给经济社会带来的负面影响是方方面面的,不仅会误导决策,造成财政风险、金融风险的积聚,更会影响科学决策的各个层面,影响中国经济实现高质量发展的进程。

中国人民大学统计学院院长赵彦云认为,经济数据造假会严重影响国家对经济形势的判断和决策。以注水的数据为依据,政策的精准度就难以保证。数据挤"水分"后,地方经济成绩单不如过去好看,但剔除"虚胖"后,决策部署的依据更真实可靠,政策举措也会更科学有效。

数据"兑水"并非普遍现象

两个地区密集挤统计数据的"水分",引发不少人质疑数据有"水分"是普遍现象,并认为全国的统计数据失真。

1月18日,国家发展和改革委员会副主任兼国家统计局局长宁吉喆回应称,一些地方、一些企业、一些单位的数据真实性,不会影响全国统计数据的真实可靠性。

"从20世纪90年代起,中国核算体制由物质产品平衡表体系转为国民经济核算体系,实行的是分级核算。国家统计局在核算全国数据时,工业调查采用联网直报系统,农业调查采用抽样调查,服务业调查近年来更多运用电子政务、电子商务数据。同时,地方也在按照国家统计制度方法进行核算。"宁吉喆介绍,中国的统计数据、统计核算制度并不因为有少数地方或者一些地方、一些企业、一些单位的数据真实性存在一定问题而受影响。

记者了解到,国家统计局在核算全国GDP时,所利用的基础数据包括通过联网直报方式获得的规模以上企业数据,通过抽样调查方式取得的小微企业统计数据和价格调查数据,国务院有关部门利用行政记录加工整理的统计数据和有关统计调查数据。GDP核算的全过程经过了一系列审核评估过程,可以确保全国GDP核算结果的客观准确性。

宁吉喆表示,当前,地方数据加总超过全国总量,这是分级核算的结果。经过近几年努力,这个差距在缩小。党中央、国务院明确,核算体制改革的重要方向就是要实行地区生产总值统一核算,时间表、任务书都已经确定了。相关部门要加倍努力,确保统计核算改革任务如期完成。

改进统计,防止数据失真

近年来,个别地方统计数据不够真实、未能全面反映经济社会发展全貌,原因是多方面的。

有些地方受"官出数字、数字出官"的畸形干部考核机制影响,个别官员急功近利,在数据统计中注水造假;也有一些地方是因为争取相关政策支持或为个人政绩需要,故意少报、漏报,造成数据失真。

此外,也有一些数据失真是技术原因造成的。例如,在发展日新月异的今天,统计内容范围可能还不够全面,与客观真实反映新经济、揭示新变化的要求还不相适应;一些统计方法与真实反映日益庞大复杂多变的经济社会现象要求不相适应,与日新月异的现代信息技术、与"井喷"式增长的大数据资源还不相适应。

因此,在制度设计方面,必须全力推动依法治统、从严治统,维护数据质量和统计公信力。要通过全面执行统计执法检查办法、统计违法举报工作制度、统计执法检查"双随机"抽查办法等,建立健全各专业、各部门数据质量核查制度,搭建起及时发现统计违法行为的完整体系。进一步加大对重大统计违法案件直接查处力度,不断加大统计造假成本,抓紧建立防范和惩治统计造假、弄虚作假督查机制,提高统计人员的执法素质和专业化水平。

在统计手段方面,专家建议,要运用新技术嫁接、改造、提升传统统计手段,努力形成基于电子政务、电子商务记录和大数据广泛应用的"互联网+"统计生产方式。

(资料来源:《经济日报》,2018年1月24日第1版至第2版)

思 考 1. 根据上述资料中出现的数据,你能否说出具体的数据类型?
2. 结合上述资料,你认为应该从哪些方面提高统计数据的公信力?

任务二 认知统计工作过程

任务要求

1. 经历和体会简单的统计过程,感受统计的意义和在实际中的应用,初步形成统计的意识。
2. 能够在统计过程中明确区分统计工作环节。
3. 初步了解收集、整理数据的过程,学会简单的数据整理;认识简单的统计表,会填写简单的统计表的数据;会根据统计表回答简单的问题。

任务引入

太仓旅游业步入大发展的春天

太仓临近上海,拥有独特的区位优势;这里,也拥有园林般优美、静谧的环境,打造休闲旅游是太仓提升旅游业的一条主线。

2009年,太仓市委、市政府加快推进旅游产业的培育、开发和发展,出台了《太仓市旅游业全面提升三年行动计划》,对旅游业发展进行全面部署,形成了10大项目、投资32亿元、3年时间完成的旅游产业开发方案,并出台相关配套政策。2009年7月,结合郑和公园开园,成功举办首届太仓旅游文化节,把太仓的新老旅游资源整合形成"生态休闲游、名胜古迹游、宗教文化游、会务度假游、美食逍遥游"五大主题系列,正式亮相上海和周边地区。与首届太仓旅游文化节相呼应,市各有关单位和部门先后举办美食节、牡丹节、自行车嘉年华、双凤羊肉节等一系列旅游节庆活动。以浏河江海河三鲜为龙头的美食旅游人气持续升温,太仓休闲旅游的大概念逐渐形成。

上海世博会开幕在即,太仓旅游业以"接轨上海,服务世博"为指导,已有多个旅游项目落实到位,太仓已建成上海世博会的"后花园",分享上海世博会带来的难得机遇。

太仓旅游业利用项目改造契机,深层次接轨上海,上海世博会太仓游客中心已投运。该中心的功能主要定位在停车换乘、游览世博以及配套服务等,一方面有效减轻上海方面的交通压力,另一方面服务太仓、江苏以及更大范围的世博游客。中心提出了"日游世博,夜宿太仓"的口号,将太仓融入上海世博会巨大人气的氛围中。

据统计,1997—2000年到太仓市旅游的游客人数分别为:1997年84万人;1998年88万人;1999年91万人;2000年93万人。

(资料来源:《太仓日报》,2010年2月1日第1版)

任务描述

1. 根据资料中显示的1997—2000年到太仓市旅游的游客人数,填写统计表(表1.2-1)。
2. 仔细观察这张统计表,从中我们可以了解到什么信息?
3. 阐述一下你在该次统计过程中经历了哪些统计阶段。

表1.2-1　　　1997—2000年到太仓市旅游的游客人数统计表(空白)

年　份	1997	1998	1999	2000
人数/万人				

相关知识

统计工作以客观事物总体的数量特征作为其研究内容。为了实现其研究目的和任务,一般说来,统计工作过程大致可分为四个阶段,即统计设计、统计调查、统计整理及统计分析。

(一) 统计设计

统计设计是统计工作的起始阶段,是根据统计研究的目的和研究对象的特点,明确统计指标和指标体系,以及对应的分组方法,并以分析方法指导实际的统计活动。其基本任务是制订出各种统计工作方案。统计设计是统计工作过程中不可缺少的重要环节之一,是统计工作的指导依据。

统计设计所制订的方案包括:统计指标体系、统计分类目录、统计报表制度、统计调查方案、统计汇总或整理方案以及统计分析方案等诸多方面的内容。

(二) 统计调查

统计调查是根据研究目的和任务,运用科学方法,有计划、有步骤、有组织地搜集统计资料的工作过程。

统计调查搜集来的资料有两种:一种是向调查单位收集的未做任何加工整理的原始资料,又称为初级资料;另一种是次级资料,即已经经过某个部门或地区加工整理的综合说明某个部门或地区综合情况的统计资料。(详见项目二)

（三）统计整理

统计整理是根据统计研究的目的，将统计调查所取得的原始资料进行科学的汇总和综合，使其系统化、条理化，成为可据以进行统计分析的资料的过程。统计整理是统计调查的继续，也是统计分析的前提，它在整个统计工作过程中起着承前启后的作用。(详见项目三)

（四）统计分析

统计分析是根据研究目的和任务，运用科学方法，对统计资料进行计算分析，以认识社会经济现象的本质特征及其发展变化规律的工作过程。其目的是计算有关指标，反映数据的综合特征，阐明事物的内在联系和规律。统计分析包括统计描述和统计推断。前者是用统计指标与统计图(表)等方法对样本资料的数量特征及其分布规律进行描述；后者是指如何抽样，以及如何用样本信息推断总体特征。进行资料分析时，需根据研究目的、设计类型和资料类型选择恰当的描述性指标和统计推断方法。(详见项目四、五、六、七)

以上四个阶段构成了完整的统计工作过程，四个阶段有着各自的工作内容，在统计过程中发挥着不同的作用，它们是相互联系的一个整体，任何一个阶段工作出现失误，都会影响到其他阶段的工作质量。

 任务实施

1. 根据资料中显示的1997—2000年到太仓市旅游的游客人数，填写统计表(表1.2-1)。
■ 实施过程：

表1.2-2　　　　　　　1997—2000年到太仓市旅游的游客人数统计表

2000年12月

年　份	1997	1998	1999	2000
人数/万人	84	88	91	93

2. 仔细观察这张统计表，从中我们可以了解到什么信息？
■ 实施过程：

（1）从这张统计表中可以看出，到太仓市旅游的游客人数从1997年到2000年，年年都有增长，太仓的旅游业在不断地发展。

（2）按这样的趋势，可以估计2001年到太仓市旅游的游客人数将超过93万人。

3. 阐述一下你在该次统计过程中经历了哪些统计阶段。
■ 实施过程：

该次统计过程中，我们在搜集到太仓市1997—2000年游客人数的资料后，简单地进行了统计整理，获得了表1.2-2。这个过程在我们本次统计中起到了承前启后的作用。借助这张表格，我们对该资料进行了简单的分析，获得了任务描述2中的两点结论，完成了简单的统计过程。

能力测试

以你们班全体同学为研究对象,就"最喜欢的球类运动"进行统计,每人限报一项。写出你的统计全过程,并注明相应的统计工作阶段。

浪费与节约用水大战

(一) 刷牙　浪费:不间断放水,30秒,用水约6升。

　　　　　节约:口杯接水,3口杯,用水0.6升。三口之家每日两次,每月可节水486升。

(二) 洗衣　浪费:洗衣机不间断地边注水边冲洗、排水的洗衣方式,每次需用水约165升。洗涤剂过量投放将浪费大量水。

　　　　　节约:洗衣机采用洗涤—脱水—注水—脱水—注水—脱水方式洗涤,每次用水110升,每次可节水55升,每月洗4次,可节水220升。另外,衣物集中洗涤,可减少洗衣次数;小件、少量衣物提倡手洗,可节约大量水。

(三) 洗澡　浪费:过长时间不间断放水冲淋,会浪费大量水。盆浴时放水过多,以至溢出,或盆浴时一边打开水塞,一边注水,浪费将十分惊人。

　　　　　节约:间断放水淋浴(比如脚踏式、感应式等)。搓洗时应及时关水。避免过长时间冲淋。盆浴后的水可用于洗衣、洗车、冲洗厕所、拖地等。

(四) 炊事　浪费:水龙头大开,长时间冲洗。烧开水时间过长,水蒸气大量蒸发。用自来水冲淋蔬菜、水果。

　　　　　节约:炊具、食具上的油污,先用纸擦除,再洗涤,可节水。控制水龙头流量,改不间断冲洗为间断冲洗。

(五) 洗车　浪费:用水管冲洗,20分钟,用水约240升。

　　　　　节约:用水桶盛水洗车,需3桶水,用水约30升。使用洗涤水、洗衣水洗车。使用节水喷雾水枪冲洗。利用机械自动洗车,洗车水处理循环使用。

思　考　1. 看完上述资料,你能否观察一下我们周围还有哪些浪费水的现象?

2. 为了提醒大家节约用水,请你将上述搜集到的数据进行简单整理,并分析一下通过这些数据我们能了解到哪些信息。

任务三　认知统计学中常用基本概念

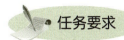

1. 能结合现实中所遇到的具体事例说明总体、总体单位、标志、指标、指标体系、变异、变量等概念。
2. 了解标志、指标之间的区别和联系。

全国乡镇企业呈现企稳回升态势

中国经济网北京12月13日讯　2010年,乡镇企业围绕转变经济发展方式,加快推进转型升级的主旋律,抢抓市场回暖的机遇,保持了自2009年下半年开始的企稳回升局面,经济运行总体呈现增长较快、质量提升、结构趋优、投资平稳、区域协调、出口恢复性增长的态势。预计全国乡镇企业实现增加值可达106 250亿元,同比增长11.38%;乡镇企业总产值454 600亿元,同比增长11.23%;实现利润26 200亿元,同比增长11.58%。全年累计完成工业总产值312 500亿元,实现工业销售产值300 500亿元,产品销售率为96%,产销衔接良好。乡镇企业企稳向好的局面得到全面巩固。

乡镇企业不遗余力地投入结构调整和产业转移,继续推进区域间的协调发展。面对国际金融危机的严重冲击,东部沿海发达地区对传统的劳动密集型企业进行改造升级,提高了在国际市场的竞争力和市场占有率,外贸出口迅速回升。"珠三角"和"长三角"地区的广东、江苏、浙江等省,施行省域内和省域外的产业转移,加上西部大开发、中部崛起、振兴东北等国家重大战略的实施,加快了东部相对落后地区和中西部地区的乡镇企业发展。辽宁、吉林、内蒙古、河南、湖北、湖南、安徽、江西、重庆、四川、陕西等省市,全年各月保持稳定增长。东、中、西和东北地区乡镇企业增加值分别由上年的58.7∶18.9∶12.7∶9.7调整为今年的58.3∶19.1∶12.8∶9.8;各地区乡镇企业增长速度分别为10.52%、12.54%、12.41%和12.48%,表明区域间的乡镇企业发展更加趋于协调。

乡镇企业发展的质量也比较可喜,表现为固定资产投资总体平稳,投资结构明显优化。预计2010年,全国乡镇企业固定资产投资将突破40 000亿元,比上年增长20%。投资的行业结构和产业结构更趋合理。江苏、浙江、山东、广东等沿海发达省份的传统劳动密集型行业,正在加快向省内相对落后地区和中西部地区转移的步伐,并代之以科技含量更高的新兴产业。北京、上海等很多大中城市郊区按照统筹城乡发展的要求,结合发展都市型农业,大力投资休闲农业等第三产业,促进了城乡协调发展。河北、山西、陕西等省针对"两高"行业较多的现状,把固定资产投资的重点放在新能源、新材料、农产品加工业和第三产业等行业上面,改变了以往大量投资到钢铁、水泥、煤炭、玻璃等耗能高、污染严重行业的现象。

2010年以来,全国乡镇企业就业形势稳中趋好,劳动者的报酬得到较大幅度增加。预计全国农民工回乡创业的企业数将超过15万个,带动就业120万人左右。对口支援西部的各省市,在乡镇上建设工业小区,把有实力的企业和先进技术引过去,吸收了大量返乡农民工和富余劳动力就地就近就业。在东部地区,自2010年初起,大部分劳动力密集型企业的外贸接单量迅速增加,促进了就业形势进一步好转,企业用工呈增长趋势。预计乡镇企业全年新增就业240万人以上,年末从业总人数可达1.58亿人。自2010年下半年开始,绝大多数省市不同程度地提高了行业最低工资标准,一般增幅为10%~20%,预计全年支付劳动者报酬达20 100亿元,比上年增长11.32%,农村居民人均从乡镇企业获得工资性收入将突破2 000元,比上年增加200元左右。

(资料来源:中国经济网,http://www.ce.cn/cysc/agriculture/gdxw/201012/13/t20101213_20592569.shtml)

任务描述

1. 说说本次调查研究的总体是什么,资料中体现了总体的哪些特征。
2. 指出构成统计总体的总体单位是什么。
3. 你能以此资料为例说出统计总体与统计单位的关系吗?

相关知识

一、统计总体和总体单位

统计总体简称总体,是指客观存在的、在同一性质基础上结合起来的许多个别单位的整体。构成总体的这些个别单位称为总体单位。例如,所有的工业企业就是一个总体,这是因为在性质上每个工业企业的经济职能是相同的,即都是从事工业生产活动的基本单位,这就是说,它们是同性质的。这些工业企业的集合就构成了统计总体。对于该总体来说,每一个工业企业就是一个总体单位。

总体可以分为有限总体和无限总体。包含单位数有限的总体,称为有限总体,如人口数、企业数、商店数等。包含单位数无限的总体称为无限总体,如连续生产的某种产品的生产数量、大海里的鱼资源数等。对有限总体可以进行全面调查,也可以进行非全面调查;但对无限总体只能抽取一部分单位进行非全面调查,据以推断总体。

确定总体与总体单位,必须注意两个方面:

(1)构成总体的单位必须是同质的,不能把不同质的单位混在总体之中。例如,研究工人的工资水平,就只能将靠工资收入的职工列入统计总体的范围。同时,也只能对职工的工资收入进行考察,对职工由其他方面取得的收入要加以排除,这样才能正确反映职工的工资水平。

（2）总体与总体单位具有相对性，随着研究任务的改变而改变。同一单位可以是总体也可以是总体单位。例如，要了解全国工业企业职工的工资收入情况，那么全部工厂是总体，各个工厂是总体单位。如果旨在了解某个企业职工的工资收入情况，则该企业就成了总体，每位职工的工资就是总体单位了。

想一想 根据表1.3-1中的研究目的，想想统计总体和总体单位分别是什么，并说明理由。

表1.3-1　　　　　　　　　　　统计总体与总体单位的确定

研究目的	统计总体	总体单位
研究全重庆市工业增加值		
研究某个乡镇水稻亩产水平		

二、标志

（一）标志和标志表现

统计标志简称标志，是指统计总体各单位所具有的共同特征的名称。从不同角度考察，每个总体单位可以有许多特征，如每个职工可以有性别、年龄、民族、工种等特征，这些都是职工的标志。

标志表现是标志特征在各单位的具体体现。如某职工的性别是女，年龄为32岁，民族为汉族等，这里"女""32岁""汉族"就是性别、年龄、民族的具体体现，即标志表现。

（二）标志的分类

（1）标志按变异情况可分为不变标志和变异标志。当一个标志在各个单位的具体表现都相同时，这个标志称为不变标志；当一个标志在各个单位的具体表现有可能不同时，这个标志称为可变标志或变异标志。如中国第五次人口普查规定："人口普查的对象是具有中华人民共和国国籍并在中华人民共和国国境内常住的人。"按照这一规定，在作为调查对象的人口总体中，国籍和在国境内居住是不变标志，而性别、年龄、民族、职业等则是变异标志。不变标志是构成统计总体的基础，因为至少必须有一个不变标志将各总体单位联结在一起，才能使它们具有"同质性"，从而构成一个总体。变异标志是统计研究的主要内容，因为如果标志在各总体单位的表现都相同，那就没有进行统计分析研究的必要了。

（2）标志按其性质可以分为品质标志和数量标志。品质标志表示事物的质的特性，是不能用数值表示的，如职工的性别、民族、工种等。数量标志表示事物的量的特性，是可以用数值表示的，如职工的年龄、工资、工龄等。品质标志主要用于分组，将性质不相同的总体单位划分开来，便于计算各组的总体单位数，计算结构和比例指标。数量标志既可用于分组，也可用于计算标志总量以及其他各种质量指标。

三、指标

（一）统计指标及其构成要素

对统计指标的含义，一般有两种理解和使用方法：

（1）统计指标是反映总体现象数量特征的概念。如人口数、商品销售额、劳动生产率等。它包括三个构成要素：指标名称、计量单位、计算方法。这是统计理论与统计设计中所使用的统计指标含义。

（2）统计指标是反映总体现象数量特征的概念和具体数值。例如，2017年我国国内生产总值为827 122亿元。这个概念含义中包括了指标数值。按照这种理解，统计指标除了包括上述三个构成要素外，还包括时间限制、空间限制、指标数值。这是统计实际工作中经常使用的统计指标的含义。因此，统计指标包括六个具体的构成因素。

一般认为，对统计指标的这两种理解都是成立的。在做一般性统计设计时，只能设计统计指标的名称、内容、口径、计量单位和方法，这是不包括数值的统计指标。然后经过搜集资料、汇总整理、加工计算可以得到统计指标的具体数值，用来说明总体现象的实际数量状况及其发展变化的情况。从不包括数值的统计指标到包括数值的统计指标，在一定意义上反映了统计工作的过程。

（二）统计指标的特点

（1）数量性。即所有的统计指标都是可以用数值来表现的。这是统计指标最基本的特点。统计指标所反映的就是客观现象的数量特征，这种数量特征，是统计指标存在的形式，没有数量特征的统计指标是不存在的。正因为统计指标具有数量性的特点，它才能对客观总体进行量的描述，才使统计研究运用数学方法和现代计算技术成为可能。

（2）综合性。这是指统计指标既是同质总体大量个别单位的总计，又是大量个别单位标志差异的综合，是许多个体现象数量综合的结果。例如，某人的年龄、某人的存款额不能叫作统计指标，一些人的平均年龄、一些人的储蓄总额、人均储蓄才叫作统计指标。统计指标的形成都必须经过从个体到总体的过程，它是通过个别单位数量差异的抽象化来体现总体综合数量的特点的。

（3）具体性。统计指标的具体性有两个方面的含义：一是统计指标不是抽象的概念和数字，而是一定的具体的社会经济现象的量的反映，是在质的基础上量的集合。这一点使社会经济统计与数理统计、数学相区别。二是统计指标说明的是客观存在的、已经发生的事实，它反映了社会经济现象在具体地点、时间和条件下的数量变化。这一点又与计划指标相区别。统计指标反映的是过去的事实和根据这些事实综合计算出来的实际数量，而计划指标则说明未来所要达到的具体目标。

（三）标志与指标的区别和联系

标志与指标的主要区别是：

第一，标志是说明总体单位特征的，指标是说明总体特征的。例如，一个工人的工资是数量标志,全体工人的工资总额是统计指标。

第二,标志有用文字表示的品质标志和用数值表示的数量标志;指标则都是用数值表示的,没有不能用数值表示的指标。

标志与指标的主要联系是:

第一,统计指标的数值多是由总体单位的数量标志值综合汇总而来的。例如,工资总额是各个职工的工资之和,工业总产值是各个工业企业的工业总产值之和。由于指标与标志的这种综合汇总关系,有些统计指标的名称与标志是一样的,如上例中的工业总产值。

第二,标志与指标之间存在着变换关系。如果由于统计研究目的的变化,原来的统计总体变成总体单位了,则相对应的统计指标也就变成了数量标志。反过来,如果原来的总体单位变成总体了,则相对应的数量标志也就变成了统计指标。

(四)统计指标的种类

(1)统计指标按其说明总体内容的不同分为数量指标和质量指标。

数量指标是说明总体外延规模的统计指标。例如,人口数、企业数、工资总额、商品销售额,等等。数量指标所反映的是总体的绝对数量,具有实物的或货币的计量单位,其数值的大小随着总体范围的变化而变化,它是认识总体现象的基础指标。

质量指标是说明总体内部数量关系和总体单位水平的统计指标。例如,人口的年龄构成、性别比例,农业、轻工业、重工业比例,平均单产,平均工资,等等。它通常是用相对数和平均数的形式表现的,其数值的大小与范围的变化没有直接关系。

(2)统计指标按其作用和表现形式的不同,可分为总量指标、相对指标和平均指标。总量指标又分为实物指标、劳动指标和价值指标三种。这些统计指标的含义、内容、计算方法和作用各不相同,将在以后各章中叙述。

(3)统计指标按管理功能的不同,可分为描述指标、评价指标和预警指标。

描述指标主要反映社会经济运行的状况、过程和结果,提供对社会经济总体现象的基本认识,是统计信息的主体。例如,反映社会经济条件的土地面积指标、自然资源拥有量指标、社会财富指标、劳动资源指标、科技力量指标,反映生产经营过程和结果的国民生产总值指标、工农业总产值指标、国民收入指标、固定资产指标、流动资金指标、利润指标,反映社会物质文化的娱乐设施指标、医疗床位数指标,等等。

评价指标用于对社会经济运行的结果进行比较、评估和考核,以检查工作质量或其他定额指标的结合使用。包括国民经济评价指标和企业经济活动评价指标。

预警指标一般用于对宏观经济运行进行监测,对国民经济运行中即将发生的失衡、失控等进行预报、警示。通常选择国民经济运行中的关键性、敏感性经济现象,建立相应的监测指标体系。例如,针对经济增长、经济周期波动、失业、通货膨胀等,可以建立国民生产总值与国民收入增长率、社会消费率、积累率、失业率、物价水平、汇率、利率等预警指标。

四、指标体系

由于现象的复杂多样性,各种现象之间相互联系的性质,只用个别统计指标来反映是不够的,需要采用指标体系来进行描述。统计指标体系就是各种相互联系的统计指标所构成的一个有机整体,用来说明所研究现象各个方面相互依存和相互制约的关系。统计指标体系因各种现象本身联系的多样性和统计研究的目的不同而分为不同的类别。

根据所研究问题的范围大小,可以建立宏观统计指标体系和微观统计指标体系。宏观统计指标体系就是反映整个现象大范围的统计指标体系,如反映整个国民经济和社会发展的统计指标体系。微观统计指标体系就是反映现象较小范围的统计指标体系,如反映企业或事业单位的统计指标体系。介于这两者之间的可以称为中观统计指标体系,如反映各地区或各部门的统计指标体系。

根据所反映现象的范围内容不同,统计指标体系可以分为综合性统计指标体系和专题性统计指标体系。综合性统计指标体系是较全面地反映总系统及其各个子系统的综合情况的统计指标体系,如国民经济和社会发展统计指标体系。专题性统计指标体系则是反映某一个方面或问题的统计指标体系,如经济效益指标体系。

统计指标体系也可以指若干个统计指标之间的联系表现出的一个方程关系。例如,工资总额=平均工资×职工人数;商品销售额=商品销售量×商品销售价格;等等。统计指标体系对于统计分析和研究具有重要的意义。通过一个设计科学的统计指标体系,可以描述现象的全貌和发展的全过程,分析和研究现象总体存在的矛盾以及各种因素对现象总体变动结果影响的方向和程度,也可以对未来的指标进行计算和预测,对未来现象发展变化的趋势进行预测。

五、变异、变量和变量值

统计中的标志和指标都是可变的,如人的性别有男女之分,各时期、各地区、各部门的工业总产值各有不同等,这种差别叫作变异。变异就是有差别的意思,包括质的差别和量的差别。变异是统计的前提条件。

变量就是可以取不同值的量,这是数学上的一个名词。在社会经济统计中,变量包括各种数量标志和全部统计指标,它都是以数值表示的,不包括品质标志。变量就是数量标志的名称或指标的名称,变量的具体数值表现则称为变量值。例如,职工人数是一个变量,因为各个工厂的职工人数不同。某工厂有852人,另一工厂有1 686人,第三个工厂有964人等等,都是职工人数这个变量的具体数值,也就是变量值。要注意区分变量和变量值。如上例,852人、1 686人、964人三个变量值的平均数,不能说是三个"变量"的平均数,因为这里只有"职工人数"这一个变量,并没有三个变量。

变量按其数值是否连续可分为连续变量与离散变量两种。在一定区间内可任意取值的变量叫连续变量,其数值是连续不断的,相邻两个数值之间可作无限分割,即可取无限个数值。例如,生产零件的规格尺寸、人体测量的身高、体重、胸围等为连续变量,其数值只能用测量或计量的方法取得。可按一定顺序——列举其数值的变量叫离散变量,其数值是断开的。例如,企业个数、职工人数、设备台数、学校数、医院数等,都只能按计量单位数计数,这种变量的数值一般用计数方法取得。

六、统计总体的特征

在明确了以上一些基本概念之后,将它们联系起来观察,深入地认识总体,可以看出,统计总体具有同质性、大量性和差异性三个主要特点。

(1) 同质性。它是指总体中的各个单位必须具有某种共同的属性或标志数值。如国有企业总体中每个企业共同标志属性是国家所有。同质性是总体的根本特征,只有个体单位是同质的,统计才能通过对个体特征的观察研究,归纳和揭示出总体的综合特征和规律性。

(2) 大量性。它是指总体中包括的总体单位有足够多的数量。总体是由许多个体在某一相同性质基础上结合起来的整体,个别或很少几个单位不能构成总体。总体的大量性,可使个别单位某些偶然因素的影响——表现在数量上的偏高、偏低的差异——相互抵消,从而显示出总体的本质和规律性。

(3) 差异性(或称变异性)。它是指总体的各单位之间有一个或若干个可变的品质标志或数量标志,从而表现出差异。例如,某领域的职工总体中各单位间有男、女性别属性的差异,有 20 岁、21 岁、22 岁、23 岁、24 岁、25 岁、26 岁等年龄标志数值的差异。

问题讨论

五个考生的统计学成绩分别为:56、68、82、90、92,则统计学成绩是标志中的哪种?

任务实施

1. 说说本次调查研究的总体是什么,资料中体现了总体的哪些特征。

■ **实施过程**:

在研究全国乡镇企业的经营发展情况时,全国乡镇企业是大量存在的——大量性;每个乡镇企业都是乡镇办的、从事工业生产或提供劳务服务——同质性;而每个乡镇企业所生产的产品品种、数量,工人的劳动生产率,固定资产价值等各方面又具有不同的性质——变异性。所以全国所有的乡镇企业就构成了我们所研究的统计总体。

2. 指出构成统计总体的总体单位是什么。

■ **实施过程**:

在研究全国乡镇企业的经营发展情况时,全国所有乡镇企业是由每个乡镇企业构成的,则总体单位就是每个乡镇企业。

3. 你能以此资料为例说出统计总体与统计单位的关系吗?

■ **实施过程**:

随着统计研究的目的不同,总体和总体单位之间可以相互转换。

在研究全国工业的生产经营情况时,每个工业企业是总体单位,全国的工业企业是总体;而在研究某一企业的生产经营时,这个企业就成了总体,而企业的各个车间、班组、部门等则是总体单位。

所以，我们在确定总体和总体单位时，应根据研究目的、要求，找出所要搜集的数据资料来确定总体单位，再确定总体。

能力测试

星期六的统计

有个从未管过自己孩子的统计学家，在一个星期六下午妻子要外出买东西时，勉强答应照看一下四个年幼好动的孩子。当妻子回家时，他交给妻子一张纸条，上面写着：

"擦眼泪 11 次；系鞋带 15 次；给每个孩子吹玩具气球各 5 次；每个气球的平均寿命 10 秒钟；警告孩子不要横穿马路 26 次；孩子坚持要穿马路 26 次；我还要再过这样的星期六 0 次。"

要求：说出该统计学家写给妻子的纸条上涉及的统计学基本概念。

课后阅读与思考

2023 年全国房地产市场基本情况

一、房地产开发投资完成情况

2023 年，全国房地产开发投资 110 913 亿元，比上年下降 9.6%（按可比口径计算）。其中，住宅投资 83 820 亿元，下降 9.3%。见图 1.3-1。

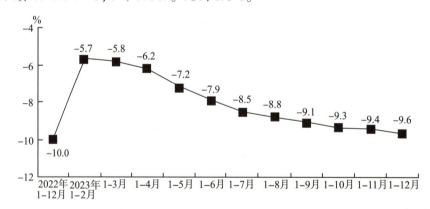

图 1.3-1　全国房地产开投资增速

2023 年，房地产开发企业房屋施工面积 838 364 万平方米，比上年下降 7.2%。其中，住宅施工面积 589 884 万平方米，下降 7.7%。房屋新开工面积 95 376 万平方米，下降 20.4%。其中，住宅新开工面积 69 286 万平方米，下降 20.9%。房屋竣工面积 99 831 万平方米，增长 17.0%。其中，住宅竣工面积 72 433 万平方米，增长 17.2%。

二、商品房销售和待售情况

2023 年，商品房销售面积 111 735 万平方米，比上年下降 8.5%，其中住宅销售面积下降 8.2%。商品房销售额 116 622 亿元，下降 6.5%，其中住宅销售额下降 6.0%。见

图 1.3-2。

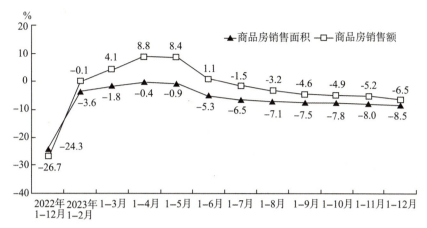

图 1.3-2　全国商品房销售面积及销售额增速

2023 年末,商品房待售面积 67 295 万平方米,比上年增长 19.0%。其中,住宅待售面积增长 22.2%。

三、房地产开发企业到位资金情况

2023 年,房地产开发企业到位资金 127 459 亿元,比上年下降 13.6%(图 1.3-3)。其中,国内贷款 15 595 亿元,下降 9.9%;利用外资 47 亿元,下降 39.1%;自筹资金 41 989 亿元,下降 19.1%;定金及预收款 43 202 亿元,下降 11.9%;个人按揭贷款 21 489 亿元,下降 9.1%。

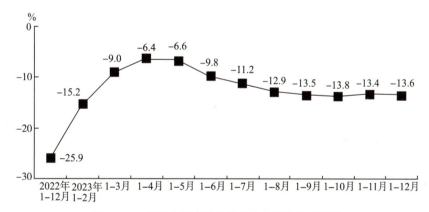

图 1.3-3　全国房地产开发企业本年到位资金增速

四、房地产开发景气指数

2023 年 12 月份,房地产开发景气指数(简称"国房景气指数")为 93.36(图 1.3-4)。

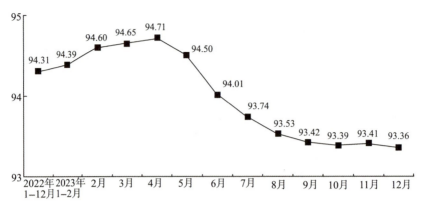

图 1.3-4　全国房地产开发企业本年到位资金增速

（资料来源：中国国家统计局网，https://www.stats.gov.cn/sj/zxfb/202401/W020240117358850159910.xlsx）

　1. 根据上述资料，列举出本任务学过的总体、总体单位、标志、标志表现、统计指标、变量、变量值等相关概念数据。

2. 说说这些概念在本次统计中起了什么作用。

任务四　认知统计计算工具

任务要求

1. 了解常见的统计计算工具。
2. 能简单使用 Excel 进行分析研究。

任务引入

巧用 Excel 进行学生成绩统计

"Excel"的中文意思即"超能""优秀"，也有人把它叫作万能的电子表格，在日常工作尤其是财务实践中具有很强的实用性。Excel 强大的表格处理功能，使我们在工作中往往有得心应手之感。

在老师的日常工作中，对学生的成绩进行统计分析管理是一项非常重要也是十分麻烦的工作，如果能够利用 Excel 强大的数据处理功能的话，就可以让各位老师迅速完成对学生成绩的各项分析统计工作。

表 1.4-1 中是某中学初一（A）班部分学生的一次数学月考成绩。

表 1.4-1　　　某中学初一(A)班部分学生数学月考成绩统计表

学　号	姓　名	成　绩/分
2001001	张三	89
2001002	李四	95
2001003	王五	80
2001004	赵六	94
2001005	钱七	76
2001006	陈八	64
2001007	刘一	58
2001008	吴九	38
2001000	郑二	100
2001010	何十	90

任务描述

1. 将学生的考试成绩按实际考试分数转换成相应的成绩等级,如将 90 分以上的成绩转换成"A+"形式,85—89 分的成绩转换成"A"形式……

2. 统计学生考试成绩分布情况。

相关知识

统计计算工具是我们完成统计分析的必要条件,算盘、计算器、计算机这些工具为我们完成大量的数据处理立下了汗马功劳。随着计算机软硬件的飞速发展,对数据的处理与分析逐渐倾向于采用统计分析软件。目前常用的统计分析软件有:SAS、SPSS、STATISTICA、MINITAB 等等,每个统计分析软件都有各自组织数据的方式以及分析界面。20 世纪 80 年代以后,电子表格成为数据组织形式的主流,著名的电子表格 LOTUS 1－2－3 和 Microsoft Excel 风靡一时。本教材使用 Office 组件中的 Excel 作为数据处理的主要工具。

一、统计分析软件简介

（一） SAS

SAS 全称为 Statistics Analysis System,即"统计分析系统",最早由美国北卡罗来纳大学的两位生物统计学研究生编制,并于 1976 年成立了 SAS 软件研究所,正式推出了 SAS 软件。SAS 早期的主要功能是统计分析,如今 SAS 打出的标牌是"Superior software that gives you the power to know"(带给你获取知识的力量的卓越软件),其产品与解决方案除统计分析外,新增了数据整合、企业智能等,统计分析功能也在不断增加。SAS 用户遍及金融、医药卫生、生产、运输、通讯、政府和教育科研等领域。在英美等国，能熟练使用 SAS 进行统计分析是许多公司和科研机构选才的条件之一。在数据处理和统计分析领域，SAS 系统被誉为国际上的标准软件系统。

SAS 是由多个功能模块组合而成的，其基本部分是 BASE SAS 模块，它是 SAS 的核心，承担着主要的数据管理任务，并管理用户使用环境，进行用户语言的处理，调用其他 SAS 模块和产品。在 BASE SAS 的基础上，可以增加下列模块从而增强数据分析功能：SAS/STAT（统计分析模块）、SAS/GRAPH（绘图模块）、SAS/QC（质量控制模块）、SAS/ETS（经济计量学和时间序列分析模块）、SAS/OR（运筹学模块）、SAS/IML（交互式矩阵程序设计语言模块）、SAS/FSP（快速数据处理的交互式菜单系统模块）、SAS/AF（交互式全屏幕软件应用系统模块）等等。

一般认为使用 SAS 需要编写程序，比较适合统计专业人员，而对非统计专业人员则比较困难。事实上，SAS 的很多功能也可以通过菜单操作实现，如 Insight 就是一个菜单操作的界面。

（二）SPSS

SPSS 全称为 Statistical Package for the Social Sciences，即"社会科学统计软件包"，2000 年 SPSS 公司将该软件的英文全称更改为 Statistical Product and Service Solutions，意为"统计产品与服务解决方案"，标志着 SPSS 的战略方向做出了重大调整。

SPSS 公司成立于 1968 年，现在的客户超过 25 万，该公司陆续并购了 SYSTAT 公司、BMDP 软件公司等，逐渐由原来的单一统计产品开发与销售转向为企业、教育科研及政府机构提供全面信息统计决策支持服务，成为走在了最新流行的"数据仓库"和"数据挖掘"领域前沿的一家综合统计软件公司。

SPSS 最突出的特点就是操作界面极为友好，采用类似 Excel 表格的方式输入与管理数据，数据接口通用，能方便地从其他数据库中读入数据，是非统计专业人员的首选统计软件。

（三）Statistica

Statistica 是由美国俄克拉荷马州的 StatSoft 公司研制的大型专业统计图表分析软件包。Statistica 数据统计分析项目有 15 个主命令，130 多个子命令，其功能是：基本统计分析（Basic Statistics）、非参数统计分析（Nooparametrics）、方差分析（General ANOVA）、多元回归分析（Multiple Regression）、非线性估计（Nonlinear Estimation）、时间序列/预测（Time Series/Forecasting）、聚类分析（Cluster Analysis）、因子分析（Factor Analysis）、典型分析（Canonical Analysis）、多维尺度分析（Multidimensional Scaling）、路径分析（SEPATH）、可靠性/项目分析（Reliability/Item Analysis）、判别分析（Discriminant Analysis）、对数线性分析（Log - linear - analysis）和生存分析（Survival Analysis）。Statistica 的图形功能很完备，显示输出的图形细腻美观，有 13 个主命令，80 多个子命令，主要包括：快速统计图（Quick Stats Graphs）、二维统计图（Stats 2D Graphs）、三维序列统计图（Stats 3D Sequential Graphs）、三维 XYZ 统计图（Stats 3D XYZ Graphs）和统计矩阵图（Stats Matrix Graphs）等。

（四）MINITAB

MINITAB 是由美国宾夕法尼亚州立大学在 1972 年研制的统计分析软件包，它以无与伦比的易学性、可靠性以及完善的功能而著称于世，是教授统计学、实施六西格玛和其他质量改进项目的理想选择。

MINITAB 具备以下特征：与人们学习和工作方式相适应的逻辑界面；包含完整的数据管理功能、强大的文件导入和导出、数据操作和电子表格式的数据窗口；配备详尽的文档，例如帮助解释输出结果的 StatGuide 以及 500 多个图文并茂的术语。MINITAB 包括统计分析模块和绘制图形模块，统计分析模块有 13 个主命令：基本统计分析（Basic Statistics）、回归分析（Regression）、方差分析（ANOVA）、实验设计（DOE，Design of Experiments）、控制图（Control Charts）、质量编制计划工具（Quality Tools）、可靠性/生存分析（Reliability/Survival）、多变量分析（Multivariate）、时间序列分析（Time Series）、统计报表和列联表检验（Tables）、非参数检验（Nonparametrics）、探索性数据分析（EDA，Exploratory Data Analysis）、效能与样本量分析（PASS，Power and Sample Size）。

MINITAB 与六西格玛解决方案紧密结合，包括通用电气、福特汽车等在内的上千家杰出跨国公司以及 4 000 多所学院与大学都在使用该统计分析软件包。

（五）马克威分析系统

马克威分析系统是由上海天律信息技术有限公司开发的中国第一套完全自主知识产权的大型统计分析和数据挖掘系统。马克威分析系统用于从海量信息和数据中寻找规律和知识，通过数据挖掘和统计分析等技术建立概念模型，为决策者提供科学的决策依据。它是一套集分析、挖掘、预测、决策支持于一体的知识发现工具，适用于企业、政府、科研、教育、军队等单位和机构。

马克威分析系统在技术上的特点是：将数据挖掘、统计分析、图形展示和智能报表融为一体，为用户提供完整配套的决策支持工具；提供独创的优化算法体系和完备的数据挖掘模型；将可视化数据分析与数据挖掘有机地融合在一起，并实现了自主开发的嵌入式数据库管理系统与其他关系型数据库无缝连接；在设计上充分考虑了中国用户的实际情况和使用习惯，将实用性和科学性结合在一起。2003 年，马克威分析系统被国家信息化测评中心选为中国信息化 500 强企业指定数据挖掘和信息分析软件。

二、Excel 实现数据处理的主要途径

使用 Excel 处理数据主要涉及两方面：一是 Excel 的公式与函数，二是 Excel 的数据分析工具。

（一）公式和函数

公式和函数是 Excel 工作表的核心。公式是连续的一组数据和运算符组成的序列，就像手工或计算器做运算那样工作；对于函数，只要输入相应的参数，就会自动地计算出所需要的函数值。Excel 有灵活多变的公式和丰富多彩的函数。

Excel 提供了 460 个内部函数进行数学、财务、统计等计算工作。函数的基本格式为：

例如：=SUM(number1,[number2],…)

"SUM"是函数名称，number1,[number2],…,表示 1 到 255 个待求和的数值,它通过参数接收数据,参数要写在函数名字后面的括号内,参数之间需要用","分开。每个函数要求自己特定的参数类型,如数值、单元地址、文本或逻辑值等。极少数函数可以不要参数,但也不能省略括号,如 PI( )。

对大多数函数,我们很难也没有必要记住它的语法,可以在"插入函数"对话框完成函数的输入过程。无论是在单元格内直接输入函数,还是在一个公式中包含函数,都有两种方式用以导出"插入函数"对话框：① 使用鼠标定位到想要插入函数的单元格,打开"公式"菜单栏,点击最左侧的"插入函数"按钮。② 单击编辑栏左侧的插入函数按钮 f_x 。

进入"插入函数"对话框,见图 1.4-1。"选择类别"栏告诉我们 Excel 将内部函数分为了 15 类。

图 1.4-1 "插入函数"对话框

在"选择类别"下拉框中选择了想使用的函数类别后,下边的"选择函数"栏中就列出了该类函数中所有具体的函数。如果我们选中了"常用函数"中的"SUM"函数,就可单击"确定"按钮,进入下一个对话框,见图 1.4-2。在该框内填入各参数所需的数据(可以是常量、单元格或区域引用、名称等多种形式),每个参数都给予一定的提示。在对话框下方显示出当前填入参数的计算结果。

图 1.4-2 "SUM"函数参数对话框

通过"插入函数"对话框录入函数的最大优点是步步有提示,只要明确想做什么,不必多虑如何做。

(二) 数据分析工具

数据分析工具实际上是 Excel 的一个外部宏(程序)模块,它提供了 19 种专门用于数据分析的实用工具。在进行数据分析前,打开"数据"菜单,查看一下此菜单上有没有"数据分析"命令。如果没有,表明数据分析工具库尚未安装到正在运行的 Excel 中。这时,在打开的 Excel 文件中,点击左上角的"文件"按钮(图 1.4-3),在左侧点击"选项"(图 1.4-4)。弹出"Excel 选项"对话框(图 1.4-5),切换到"加载项"选项卡,在"管理"下拉列表中选择"Excel 加载项"选项。选择"Excel 加载项"选项后,再单击"转到"按钮。弹出"加载宏"对话框(图 1.4-6),勾选"分析工具库"复选框,再单击"确定"按钮。通过以上操作后,"数据"菜单选项卡中会显示出添加的"数据分析"功能(图 1.4-7)。单击"数据分析"按钮,会弹出工具库内的许多工具,选择性使用即可。

图 1.4-3 点击"文件"按钮

图 1.4-4　点击左侧的"选项"

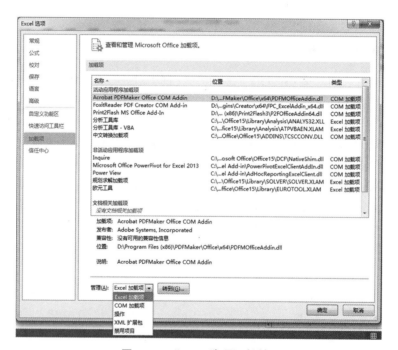

图 1.4-5　"Excel 选项"对话框

图 1.4-6 "加载宏"对话框

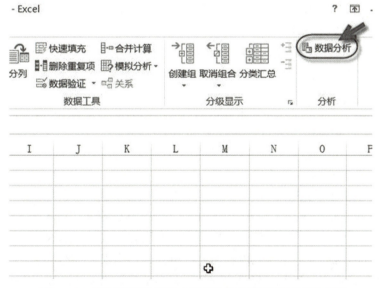

图 1.4-7 "数据"菜单选项中显示出添加的"数据分析"功能

安装了数据分析工具库后,每次启动 Excel 时,"分析工具库"宏就被自动加载。调用"数据分析工具"的操作如下:

(1) 选择菜单"数据",点击"数据分析",打开对话框,见图 1.4-8。

(2) 从"数据分析"对话框的分析工具列表中选择一种工具,打开相应的分析工具对话框。例如,选择"回归"工具,打开"回归"分析工具对话框,见图 1.4-9。

图 1.4-8 "数据分析"对话框

图 1.4-9 "回归"分析工具对话框

(3) 按分析工具对话框的提示,将数据范围键入对话框,并设置各选项,然后单击"确定"按钮即可得到有关分析结果。

在信息化的时代,计算机的使用非常重要,对于从事统计工作的人,如果没有这个工具,那么一定是"巧妇难为无'锅'之炊"了。

任务实施

1. 将学生的考试成绩按实际考试分数转换成相应的成绩等级,如将 90 分以上的成绩转换成"A+"形式,85—89 分的成绩转换成"A"形式……

■ 实施过程:

(1) 新建"学生成绩"工作表,见图 1.4-10。

(2) 在 G2 到 I12 单元格录入考试成绩分数段与考试成绩等级对照表。

(3) 在 D3 单元格录入公式" = INDEX(I\$3:I\$12,MATCH(1,(C3 > = G\$3:G\$12) * (C3 <= H\$3:H\$12),0))",由于该公式为数组公式,在录入完上述内容后,必须同时按下"Ctrl + Shift + Enter"键,为上述公式内容加上数组公式标志即大括号"{ }"。该公式的作用就是,根据 C3 单元格中的学生成绩,在 D3 单元格自动将该成绩转换成相应的成绩等级。

(4) 将光标移到 D3 单元格,向下拖动填充柄至 D12 单元格,将公式进行快速复制,这样就可以迅速完成转换学生成绩等级的工作,见图 1.4-11。

(5) 还可以按照自己的喜好,将 G2 至 I12 的单元格区域设置为"隐藏",以使表格更加美观。

项目一 统计观念的建立

图 1.4-10　某中学初一(A)班部分学生数学月考成绩统计

图 1.4-11　学生成绩等级转换

2. 统计学生考试成绩分布情况。

■ 实施过程：

（1）打开前面制作的"学生成绩"工作表。

（2）在 F3 至 F6 单元格录入学生考试成绩的统计分段点。在本例中采用的统计分段点为：60、69、79、89，即统计 60 分以下、61—69 分、70—79 分、80—89 分、90 分以上五个学生考试成绩区段的人数分布情况。也可以根据实际需要在此进行不同的设置。

（3）选中要进行公式设计的单元格区域 B14 至 B18，按下 F2 键，录入公式"= FRE-

035

QUENCY(C3:C12,F3:F6)”，由于该公式为数组公式，在录入完上述内容后，必须同时按下“Ctrl + Shift + Enter”键，为上述公式内容加上数组公式标志即大括号“{}”，见图 1.4-12。

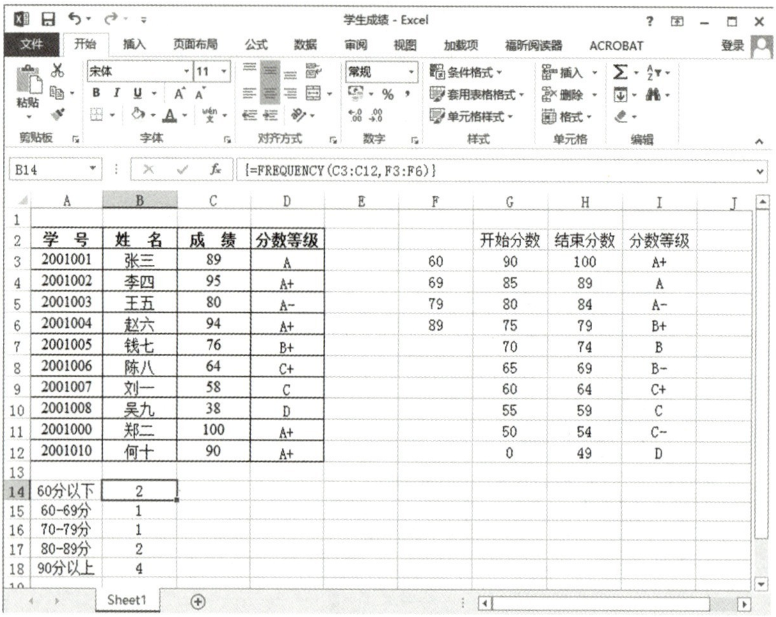

	A	B	C	D	E	F	G	H	I
1									
2	学 号	姓 名	成 绩	分数等级			开始分数	结束分数	分数等级
3	2001001	张三	89	A		60	90	100	A+
4	2001002	李四	95	A+		69	85	89	A
5	2001003	王五	80	A-		79	80	84	A-
6	2001004	赵六	94	A+		89	75	79	B+
7	2001005	钱七	76	B+			70	74	B
8	2001006	陈八	64	C+			65	69	B-
9	2001007	刘一	58	C			60	64	C+
10	2001008	吴九	38	D			55	59	C
11	2001000	郑二	100	A+			50	54	C-
12	2001010	何十	90	A+			0	49	D
13									
14	60分以下	2							
15	60-69分	1							
16	70-79分	1							
17	80-89分	2							
18	90分以上	4							

图 1.4-12　学生考试成绩分布情况

（4）当上述操作完成后，在 B14 至 B18 单元格就得到了学生考试成绩分布情况。

能力测试

为了解某经济学院新毕业大学生的工资情况，随机抽取 30 人，月工资如下：

1 560　1 340　1 600　1 410　1 590　1 410　1 610　1 570　1 710　1 550　1 490
1 690　1 380　1 680　1 470　1 530　1 560　1 250　1 560　1 350　1 560　1 510
1 550　1 460　1 550　1 570　1 980　1 610　1 510　1 440

要求：假如你是统计人员，尝试用 Excel 编辑表格，按工资从高到低排序，并说说大部分毕业大学生的工资水平。

课后阅读与思考

利用 Excel 计算个人所得税

Excel 强大的表格处理功能，使我们在工作中往往有得心应手之感，以下是利用 Excel 计算工资薪金个人所得税的一种方法。

根据新修订的个人所得税法规政策，2019 年 1 月 1 日起施行的新个税政策发生重大改变，增加个人所得税专项附加扣除，个税起征点为 5 000 元。我们以某公司职工章筱筱 2019 年 1—6 月薪金收入为例，按照新个税政策规定，利用 Excel 计算个人所得税。

1. 新建工作表，打开 Excel 表格，在工作表中输入公司职工章筱筱的有关薪酬数据资料，如图 1.4-13 所示。

	A	B	C	D	E	F	G	H	I	J	K	L	M	N
1	月份	月收入额	起征点	五险一金	子女教育	继续教育	大病医疗	房贷	房租	赡养老人	按月纳税额	累计应纳税额	累计税额	当月纳税额
2	1月	17880	5000	1572.48	1000	0	0	1000	1500	2000				
3	2月	18797	5000	1653.19	1000	0	0	1000	1500	2000				
4	4月	19519	5000	1716.64	1000	0	0	1000	1500	2000				
5	5月	20893	5000	1837.48	1000	0	0	1000	1500	2000				
6	6月	21629	5000	1902.22	1000	0	0	1000	1500	2000				

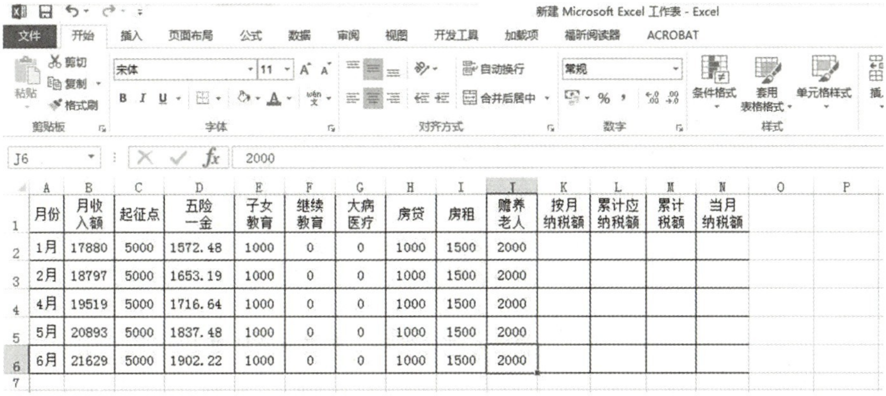

图 1.4-13　公司职工章筱筱 2019 年 1—6 月薪酬数据

2. 在工作表格中（A 列至 J 列）输入有关内容和数据后，即可利用 Excel 的有关函数公式，在 K 列至 N 列中，由电脑自动进行相关个税的计算。

3. 在 K2 单元格（按月纳税额）中输入"＝B2－SUM（C2：J2）"。按月纳税额＝月收入额－起征点－五险一金－六个专项扣除。

4. 在 L2 单元格（累计应纳税额）中输入"＝K2"，在 L3 单元格（累计应纳税额）中输入"＝K3＋L2"。累计应纳税额＝本月按月纳税额＋1 月至本月前累计应纳税额。

5. 在 M2 单元格（累计税额）中输入"＝ROUND（MAX（L2＊0.01＊{3,10,20,25,30,35,45}－{0,2520,16920,31920,52920,85920,181920},0），2）"。累计税额＝累计应纳税额＊税率－速算扣除数－1 月到上月累计已缴交个税总额。

上述公式中：① 1%＊{3,10,20,25,30,35,45} 这部分为"税率"，分别为：3%，10%，20%，25%，30%，35%，45%。② {0,2520,16920,31920,52920,85920,181920} 这部分为"速算扣除数"。③ MAX（）函数是个人工资薪金收入减去起征点、五险一金、专项附加扣除数后分别乘以 7 个税率，再减去对应的速算扣除数，将最后得到的七个数据取最大值。④ 最外层的 ROUND（）函数是将前面得到的最大值四舍五入，保留两位小数（角、分）。

6. 在 N2 单元格（当月纳税额）中输入"＝M2"，在 N3 单元格（当月纳税额）中输入"＝M3－M2"。当月纳税额＝本月累计税额－本月前已经预扣的累计税额。

7. 分别选定单元 K2、L3、M2 和 N3，用填充柄将 K2、L3、M2 和 N3 往下拖至数据的末行，此时所有的应税额和个人所得税都自动计算出来，如图 1.4-14 所示。

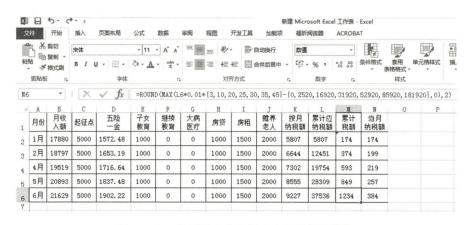

图1.4-14 公司职工章筱筱个人所得税的计算

8. 在 N 列数据的最后一行的下方输入"=SUM(N2:Nx)",Nx 为 N 列数据最后一行的数值,可把单元格 N2 至 Nx 的数据全部汇总,与单元格 Mx(累计税额)进行对比验算。

9. 点击"保存",将此表格取名为"个人所得税计算表",保存在"我的文档"中。至此,个人所得税的计算过程已全部结束。

思 考 结合最新税法相关规定,用上面介绍的方法,计算你父母应交的个人所得税。

统计活动——扫码学习

统计观念的建立

项目二

统计调查技术

 学习目标

1. 会运用基本的统计调查方法进行简单的调查活动。
2. 能运用基本的调查方法搜集原始资料和次级资料。
3. 会设计简单的统计调查方案。
4. 能规范地设计简单的统计调查问卷。

任务一　认知统计调查

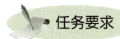 任务要求

1. 能用自己的语言正确表达统计调查的含义。
2. 能从不同的角度理解统计调查的意义,能明了统计调查的作用。

 任务引入

小华买火柴

一天,爸爸叫儿子小华去买一盒火柴。临出门前,爸爸嘱咐小华要买能划燃的火柴。小华拿着钱出门了,过了好一会儿,小华才回到家。

"火柴能划燃吗?"爸爸问。

"都能划燃。"

"你这么肯定?"

小华递过一盒划过的火柴,兴奋地说:"我每根都试过啦!"

……

(资料来源:人教网,http://www.pep.com.cn/czsx/jsxx/csrjwy/cs5/wycs5/201101/t20110128_1019830.htm)

任务描述

1. 小华采用了什么调查方式?
2. 你认为小华采用的方法合适吗?为什么?
3. 你准备用什么方式进行调查呢?

相关知识

一、认识统计调查

统计调查,就是按照统计研究的目的和任务,运用科学的调查组织形式和方法,有组织、有计划地搜集统计资料的工作过程。

统计调查所搜集的资料有两种:① 原始资料,即直接向调查单位搜集的尚待汇总整理的、需要由个体过渡到总体的资料;② 次级资料,即已经过加工整理,由个体过渡到总体,能够在一定程度上说明总体现象的统计资料。由于无论何种形式的次级资料都是由原始资料过渡而来,所以统计调查所要搜集的资料主要是指原始资料。

统计调查是整个统计工作的基础环节。通过统计调查,取得有关被调查对象的具体资料,为统计整理和分析提供依据。统计调查搞得好,就能准确、及时、全面地反映被研究对象的本质及规律性。反之,如果统计调查搞不好,所得资料不准确、不真实或者不及时,即使经过科学整理和分析,也得不到正确的判断,这将影响整个统计工作的成果。所以,统计调查阶段是保证统计工作任务顺利完成,提高统计工作质量的首要环节,是整个统计工作的基础。

 统计调查资料的准确性是统计工作的生命线。对此你是如何理解的?

二、统计调查的种类

社会经济现象的复杂性和统计研究目的的多样性决定了统计调查方法的多样性。进行统计调查,必须要根据不同的调查对象和调查目的,选用合适的统计调查方法。统计调查的方法可以从不同的角度,按不同的标准进行分类。

(一)全面调查与非全面调查

按调查对象包括的范围不同,可以将统计调查分为全面调查和非全面调查。

全面调查是对调查对象的所有总体单位逐一进行调查、登记的调查方式,如普查和全面统计报表制度等。例如,为了研究我国的人口数量等信息资料而进行的第六次人口普查就属于全面调查。

非全面调查是对构成调查对象的一部分总体单位进行的调查,如重点调查、典型调查和抽样调查等。例如,对某批次产品进行质量检测,就不需要对所有产品逐一进行质量检测,只需要抽出其中一部分产品进行检测即可。这就是非全面调查。

一般地讲,对有限总体既可以采用全面调查也可以采用非全面调查;对无限总体只能进行非全面调查。

(二)统计报表与专门调查

统计调查按组织形式不同,可分为统计报表和专门调查。

统计报表是国家统计局及所属各业务部门为了定期地取得系统的、全面的统计资料而采用的一种统计调查方法。它是按照国家统一规定的调查要求和表格形式,自下而上地提供统计资料的一种报表制度。目前我国国民经济发展中的一些重要的统计资料,主要是靠统计报表方式取得。执行统计报表制度,是各地区、各部门、各基层单位必须向国家履行的一种义务。

专门调查是为了了解与研究某些社会经济情况而专门组织的调查。专门调查可分为普查、重点调查、典型调查和抽样调查等。这种调查的组织机构不是常设的,而是根据研究目的和任务临时设置的。

小资料

CPI 价格资料的收集和确定

各省(区、市)调查总队要在当地抽选调查市县和价格调查点。目前我国调查地区样本总数共有 550 多个市县,采价点样本近 3 万个,近 4 000 名受过专业培训的价格采集员从事价格收集工作。下面,我们将价格调查工作的过程呈现给大家。

第一步,调查市县自主选定价格调查点。这些市县要确定价格调查的商店、农贸市场和服务网点(统计术语称之为调查点),调查点的确定方法如下:首先,将所有调查网点分别以零售额和经营规模为标志,从高到低排队;然后,依据所需调查点数量进行等距抽样,并结合大小兼顾及分布合理的原则抽选。

第二步,价格采集。各省(区、市)都有固定的价格调查人员和临时调查员按统一规定进行价格收集工作。调查点确定以后,各市、县价格调查人员就要按照规定时间对选定的商店、市场和服务网点的商品或服务价格,采用"三定"原则进行收集调查登记,"三定"原则即定点、定时、定人直接采价。

第三步,数据上报。调查市县每月将调查的价格资料通过网络上报给省(区、市)调查总队,经过审核后由调查总队在规定的时间内将数据上报到国家统计局。

(资料来源:中国国家统计局网,http://www.stats.gov.cn/ztjc/tjzs/cpizzg/200902/t20090219_67276.html)

（三）一次性调查和经常性调查

统计调查按调查时间是否连续，可分为一次性调查和经常性调查。

一次性调查是不连续登记的调查，是为了配合经济发展的需要，每隔一段时间对现象所进行的一次性登记，其主要目的是搜集现象在某一时点上的状态、水平的统计资料，如对工业企业在册职工人数、各种生产设备的数量、各种固定资产的价值进行的调查等。这些指标在一定时间内变化不大，又是时点指标，两个时点指标相加没有意义。因此，不必经常登记，就能获取必要的资料。

经常性调查是连续性的调查，它是随着现象在时间上的发展变化而连续不断地进行的登记，其主要目的是要获取事物发展过程及其结果的统计资料，如对企业的产值、产品产量及原材料、燃料、动力的消耗进行的及时登记等。这些指标是随着时间的推移而不断变化的，时间愈长指标数值愈大，必须连续不断地进行登记，才能取得完整的、系统的资料。

 对于下面几个问题，你认为应该做全面调查，还是抽样调查？

1. 要想知道一批导弹的杀伤半径。
2. 机场对旅客行李的安全检查。
3. 中央电视台春节联欢晚会"您最喜欢的节目"网上调查。
4. 调查一个村子所有家庭的收入情况。
5. 调查某条河流的水污染情况。

除以上分类之外，统计调查还可以从其他的角度进行分类，并且各种分类也不是相互排斥的。如普查，从调查对象所包括的范围来看，属于全面调查；从调查时间的连续性来看，属于一次性调查；从组织方式上看，又属于专门调查。

任务实施

1. 小华采用了什么调查方式？

■ **实施过程：**

小华把每一根火柴都划燃过了，所以他采用的是全面调查方式。

2. 你认为小华采用的方法合适吗？为什么？

■ **实施过程：**

小华采用的调查方法不合适。消耗性的、破坏性的调查，不宜做全面调查。

3. 你准备用什么方式进行调查呢？

■ **实施过程：**

火柴划燃性的检验是一种消耗性、破坏性的实验，对这种情形的调查，我们可以采用抽样调查，随机选择几根火柴进行检验即可判断火柴的划燃性。

 能力测试

下列调查中的样本是否具有代表性？

项目二 统计调查技术

1. 在大学生中调查我国青年业余时间娱乐的主要方式。
2. 在公园里调查我国老年人的健康状况。
3. 调查一个班级学号是 5 的倍数的学生,以了解学生们对班主任老师某一新措施的看法。
4. 为了解人们对出门旅游的看法,进行网上调查。

你能举出一些调查的样本不具有代表性的例子吗?

课后阅读与思考

国务院关于开展第七次全国人口普查的通知
国发〔2019〕24 号

根据《中华人民共和国统计法》和《全国人口普查条例》规定,国务院决定于 2020 年开展第七次全国人口普查。现将有关事项通知如下:

一、总体要求

(一)指导思想。以习近平新时代中国特色社会主义思想为指导,全面贯彻党的十九大和十九届二中、三中、四中全会精神,认真落实党中央、国务院关于统计改革发展的决策部署,坚持实事求是、改革创新,科学设计、精心组织,周密部署、依法实施,确保第七次全国人口普查数据真实准确,全面客观反映我国人口发展状况。

(二)普查目的。第七次全国人口普查是在中国特色社会主义进入新时代开展的重大国情国力调查,将全面查清我国人口数量、结构、分布、城乡住房等方面情况,为完善人口发展战略和政策体系,促进人口长期均衡发展,科学制定国民经济和社会发展规划,推动经济高质量发展,开启全面建设社会主义现代化国家新征程,向第二个百年奋斗目标进军,提供科学准确的统计信息支持。

二、普查对象、内容和时间

普查对象是普查标准时点在中华人民共和国境内的自然人以及在中华人民共和国境外但未定居的中国公民,不包括在中华人民共和国境内短期停留的境外人员。

普查主要调查人口和住户的基本情况,内容包括:姓名、公民身份号码、性别、年龄、民族、受教育程度、行业、职业、迁移流动、婚姻生育、死亡、住房情况等。

普查标准时点是 2020 年 11 月 1 日零时。

三、组织实施

第七次全国人口普查涉及范围广、参与部门多、技术要求高、工作难度大,各地区、各部门要按照"全国统一领导、部门分工协作、地方分级负责、各方共同参与"的原则,认真做好普查的宣传动员和组织实施工作。

为加强组织领导,国务院决定成立第七次全国人口普查领导小组,负责普查组织实施中重大问题的研究和决策。普查领导小组办公室设在国家统计局,具体负责普查的组织实施。各成员单位要按照职能分工,各负其责、通力协作、密切配合,共同做好普查工作。对普查工作中遇到的困难和问题,要及时采取措施予以解决。

地方各级人民政府要设立相应的普查领导小组及其办公室,认真做好本地区普查工作。要充分发挥街道办事处和乡镇政府、居民委员会和村民委员会的作用,广泛引导、动员和组织社会力量积极参与并认真配合做好普查工作。

地方普查机构可根据工作需要，招聘或者从有关单位借调符合条件的普查指导员和普查员。为稳定普查工作队伍，确保普查工作顺利进行，应及时支付招聘人员的劳动报酬，保证借调人员在原单位的工资、福利及其他待遇不变，并保留其原有工作岗位。

四、经费保障

第七次全国人口普查所需经费，由中央和地方各级人民政府共同负担，并列入相应年度的财政预算，按时拨付、确保到位。

五、工作要求

（一）坚持依法普查。各地区、各部门要按照《中华人民共和国统计法》《中华人民共和国统计法实施条例》《全国人口普查条例》等法律法规要求，认真做好普查各项工作。普查取得的数据，严格限定用于普查目的，不得作为任何部门和单位对各级行政管理工作实施考核、奖惩的依据。普查中获得的能够识别或者推断单个普查对象身份的资料，不得作为对普查对象实施处罚等具体行政行为的依据。

（二）确保数据质量。建立健全普查数据质量追溯和问责机制，各级人民政府统计机构要加大对普查工作中违纪违法行为的查处和通报曝光力度，坚决杜绝人为干扰普查工作的现象，确保普查工作顺利进行和普查数据真实准确。对普查中发现应当给予党纪政务处分或组织处理的统计违纪违法责任人，由统计机构按规定提出处分处理建议并及时移送任免机关、纪检监察机关或组织（人事）部门。

（三）提升信息化水平。采取电子化方式开展普查登记，探索使用智能手机采集数据。广泛应用部门行政记录，推进大数据在普查中的应用，提高普查数据采集处理效能。全流程加强对公民个人信息的保护，各级普查机构及其工作人员必须严格履行保密义务，严禁向任何机构、单位、个人泄露或出售公民个人信息。

（四）加强宣传工作。各级普查机构要会同宣传部门认真做好普查宣传的策划和组织工作。采用多种手段，广泛深入宣传第七次全国人口普查的重要意义和要求，引导广大普查对象依法配合普查，如实申报普查项目，为普查工作顺利实施创造良好舆论环境。

国务院
2019 年 10 月 31 日

（资料来源：中国政府网，http://www.gov.cn/zhengce/content/2019-11/08/content_5450146.htm）

思　考　1. 请说说人口普查属于哪种形式的统计调查。从人口普查可以获得哪些信息？

2. 普查为什么要规定标准时间？人口普查为什么不宜经常进行？

3. 第七次全国人口普查在工作要求方面特别强调了数据质量和信息化水平的要求，为什么？

项目二 统计调查技术

任务二 原始资料的收集

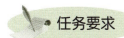

1. 能说出统计资料的来源渠道;能举例说明原始资料的各类收集方式和收集方法。
2. 能运用原始资料的收集方法搜集日常经济生活中的各类统计数据。

任务引入

2020年,罗琮祥大学毕业后,就职于东莞中学学工部,2022年9月2日开学后,校长打电话给小罗,要他提供一份本校当年考取大学的学生情况表,小罗经过一阵忙碌之后,拿出了一份名单(表2.2-1)。

表2.2-1　　　东莞中学2022年高校录取学生情况(节选)

姓名	总分	名次	班别	录取院校	录取批次	录取专业	本科专科	高考X科	初中毕业学校	考生来源(镇区)
易 青	841	2		北京大学	1	国际关系	本	历史	东莞中学	城区
包 涵	886	2		北京大学	1	法学	本	历史	虎门中学	虎门
黄进伟	831	10		北京大学	1	口腔医学	本	化学	广荣中学	沙田
曾力舜	824	1		清华大学	1	工业工程	本	物理	麻涌中学	麻涌
王 升	814	6		清华大学	1	建筑环境与设备工程	本	物理	南城中学	南城
莫智源	770	5		浙江大学	1	工商管理	本	物理	长安中学	麻涌
麦柏祥	551	4		中国人民公安大学	提前	侦查学	本	政治	东莞中学	城区
陈培皓	634	7		中国人民公安大学	提前	安全防范工程	本	物理	东莞中学	城区
周慧敏	656	6		中国人民公安大学	提前	侦查学	本	物理	东莞中学	沙田
萧荣增	705	6		中国人民公安大学	提前	治安学	本	物理	麻涌中学	麻涌
李 颖	729	1		北京邮电大学	1	国际经济与贸易	本	物理	东莞中学	城区
罗东明	712	1		国际关系学院	1	信息管理与信息系统	本	物理	东莞中学	城区
冯元粤	786	6		中国人民大学	1	信息管理与信息系统	本	物理	东莞中学	城区

校长看后,感到很满意,并对小罗的工作给予了肯定。

任务描述

1. 小罗提供的名单包含了哪些信息资料?
2. 小罗需要通过什么方式或方法去收集名单上的信息资料?

045

相关知识

一、统计资料的种类和来源

（一）统计资料的种类

统计资料按照获取途径的不同,可分为原始资料和次级资料。原始资料也称为初级资料或第一手资料,是反映被调查对象原始状况的资料,是直接从被研究对象处取得的资料,如原始记录、统计台账、调查问卷答案、实验结果等。次级资料也称为第二手资料,是已经存在的经他人整理分析过的资料,如期刊、报纸、广播、电视以及互联网上的资料,各级政府机构公布的资料,企业内部记录和报告等。一般在可能的情况下尽量使用第一手资料,它比第二手资料更加丰富、更加准确,使用第二手资料是因为其收集成本和所花费时间比较节省。

（二）统计资料的来源

统计资料来源于各种途径的收集(图 2.2-1)。统计资料的收集是一种广义的统计调查,在资料收集的总体范围上可大可小,在收集的内容上可以简单亦可复杂,可以是原始资料也可以是次级资料,收集的方式可以灵活多样。

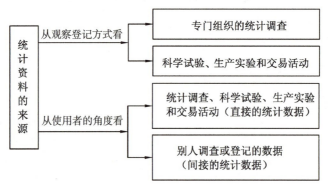

图 2.2-1　统计资料的来源

在信息化时代,统计资料犹如海洋。一般而言,统计调查是获取统计资料的主要形式,收集到的主要是第一手资料;从其他地方获取的资料如查阅文献和统计年鉴、上互联网等,是获取统计资料的辅助形式,收集到的主要是第二手资料。

二、原始资料的特点和收集要求

（一）原始资料的特点

原始资料来源于企业内部、消费者或购买者、商品流通业的各类中间商及市场经营组织、各类企业,因此,原始资料具有针对性强、真实性强的优点,但收集需要花费较多的人力、物力、财力和时间,而且有些原始资料的收集仅靠企业自身力量难以完成。同时由于收集过程必然受到调查者和被调查者主观因素的影响,原始资料往往带有一定的主观性。原始资料的内容具有广泛性,一般由各基层单位根据自己的具体情况确定。例如反映各种产品生产进度及生产数量和质量方面的记录;反映生产设备增减、利用和维修状况的记录;反映财务收支情况的记录;还有出勤卡、领料单和产品销售记录等,都属于原始资料。

> **知识链接**
>
> 第七次全国人口普查资料
>
> 请登录第七次全国人口普查网站 http://www.stats.gov.cn/ztjc/zdtjgz/zgrkpc/dqcrkpc/ 查看。

(二) 原始资料的收集要求

原始资料的收集是统计工作过程中的一项基础性工作,所收集的原始资料是否正确,采集的样本是否全面、是否有代表性,原始资料的取得是否及时等,将直接影响到数据整理和数据分析的正确性、有效性。因此,在原始资料的收集过程中,一是要确保原始资料的准确性,数字和实际相符,数字不可虚假或掺杂水分,这是统计工作最基本、最重要的原则和要求;二是要保证原始资料的全面性,即所收集的数据在数量上、覆盖面上能充分满足研究任务的需要,以防止因资料缺损或不足而使研究结论的有效性降低或出现以偏概全的错误;三是要保证原始资料的及时性,统计研究一般是针对当前实际工作的需要而进行的,因此,收集原始资料必须讲究时效性,这就要求所收集的原始资料应能代表当前最新的信息,同时,这些原始资料必须在规定的时间内收集上来,失去时效的原始资料将失去统计研究的价值。

> **小资料**
>
> 人口普查(census),是指在国家统一规定的时间内,按照统一的方法、统一的项目、统一的调查表和统一的标准时点,对全国人口普遍地、逐户逐人地进行的一次性调查登记。人口普查工作包括对人口普查资料的搜集、数据汇总、资料评价、分析研究、编辑出版等全部过程,它是当今世界各国广泛采用的搜集人口资料的一种最基本的科学方法,是提供全国基本人口数据的主要来源。下图是2020年中国第七次全国人口普查标志。
>
>

三、原始资料的收集方法

原始资料的收集是统计调查中一项复杂、辛苦的工作,且对调查结果的准确性有较大的影响。一般来说,原始资料的收集方法主要有访问法、观察法、实验法、报告法、问卷调查法等。

(一)访问法

访问法是通过有目的、有计划、有方向的口头交谈向被调查者了解问题和情况,获取原始资料的一种方法。采用访问法进行调查,一般都事先将所要调查了解的问题陈列在调查表或访谈表(表2.2-2)中,按照调查表的要求询问,所以访问法又称调查表法。该种方法的优点是:被调查对象的回答率大大高于问卷法,适应性强,调查内容机动性大,访谈者对资料收集过程可进行有效控制;但缺点是:访谈成本大、匿名性差,访谈结果与访谈人员的素质、能力及其现场表现直接相关。根据调查人员与被调查者接触方式的不同,又可将访问法分为人员访问、电话访问、邮寄访问和网上访问等。

表2.2-2　　　　　　　　　　　访谈表

课题题目:			
访问者(学生):		小组成员:	
班级:		访问方式:□电话 □书信 □面谈 □网络 □其他	
被访问者:		工作单位:	
职务(职称):		专长(专业):	
联系地址、电话:			
访问日期:	地点:		访问时间:共　分钟
访问主题:			
拟采访的问题: (1) (2) ……			
访问记录(整理要点):			
结果(是否达到目的,解决了哪些问题,有哪些收获和体会):			
被访问者的意见、建议: 　　　　　　　　　　　　　　　　　　　　　　　　　　签名: 　　　　　　　　　　　　　　　　　　　　　　　　　　年　月　日			

议一议 你们班的同学有在同一个月出生的吗？有在同月同日出生的吗？在哪个月出生的同学特别多？不妨对每位同学做个小小的访问调查，看看会有什么有趣的发现。

（二）观察法

观察法是指观察者带有明确目的到观察现场，凭借自己的眼睛或摄像录音器材，在调查现场进行实地考察，记录正在发生的市场行为或状况，以获取各种原始资料的一种非介入性调查方法，又称为直接观察法。观察法一般用于对受访者客观状况进行调查，这种方法的主要特点是，调查者与被调查者不发生直接接触，而是由调查者从侧面直接地或间接地借助仪器把被调查者的活动按实际情况记录下来，避免让被调查者感觉正在被调查，从而提高调查结果的真实性和可靠性，使取得的资料更加贴近实际。

观察法最明显、突出的优点就是可以获得更加真实、客观的原始资料；但它也有一些缺点：首先，观察法仅是取得表面性资料，只能观察到正在发生的动作和现象；其次，调查者必须具备较高的业务能力、敏锐的洞察能力和良好的记忆力；再次，观察法要求较高的调研费用和较长的观察时间。因此，观察法最好同其他调查方法结合起来使用。

想一想   沃德教授的建议

许多统计学家在第二次世界大战中发挥了重要作用。著名统计学家沃德教授（Abraham Wald,1902—1950）在被咨询飞机上什么部位的钢板需要加强时，他画出了飞机的轮廓，并且标出返航的战斗机上受敌军创伤的弹孔的位置。资料积累一段时间后，沃德建议把剩下的少数几个没有弹孔的位置加强。英国皇家空军部部长决定接受沃德的建议，战斗机被击落的比例，果然显著降低。

思考：为什么沃德建议把剩下的少数几个没有弹孔的位置加强？

观察法按照不同的分类标准可分为几大类：① 按观察时间周期分，可以分为连续性观察和非连续性观察；② 按观察所采取的方式分，可以分为隐蔽性观察和非隐蔽性观察；③ 按调查者扮演的角色分，可以分为参与性观察和非参与性观察；④ 按调查者对观察环境施加影响的程度分，可以分为结构性观察和非结构性观察。

试一试 请拿出一枚硬币，随意抛向空中，硬币落定以后应该只有两种可能：正面或者反面。你猜它会落在正面还是反面？抛100次，你能保证每次都猜中吗？为什么？请你仔细观察。

（三）实验法

搜集原始资料的另一类方法是通过实验，在实验中控制一个或多个变量，在有控制的条件下得到观测结果。在实验中，研究人员要控制某一情形的所有相关方面，操纵少数感兴趣的变量，然后观察实验的结果，获得的实验数据就是在实验中控制实验对象而搜集到的变量数据。

1. 实验的组织

实验的方式分现场实验和实验室实验两种。实验法的基本逻辑是：有意识地改变某个变量 A 的情况，然后看另一个变量 B 变化的情况。如果 B 项随着 A 项的变化而变化，就说明 A 项对 B 项有影响。为此，需要将研究对象分为两个组，一个为实验组，一个为控制组。实验组就是指接受实验的被研究对象。控制组即非实验对象，往往与实验组进行对比实验调查。实验组和控制组的产生应遵循随机原则，即将实验单位随机地分配到实验组和控制组。

例如,某洗发水公司拟测试免费样品对销售量的影响,进行了一次免费赠送样品的实验。实验随机选定 1 000 户家庭作为实验组,每户赠送 2 袋小包装洗发水(样品),同时发给一张可在指定商场购买大瓶洗发水的粉红色价格折扣券;另外随机选定 1 000 户家庭作为控制组,每户发给一张白色价格折扣券,但不给免费样品。粉红色价格折扣券和白色价格折扣券的优惠程度一样,采用两种颜色仅为区别起见。两个月后商店进行统计,共收到粉红色价格折扣券 560 张,白色价格折扣券 389 张,表明实验组的购买量比控制组多出 171 瓶。实验法得出的结论是免费样品可以增加销售量。

2. 实验设计的基本原则

(1) 重复性原则,即允许在相同条件下重复多次实验。

(2) 随机性原则,是指在实验设计中,对实验对象的分配和实验次序都是随机安排的。

(3) 区组化原则,即利用类型分组技术,将实验对象按有关标志顺序排列,然后依次将各单位随机地分配到各处理组,使各处理组组内标志值的差异相对扩大,而处理组组间的差异相对缩小,这种实验设计安排称为随机区组设计,这样就可以提高处理组的估计精度。

3. 实验中的统计

首先要确定实验所需要的单位个数,以便得到对实验精度预期的结果。一般说来,实验数据越多越好。接着进行实验设计。要根据统计的思想,科学地安排实验过程。最后还要对实验数据进行分析,一是内部的有效性分析,二是外部的有效性分析。

做一做 将一张纸裁成 4 张大小一模一样的小纸片,依次给它们标上 1、2、3、4 这四个号码,折叠好,放入一个盒中摇晃打乱,闭上眼睛从中取出一张,记录下它的号码,折叠好,重新放回盒中摇晃打乱。这样重复取 20 次,将你的游戏结果填入表 2.2-3。

表 2.2-3　　　　　　　　游戏结果

号　码	1	2	3	4
频数				
频率				

根据表中记录的数据,请尽可能多地列出你的发现或猜测,并说明理由。如果有兴趣,还可以再重复取 20 次甚至 40 次,检验一下你猜想的结论是否总是正确的。

(四) 报告法

报告法亦称通讯法,是指由受访者填写有关报告表格,向调查人员报告自身情况的资料收集方法。这种方法是被调查者根据统计报表(表 2.2-4)的格式要求,按照隶属关系,逐级向有关部门上报统计资料的一种调查方法。报告法是我国政府统计的传统方法,尤其是在计划经济时代,政府统计信息主要来自各行各业提供的统计报表。这种方法是根据统计法的规定,要求各地区、各部门、各单位必须对国家履行的一种义务。现行统计报表制度采用的就是这种方法。

表 2.2-4　　　　　　　　　工业产销总值及主要产品产量(定期报表)

表　　号：B204-1 表
制定机关：国家统计局
文　　号：国统字〔2023〕88 号
有效期至：2025 年 1 月

统一社会信用代码□□□□□□□□□□□□□□□□□□
单位详细名称：　　　　　　　　　　　　2024 年　月

指 标 名 称	计量单位	代码	本年		上年同期	
			本月	1—本月	本月	1—本月
甲	乙	丙	1	2	3	4
一、工业总产值(当年价格)	千元	01				
工业销售产值(当年价格)	千元	03				
其中：出口交货值	千元	04				
二、工业总产值(当年价格)按工业行业小类分	—	—				
烟煤和无烟煤开采洗选	千元	0610				
⋮	⋮	⋮				
其他水处理、利用与分配	千元	4690				
三、主要工业产品产量	—	—				

单位负责人：　　统计负责人：　　填表人：　　联系电话：　　报出日期：20　年　月　日

说明：① 统计范围：辖区内规模以上工业法人单位和规模以上个体经营户。② 报送日期及方式：调查单位 2、5、6、7、8、10、11 月月后 7 日，3 月月后 8 日，4、12 月月后 9 日，9 月月后 10 日 12:00 前独立自行网上填报，1 月免报；省级统计机构 6、7、8、10、11 月月后 10 日，2、3、5 月月后 11 日，4、12 月月后 12 日，9 月月后 13 日 12:00 前完成数据审核、验收、上报，1 月免报。

(资料来源：江苏省统计局工业统计报表制度 2023 年统计年报和 2024 年定期统计报表)

(五) 问卷调查法

问卷调查法就是根据调查目的，制定调查问卷，由被调查者按照调查问卷所提的问题和给定的选项进行回答的一种专项调查形式。在统计调查中，原始资料的收集大量采用问卷调查这种方法。

问卷调查法是目前最常用的调查方法，其优点在于利用问卷限定了访问员的询问方式和受访者的回答方式，从而有助于获得符合分析要求的定量数据。问卷调查法不需要访问员进行自由联想和发挥，从而降低了对访问员自身素质的要求，更适用于大规模的民意调查和商业调查活动。

试一试　收集一下最近三年来你的身高、体重、视力等身体状况的变化数据，看看你的成长经历，并和你的朋友们的数据比一比，你有什么新发现吗？

问题讨论

1936年美国总统选举的预测

在1936年的美国总统选举中有两位候选人,即民主党候选人罗斯福(F. D. Roosevelt)和共和党候选人兰登(G. A. London)。有一家文摘杂志从电话号码簿和一些俱乐部成员的名单中选取1 000万人,以发出询问信的方式进行民意调查,共有240万人做出了回答。

据此资料,此文摘杂志预测兰登将以获得57%的选票获胜,而罗斯福的得票率将是43%。而选举结果罗斯福的得票率则是62%,兰登仅得到38%的选票。为此,这家杂志社很快就倒闭了。

自1916年以来,此家杂志社每次所做的预测都是正确的,因而影响很大。这次它的预测是基于巨大数字240万的答卷做出的,却预测错误。

当时美国有电话的家庭有1 100万户,失业者有900万人。

有一个叫乔治·盖洛普(George Gallup)的人建立的一个调查组织从1 000万人中随机选取了3 000人,就提前知道了文摘将要得出的结论:兰登将以56%的选票获胜,这与文摘公布的结果仅相差1%,而这个结论来自3 000人而非240万人。盖洛普从更大的范围内随机选取了5 000人,据此预测罗斯福将以56%的得票率获胜,而兰登的得票率为44%,与实际结果相差6%。

讨论:

(1) 为什么文摘杂志社的预测数据会发生错误?
(2) 为什么盖洛普会预测成功?
(3) 原始数据收集的误差与偏差是否随着抽样数量的增加而减少?
(4) 从这个案例分析中我们可以得到哪些启发?

(资料来源:[美]Edward Zaccaro,Daniel Zaccaro 著,李芳译:《揭开数据真相:从小白到数据分析达人》,电子工业出版社,2016年11月)

 任务实施

1. 小罗提供的名单包含了哪些信息资料?

■ **实施过程:**

从小罗提供的录取名单的表头一栏可以看出,小罗搜集的信息资料包含了考取高校的姓名、高考总分、所在班别、录取院校、录取批次、录取专业、学历层次(本科、专科)、高考X科的课程名称、原初中毕业学校、考生来源的镇或区等信息内容。

2. 小罗需要通过什么方式或方法去收集名单上的信息资料?

■ **实施过程:**

考取高校的姓名、高考总分、录取院校、录取批次、录取专业、学历层次(本科、专科)应该到高招办去获取,高考 X 科的课程名称、原初中毕业学校、考生来源的镇或区等信息内容可以在学校的学生档案中获取。小罗可以采用访问法、报告法去收集这些信息资料。

能力测试

谁是《红楼梦》的作者?

我国有一部古典文学名著《红楼梦》,虽然书的封面上通常都印有曹雪芹和高鹗两位作家的名字,但是,它的作者究竟是谁,现在还是一个谜。一些专家正在试图用数学方法揭开这个谜。

有一种研究方法是以计算机为工具,对这部名著的遣词造句进行统计和分析,看写作手法是否前前后后完全一致。如果整本小说出自一人之手,那么不管翻到书的哪一部分,遣词造句的写作手法应该极其相像。

谈祥柏先生在他的《数学广角镜》一书中介绍说,湖南师范大学的一位学者发现,在《红楼梦》的前 80 回中,书中丫鬟、用人、老妈子等下人都自称为"小的",可到了后 40 回,则一般都自称为"奴才",这就露出了一个"马脚",说明前 80 回和后 40 回的作者可能不是同一个人。

1987 年《复旦大学学报(社科版)》介绍说,复旦大学的李贤平先生将《红楼梦》120 回看作一个整体,统计了 47 个虚字的出现频率,又提出了不能笼统地认为前 80 回为一人所写、后 40 回为另一不相干的人所写的看法。

那么《红楼梦》的作者究竟是曹雪芹一个人呢,还是曹雪芹和高鹗两个人呢,还是它原本就是一部在几本民间小说基础上合成的长篇小说呢? 现在还没有定论。

(资料来源:《数学(七年级上册)》,华东师范大学出版社,2012 年 7 月)

要求:请分析还有什么其他方法可以推断《红楼梦》的作者。

课后阅读与思考

统计工作扁平化,原始数据可通过手机传给统计局

通过手持终端,原始统计数据可直接传给国家统计局数据库,这能否解决统计数据失真问题?

也许下一次全国人口普查,调查人员会带着一个"手机"到你家,输入你提供的信息后,数据就通过网络直接传给国家统计局的数据库,无须再层层上报。

在日前召开的全国统计工作会议上,国家统计局局长马建堂就掏出了这样一个"手机"。

"上个月我到巴西统计局访问,他们在实行包括人口普查在内的各项统计时都已开始用上了这个 PDA(个人信息助理)电子统计终端。"坐在主席台中央的马建堂向台下的同仁介绍说。

巴西也在去年实施了全国人口普查。巴西人将统计调查问卷和调查地图做成软件应用都放到了这个小装置中。普查时,巴西人口普查员人手一个 PDA,到了调查户家中,用 PDA 向住户直接提问,同时实时录入;回到办公室,插上一根网线就能将数据迅速上传到巴西统

计局的数据库中。

按照马建堂的设想,五年内,要在中国统计系统调查人员内普及这样的"手机"。

不过,统计工作的信息化也绝非装备一个PDA那么简单。

信息化已刻不容缓

在中国城镇住户调查系统中,入户调查、手工记账、定期收账本的基础数据采集手段从20世纪60年代一直沿用至今。

一位地方统计局的官员对《第一财经(微博)日报》记者说,尽管记账本的样式和项目换了好几代版本,但手书笔录的方式一直没有改变,一些居民最初承担记账任务时积极性还比较高,但时间长了就会厌烦。

目前,层层上报数据仍是国家统计部门获取大多数统计指标的重要渠道。而层层上报就意味着可能层层注水,要防止企业瞒报漏报、防范各环节虚报作假,减少中间环节是统计改革的必然取向,基础数据最好由国家统计部门直接"拿来",各级统计部门共享。

而在美国,这些工作做起来则容易得多。基于发达的信息技术,美国在采集数据时不仅可以用GPS观测企业的移动和迁徙,通过联网直报实时收发企业数据,怀疑企业数据真实性时直接调出单位财务、税务、商业注册、员工薪酬等相关信息就能帮助去伪存真。

实际上,中国也有类似于巴西的统计工作信息化技术,而且已比较成熟。例如,在CPI调查上,全国近3 000名物价采集员都已配备了手持采价系统,他们实时采集的5万多个样本数据能瞬间在国家统计局的系统上汇总更新。但因为没有足够的经费,此类设备并未大范围使用。

马建堂认为,在更大范围内实现中国统计的信息化和现代化已经是刻不容缓的任务。

另据记者了解,国家统计局河南省调查总队曾经与平顶山移动通信公司合作,共同推出了一个"城镇住户调查手机记账系统"项目,让平顶山的调查户直接通过手机实时向河南省调查总队报送收支数据。

去年年中,国家统计局下属的统计科研所曾专门对这一案例进行了一次调查,结果发现,手机记账易被记账户接受,也可将统计工作人员从重复性挨家挨户的人工调查工作中解放出来。而且手机记账的调查系统还可以实现国家、省、市、县4级数据的同步管理,投入也远比配备单独的PDA要少得多。

四大工程再造统计流程

在统计各项指标时,如果能让工业企业、商场、进出口企业、普通居民都直接向统计部门报数,防范层层注水,那对中国的统计工作将是翻天覆地的变革。

但是,统计工作现代化不只是装备手持设备那样简单。比如,一个企业的计财部门往往要同时向统计、财政、税务等多部门报送数据,对于重复交叉的数据,如果能用一套表按期一次性向政府部门进行电子报送,就能节省企业人员大量的时间,而且方便政府实时监测。但施行这样的设想,需要从统计部门到调查单位整体的信息化设计。

在布置今年工作时,马建堂着重推出了关于统计现代化、信息化的四大工程。按照他的描述,这四大工程也就是"四个一",即同一的基本单位名录、一套表制度规定的调查内容、统一的数据采集处理软件、原始数据直接报送全国统一的数据中心。

"建设四大工程是在现有体制条件下破解统计工作难题,是提高统计能力,提高统计数据质量,提高政府统计公信力最直接、最有效、最根本的举措。"马建堂强调。

同时，在未来五年内，马建堂也希望在中国统计系统调查人员内普及手持应用设备。

"如果四大工程完全建立，我们自己的工作方式也会发生变化，即从现在繁重的数据收集汇总、填报报表的任务中脱离出来，转向对原始数据的核查和对企业的督导，将统计的生产力解放出来。"一位参会的统计局官员对记者表示。

据记者了解，国家统计局已经对"四大工程"开始了一些探索。比如，"企业一套表"制度已经在湖北、北京、四川等12个地区和45万个调查的单位实施了试点。而在统计基本单位名录的建设上，统计局也在去年出台了一个暂行办法。至于联网直报制度，国家统计局已有工业、能源、经贸、投资、企业调查等专业联网直报用户6万多户，下一步将继续扩容。

（资料来源：安信证券网，http://www.essence.com.cn/essence/news/NewsContent.jsp?docId=2100320）

思 考 1. 你认为原始资料的报送方式对统计数据的失真问题有何影响？
2. 结合上述资料，你认为应该从哪些方面提高中国的统计信息化？

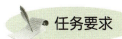

任务三 次级资料的收集

 任务要求

1. 能说出次级资料的含义和优缺点；能辨别原始资料与次级资料；能举例说明次级资料的不同来源渠道和收集方法。

2. 能根据不同的研究需求选择不同的来源渠道收集次级资料，学会收集次级资料的基本技能和方法。

任务引入

我急需那篇文章中提到的经典案例

一日，麦肯特顾问公司收到一网友关先生的来信：

……我看到这篇文章里面说，《中国经营报》曾经将舒蕾的终端促销作为经典案例来分析，所以我想知道，具体的是那一期啊？我去《中国经营报》的网站查了一下，居然没有找到。因为比较着急要找这份资料，所以还请帮忙，谢谢！

原来该公司在网上刊发了网友谷俊的投稿"十年磨一剑——'丝宝'十年之路"，里面提道：舒蕾的终端促销曾被《中国经营报》作为经典案例进行过分析。其实在此文的后面，该公司同时刊登了作者的联系方法（电话与E-mail），类似的问题读者完全可以直接与作者联系。不过既然给公司来信了，就让公司看看能否帮助他，不要辜负了读者的信赖与支持。

《中国经营报》所有的文章全部按期出现在它的网站上，我们可以在网上按期阅读每篇文章，这也许会比到图书馆翻陈年旧报要轻松一点，但也绝对不是一个轻松的任务。

然而从去年底开始,《中国经营报》的网站上已经删除了以前的旧文章,只能阅读新文章。要查找以前的文章需要与报社直接联系,告诉他们出版时间和文章题目,他们会直接传真或发电子邮件给你,每篇收费5元!有用的资料花5元钱并不多,但这钱如何给他们?邮局汇款?而且又该如何告诉他们出版时间和文章题目?好了,不要往下说了,此路好像不通。

(资料来源:吴晓明:《网络信息检索小百科》,光明日报出版社,2017年5月)

任务描述

1. 如果使用传统方法,你可能会采取哪些措施帮助网友找到急需的那个经典案例呢?
2. 如果利用互联网的使用技巧,又应该采取什么方式才能找到那个经典案例呢?

相关知识

一、次级资料的概述

(一)次级资料的含义

在统计资料的搜集过程中,有时很难通过直接调查或试验取得所需的原始资料。此时可以通过一定渠道获取别人调查或科学试验所取得的统计资料,这便是次级资料。次级资料也叫二手资料、文献资料,是原始资料的二次以上利用所形成的资料形式,是其他人或机构为了某种目的而收集、记录和整理出来的有关资料。原始资料及对原始资料的第一次处理和诠释仍属于原始资料的范畴,而对于已诠释资料的引用与再诠释则为次级资料,在此基础上的多重引用与诠释均可归为次级资料。

(二)次级资料的特点

次级资料与原始资料相比较在许多方面有很大的不同(表2.3-1)。

表2.3-1　　　　　　　　　原始资料与次级资料的比较

比较项目	原始资料	次级资料
收集人	研究者	其他人
收集目的	为解决当前问题	为解决其他问题
信息来源	访问、观察、试验	购买、网络、书籍
收集过程	较为复杂	迅速而简便
收集费用	高	相对很低
收集时间	长	短

1. 次级资料的优点

与原始资料相比较，次级资料的优点是：第一，它能被快速获得；第二，比起收集原始资料，它的成本要低许多；第三，通常情况下，它较为容易获得；第四，它能辅助现有的原始资料，即研究者通过收集次级资料来帮助收集原始资料。

2. 次级资料的局限性

与原始资料相比较，次级资料也有它的不足：第一，它是为其他目的而收集的，可能由于资料范围、测量标准、分类标准不同而不能满足调研人员对数据的要求；第二，有些情况下不存在相关的次级资料；第三，次级资料的信息已经过时；第四，次级资料的准确性无法控制。

3. 次级资料的作用

次级资料在使用中具有明显的作用：① 能为研究项目提供背景信息；② 有助于调研主题的确立；③ 可以提供解决问题所需的信息；④ 可以提供实地调查难以获得的某些资料；⑤ 为原始数据的收集提供指导；⑥ 可以检验原始资料的有效性与准确性。

（三）次级资料的收集要求

次级资料的获取仅仅是开展研究工作的第一步。通常，获取的次级资料很少能直接符合研究者的某种需求，因此，要使次级资料更加符合某种需求目的，对次级资料的收集是有一定要求的，具体要求有：

(1) 真实性，即对于所获取的次级资料，要进行认真鉴别和筛选，坚持实事求是，避免个人偏见和主观臆断。

(2) 及时性，即收集者必须及时观察不断变化的数据资料，收集满足研究需求的最新资料。

(3) 同质性，即围绕特定的研究问题所获取的次级资料必须同质、相关和可比。

(4) 完整性，即收集的次级资料要力求全面系统地反映某种研究目标的发展趋势。

(5) 经济性，即次级资料的收集方式必须符合经济利益的要求，次级资料的使用必须使资料使用者在经济上有所收益。

(6) 针对性，即次级资料的收集必须有确定的指向和目标，避免无的放矢，而且应为资料使用者的决策提供实际的参考。

二、次级资料的收集方式

（一）次级资料的来源渠道

从方便资料收集和站在企业的角度来看，一种最有效的分类方式是按其来源来分，根据次级资料的来源，可将其分为内部资料和外部资料，如图 2.3-1 所示。

次级资料主要是由调查人员通过搜集多种文献资料，摘取现成数据，经过整理、融合、调整、归纳而形成的。这些文献资料有些是公开出版的，也有些是尚未公开的。在我国，公开出版的社会经济统计资料主要来自国家和地方的统计部门以及各种报刊媒介。例如，《中国统计年鉴》《中国统计摘要》《中国社会统计年鉴》《中国工业经济统计年鉴》《中国农村统计年鉴》《中国人口统计年鉴》《中国市场统计年鉴》，以及各省、市、地区的统计年鉴等。另外还有提供世界其他国家社会和经济数据的出版物，如《世界经济年鉴》

《国外经济统计资料》等。联合国的有关部门及世界各国也定期出版各种提供其社会和经济数据的统计资料。

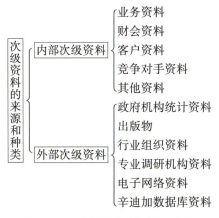

图2.3-1 次级资料的来源和种类

除了上述公开出版的统计资料外,还可以通过其他渠道获取一些次级资料,如广泛分布在各种报纸、杂志、图书、广播、电视等传媒中的各种资料。随着计算机网络技术的发展和普及,通过网络来获取所需的各种次级资料将是获取次级资料的一种重要渠道。

使用次级资料时,应注意次级资料的含义、计算口径和计算方法,以免误用或滥用;同时要注明资料的来源,以尊重别人的劳动成果。

小资料

世界银行数据库(World Bank Database)。世界银行2010年4月20日宣布开放其统计数据库。世界银行集团从多个数据渠道采集数据,并与许多统计机构开展协作,努力实现统计数据库的现代化。这些数据资源通过以下中心网站对外提供:data.worldbank.org,便于查找、运用和操纵数据,并且有一个数据目录列出可供使用的数据库,包括2 000多个指标,其中数百个数据可上溯50年,这些数据分别以英文、阿拉伯文、法文、西班牙文和中文提供。

(二)次级资料的收集程序

次级资料由于其种类繁多、数量巨大,对其分类的方式也多种多样,因此,在收集次级资料的时候,必须按照一定的程序进行。首先应寻找内部资料;当内部资料枯竭时,再去寻找有用的外部资料,第一步可以上互联网去搜索查询,第二步可以到一个较好的图书馆,根据调研的主题和项目搜集资料,如果还不能满足要求,就要进一步向有关行业组织、新闻媒体、政府部门及统计机关进行访问和查询。一般来说,到此就能满足调研需求了,如若不行,还可以去信息经营单位购买有用的资料。

值得提醒的是,在上述收集程序中,收集者应将每一次查找资料的时间、地点、主要内容及联系人员、通讯电话等信息列表记录下来,以备参考,有些资料也许未来还有利用价值。

想一想 假如现在是2012年3月6日,要查询2008年10月8日上海的天气预报,可以通过哪些方式进行查询?并比较一下哪一种方法更便捷。

(三) 次级资料的收集方法

1. 文献资料筛选法

文献资料筛选法就是从各类文献资料中分析和筛选与调研项目有关的信息和情报。在我国主要是从印刷型文献资料中筛选,例如公开发行的出版物(图2.3-2)。

图2.3-2 年鉴、报纸、杂志等出版物

出版物是指那些可从图书馆或其他实体,如贸易协会等获得的资料。出版物包括书籍、报纸、期刊等,涉及的主题多种多样,如指南、名簿、索引、导读、手册、统计资料、广告资料、预测资料等,它们是外部次级资料的丰富来源。

2. 报刊剪辑分析法

报刊剪辑分析法是指调研人员平时从各种报刊上所刊登的文章、报道中,收集和分析情报信息。

3. 情报联络网法

情报联络网法,就是企业在全国范围内或国外有限地区内设立情报联络网,使情报资料收集工作的触角伸到四面八方。情报联络网的建立是企业进行次级资料收集的有效方法。

4. 有偿使用专业数据库

数据库指的是按照一定要求收集且具有内部相关性的数据的集合体。比较典型的是,商业信息机构向信息需要者提供这些数据库并收取一定的费用。例如,辛迪加数据、中国知网数据库等。

(1) 辛迪加数据。

辛迪加数据是指一种具有高度专业化,从一般数据库中所获得的次级资料。信息供应商把信息卖给多个信息需要者,这样使得每一个需要者获得信息的成本更为合理。辛迪加数据主要应用于测量消费者态度以及进行民意调查,确定不同的细分市场,进行长期的市场跟踪。例如,美国全国家庭观点盘努数据、尼尔森电视监听数据和阿比创的广播听众关系研究结果。辛迪加数据并不是为了专门的调研问题收集的,但是按用户的情况处理后可以满足不同用户的具体需要。

（2）中国知网数据库。

中国知网是全球领先的数字出版平台,是一家致力于为海内外各行各业提供知识与情报服务的专业网站(图2.3-3)。目前中国知网服务的读者超过4 000万,中心网站及镜像站点年文献下载量突破30亿次,是全球备受推崇的知识服务品牌。

图2.3-3　中国知网数据库

5. 互联网搜索法

网上搜索工具的类别有万维网目录服务类网站、搜索引擎网站、集成搜索工具(即多搜索引擎工具)类网站、其他软件工具以及常用的搜索网站和工具,这些搜索工具为次级资料的搜集带来了丰富的资源。

在计算机与网络技术飞速发展的今天,互联网成为获取统计数据的重要途径。目前可获取反映中国经济社会发展状况的统计数据网站主要有：

（1）中国国家统计局网,www.stats.gov.cn(图2.3-4),由中国国家统计局主办。该网

图2.3-4　中国国家统计局网

站提供的主要内容有:统计公报、统计数据、统计分析、统计法规、统计管理和数据直报等。在该网站也可搜寻有关统计年鉴的数据资料。

（2）国研网,http://www.drcnet.com.cn/www/Integrated/,是国务院发展研究中心信息网的简称,由国务院发展研究中心主管、北京国研网信息股份有限公司承办。该网站提供的主要信息有:宏观经济、区域经济、金融市场、行业经济及企业经济相关数据资料。

（3）中国经济信息网,http://www.cei.gov.cn/,是国家信息中心组建的、以提供经济信息为主要业务的专业性信息服务网络。从该网站可搜寻我国经济发展及各地区经济发展的数据资料。

（4）中国经济新闻网,http://www.cet.com.cn/,是依托中国经济时报社的人才和信息资源组建的一个综合性经济类新闻网站。从该网站可搜寻有关股票、期货、外汇、银行、传媒、IT、汽车、房产等信息。

问题讨论

> 从事广告设计的阿美,因为工作性质的关系,需要接触、吸收大量资讯,以获取灵感,而互联网上世界各地的资料丰富多样,阿美想知道网络上流通的次级资料是不是都受到著作权法的保护,哪些资料是不享有著作权的。你认为呢?

任务实施

1. 如果使用传统方法,你可能会采取哪些措施帮助网友找到急需的那个经典案例呢?

■ **实施过程:**

通常,使用传统方法就是到图书馆查阅报纸,希望能找到此文章,但如果不知文章是在哪年哪期报纸上发表的,也不知文章作者题目,这种办法就会显得耗时耗力。如果有了作者的联系方法,可以试着与作者联系,因为作者很可能会知道文章的题目和出版日期,运气好的话对方也许可能会把文章传真或发电子邮件过来,这样就可以找到那个经典案例了。

2. 如果利用互联网的使用技巧,又应该采取什么方式才能找到那个经典案例呢?

■ **实施过程:**

利用互联网进行查找,会比较省时。因为该文章曾经在《中国经营报》的网站出现过,如果有其他网站收集、摘录或转载了这篇文章的话,那么,我们就可以试试通过百度、Google等搜索引擎网站进行搜索。如果使用全文型搜索引擎,如何输入搜索词是一个很讲究的问题,关键是多输入肯定要出现的关键词,而且越是特别的关键词越有效,还有其他一些很有用的搜索技巧可以在百度、Google 的搜索帮助中找到。利用互联网查找那个经典案例的时候,我们可以输入"舒蕾 终端促销 中国经营报"关键词进行搜索,搜索引擎会给出许多相关的搜索结果,这样我们可以通过点击其中的一个搜索结果查看到那篇文章的全文,从而找到那个经典案例。

能力测试

日本对中国原油加工设施的关注

1958年，中国政府通过各种渠道向国际社会传递这样一种信息——中国找到了新的大油田，从此摆脱了"贫油国"的帽子。1959年，《中国画报》第10期在封面上登载了一幅以"石油工人战天斗地"为标题的照片。日本情报人员从照片上风雪的大小与石油工人的衣着得出中国新发现的大油田一定在东北某地。1960年，《人民日报》发表了以"铁人精神"为题的报告文学，其中有关"人拉肩扛将钻机树立到井位上"的"新闻"使日本人进一步得出，大庆油田一定在北满铁路沿线的一个四等小站附近15公里范围内。1964年，《人民画报》第9期的封面是一幅"大庆的早晨"的照片。根据照片中炼油塔的栏杆直径，日本人得出大庆的原油处理能力远小于开采能力。日本人有了市场机会。1972年，中日邦交正常化后，中国政府要求日本政府提供炼油设施方面的帮助，大平正芳向周恩来建议通过国际招标方式来操作。结果石油部发现日本人提供的图纸是最符合自己需要的。这是一个有关案卷信息衔接的杰出案例。日本人真的很精明。

（资料来源：郑彦宁、化柏林：《数据、信息、知识与情报转化关系的探讨》，《情报理论与实践》2011年第7期）

要求：请分析日本情报人员是通过哪些方式搜集到中国油田的信息资料的。

课后阅读与思考

个人信息频遭泄露　保护之网亟待编织

"我是你领导，明天到我办公室来一下。""您的航班被取消，请联系改签电话。"……接到这样的电话或是短信，你的个人信息很有可能已被泄露了（图2.3-5）。

当前，中国网民个人信息泄露问题严重。根据中国互联网协会发布的《中国网民权益保护调查报告(2015)》，63.4%的网民通话记录、网上购物记录等网上活动信息遭泄露；78.2%的网民个人身份信息曾被泄露，包括姓名、家庭住址、身份证号及工作单位等。

图2.3-5　个人信息频遭泄露

信息买卖形成黑色产业链

大数据时代为人们带来便利，同样增加了信息泄露的风险。网银、网购、社交等常见的互联网场景，都离不开个人身份、电话、工作单位及家庭住址等信息的提供。而目前，对于这些海量信息的监管仍存在盲区。

个人信息泄露，轻则要面对垃圾短信或诈骗电话的骚扰，重则面临财产甚至生命安全的风险。据中国互联网协会12321网络不良与垃圾信息举报受理中心发布的《中国网民权益保护调查报告(2015)》统计，仅2015年，网民因个人信息泄露、垃圾信息、诈骗信息等现象导致的总体损失约805亿元,人均约124元。

目前,由个人身份泄露而导致的银行卡信息盗取、买卖等已形成黑色产业链。许多互联网企业由于存在安全防范漏洞,沦为不法分子盗取用户信息的主要渠道,给金融安全带来重大危害和隐患。

据360互联网安全中心统计数字显示,新型网络骗术层出不穷的一个重要原因是网络诈骗产业链的形成。这一黑色产业链不仅人数众多,且分工明确,涵盖了从开发制作、批发零售、诈骗实施到分赃销赃等不同环节。

上海市信息安全行业协会会长谈剑峰日前表示,现在许多银行卡泄露主要是因为线上的技术问题,黑客有多种方式可以通过网站窃取用户数据。在安全防护上,国内许多网站做得并不到位,大量用户数据正是被互联网公司泄露出去的。

网站安全漏洞俨然已成用户信息泄露的罪魁祸首。近年来,包括12306网站在内的国内外网站频繁曝出用户信息泄露事件,用户信息在黑客网站被贱卖,一时间人心惶惶。

数据同样显示了这一隐患,360网站安全监测平台2015年共扫描各类网站231.2万个,其中,存在安全漏洞的网站为101.5万个,占扫描网站总数的43.9%;存在高危安全漏洞的网站有30.8万个,占扫描网站总数的13%。

信息泄露渠道多种多样

个人信息为何容易遭到泄露并被非法应用?中消协曾发布报告提出5点原因:网络信息传播速度快、范围广,个人信息易获取;网络环境下个人信息收集手段日益隐蔽;网络搜索功能日益强大,个人信息更容易被整合;网络信息监管缺位,服务商缺乏法律和社会责任意识;网络服务商对收集和存储的海量个人数据在保护方面缺乏足够投入。

与此同时,个人信息有可能通过多种渠道遭到泄露。如在购物、支付、租房等过程中登记的信息;在"云服务"中存储的数据;在浏览网站、玩网游时产生的大量上网行为数据;在手机上储存的通讯录、通话短信记录、位置信息等……

大众在享受互联网生活的同时,理应对自身信息进行保护,如不明链接不点、密码分级管理等。不过,对普通用户而言,面对无孔不入的互联网生活,仅靠自我提醒很难保证万无一失。事实上,由于信息泄露而导致财产损失的案件多发,不少用户已成"惊弓之鸟"。此前,"微信绑卡会导致倾家荡产"等危言耸听的谣言一度通过网络传播引起恐慌,从某种程度上反映出"小白"用户对个人信息泄露的敏感程度。

企业数据采集将设底线

近年来,我国对于个人信息保护的重视程度越来越高。新《消费者权益保护法》中,将个人信息保护作为消费者的一种权益加以确认。尽管法律对于公民隐私权的保护有明确规定,但是在取证、举证等调查问题上难度较大,受害者维权往往费时费力,成本较高。

因此,信息安全专家建议,国家应加强立法,完善相关法律法规,从根本上保障个人隐私,并对违法现象进行严厉打击。企业也应在创新的同时保证信息、数据安全,保护用户信息。

全国信息安全标准化技术委员会秘书长高林日前表示,目前有关数据采集方面的国家标准已在报批过程中。该标准将为企业行为标明一个底线,但不具有强制性。标准出台后,可能会有一些政策来推动使用和落实。此外,大数据安全管理能力方面的标准制定工作也将马上启动。

高林认为,对于个人信息安全规范的标准要从两方面入手:一是在数据采集阶段,对企业收集用户个人信息要有合理限制,不是什么信息都可以收集;二是对信息收集之后的管理制定标准。

(资料来源:《人民日报(海外版)》,2016 年 5 月 17 日第 7 版)

1. 你认为产生次级资料安全性问题的主要原因是什么?
2. 结合上述资料,你认为应该如何防止次级资料被不当利用?

任务四　编写统计调查方案

任务要求

1. 掌握调查对象和调查单位的概念。
2. 能区分填报单位和调查单位。
3. 了解调查时间和调查期限的区别。
4. 能规范地设计一份简单的调查方案。

任务引入

第七次全国人口普查方案(节选)

根据《中华人民共和国统计法》《中华人民共和国统计法实施条例》《全国人口普查条例》和《国务院关于开展第七次全国人口普查的通知》,制定本方案。

一、普查目的

全面查清我国人口数量、结构、分布、城乡住房等方面情况,为完善人口发展战略和政策体系,促进人口长期均衡发展,科学制定国民经济和社会发展规划,推动经济高质量发展,开启全面建设社会主义现代化国家新征程,向第二个百年奋斗目标进军,提供科学准确的统计信息支持。

二、普查时点

普查的标准时点是 2020 年 11 月 1 日零时。

三、普查对象

普查对象是指普查标准时点在中华人民共和国境内的自然人以及在中华人民共和国境外但未定居的中国公民,不包括在中华人民共和国境内短期停留的境外人员。

四、普查内容和普查表

普查登记的主要内容包括：姓名、公民身份号码、性别、年龄、民族、受教育程度、行业、职业、迁移流动、婚姻生育、死亡、住房情况等。

根据不同的普查对象和普查内容，具体分为四种普查表。

（一）第七次全国人口普查短表

普查短表包括反映人口基本状况的项目，由全部住户（不包括港澳台居民和外籍人员）填报。

（二）第七次全国人口普查长表

普查长表包括所有短表项目和人口的经济活动、婚姻生育和住房等情况的项目，在全部住户中抽取10%的户（不包括港澳台居民和外籍人员）填报。

（三）第七次全国人口普查港澳台居民和外籍人员普查表

港澳台居民和外籍人员普查表包括反映人口基本状况的项目以及入境目的、居住时间、身份或国籍、就业情况等项目，由在境内居住的港澳台居民和外籍人员填报。

（四）第七次全国人口普查死亡人口调查表

死亡人口调查表包括死亡人口的基本信息，由2019年11月1日至2020年10月31日期间有死亡人口的户填报。

五、普查方法

普查采用全面调查的方法，以户为单位进行登记。

普查采用按现住地登记的原则，每个人必须在现住地进行登记。普查对象不在户口登记地居住的，户口登记地要登记相应信息。

（资料来源：国家统计局 国务院第七次全国人口普查领导小组办公室关于印发《第七次全国人口普查方案》的通知）

任务描述

1. 说出第七次全国人口普查的调查目的。
2. 说出第七次全国人口普查的调查对象和调查单位。
3. 第七次全国人口普查与第六次人口普查相比，在内容方面有何新的变化？
4. 第七次全国人口普查的四种普查表在信息填报上有何不同？

相关知识

制定一份完整的有指导意义的统计调查方案应包括以下几个步骤：

一、确定调查的目的和任务

制定统计调查方案首先要确定调查的目的和任务，只有这样才能确定搜集资料的范围和方法，进而有效地组织统计调查工作。

调查的目的和任务主要是根据研究的实际需要并结合调查对象的特点来确定的。只有明确了调查的目的和任务,才能确定调查范围,即向谁调查和调查什么,以及调查所采用的方式方法。在确定调查目的时应尽可能具体,要抓住主要矛盾,突出中心问题,切忌轻重不分,只有这样才能提高调查的质量。统计调查的目的和任务是根据国家有关方针政策和社会经济管理的需要确定的,一般来讲应满足下列基本要求:

(1) 从研究工作需要出发,抓住实际工作中最重要最迫切的问题。

(2) 从调查对象的实际出发,把需要和可能结合起来。

二、确定调查对象和调查单位

调查目的和任务确定后,就需要确定调查对象和调查单位。

调查对象指需要调查的社会经济现象的总体,它是由许多性质相同的单位组成的。确定调查对象,首先需要根据调查目的对所研究的现象进行认真分析,掌握其主要特征,科学地确定调查对象的含义;其次需要明确规定调查对象的总体范围,划清与其他社会现象的界限。这样才能避免资料的重复或遗漏,保证统计资料的准确性。例如,在确定工业企业普查的调查对象时,就是明确工业与农业、交通运输业、建筑业、商业仓储业等部门的界限。

调查单位是指调查中所要登记的具体单位,是调查项目的承担者,也是构成调查总体的基本单位。调查单位取决于调查的目的和对象。目的和对象改变了,调查单位也就不同了。例如,调查城市职工家庭基本情况,每一个工人家庭就是一个调查单位;如果调查只涉及城市职工本人的基本情况,这时的调查单位就不再是每一户城市职工家庭,而是每一个城市职工了。在确定调查单位时,还要注意调查单位与填报单位的区别与联系。填报单位是负责向上级报告调查内容、提交统计资料的单位。调查单位和填报单位有时是一致的,有时是有区别的。例如,在工业普查时,每个工业企业既是调查单位又是填报单位;如果只对工业设备进行普查,则工业企业的每一台工业设备是调查单位,即调查项目的承担者,而每一个工业企业则是填报单位,即负责提供调查资料的单位。

三、拟定调查提纲和调查表

按照调查目的确定调查对象和调查单位后应拟定调查提纲。调查提纲是在调查前所确定的调查项目,包括需要向调查单位了解的有关品质标志、数量标志和其他情况。调查项目直接关系到调查资料的数量和质量。因此,调查项目的繁简和选择标志的多寡,应该根据调查目的和对象的特点,贯彻少而精的原则妥善处理。一般来说,确定调查项目应该注意以下几点:

(1) 只列出调查目的所必需的项目,只登记与课题本质有关的标志,不应包括可有可无、备而不用的标志,避免内容庞杂,不必要地延长调查时间,影响调查工作的质量。

(2) 要从实际出发,只提出能够取得确切资料的项目。有些虽属需要,但还没有条件取得资料的项目,就不该列入。例如,我国1953年的人口普查,根据调查目的,考虑到多方面的条件,规定只登记与户主的关系、姓名、性别、年龄、民族等基本项目,至于婚姻状况、文化程度、行业、职业等等,都未列为调查项目。

(3) 列入的调查项目之间尽可能相互联系,以便对有关项目进行核对和检查,资料汇总后也便于分析总体的实质。同时,还应考虑此次调查项目同以往同类调查项目之间的衔接,以便进行动态对比,研究现象的发展变化情况。

(4)列入的调查项目或标志的含义要明确具体,做出统一的解释或提示,以免调查人员或被调查人员按照各自的理解填写,造成答案不一致,结果无法汇总。

(5)调查项目的答案要有明确的表示形式,即文字式、是否式和数字式,对数字式应标明计量单位,以便取得确切答案并有利于汇总。

有了调查提纲,就可以设计调查表和问卷。

调查表是搜集原始资料的基本工具,把调查提纲中的各个调查项目按照一定的顺序排列在一定表格内,就构成了调查表。利用调查表,既便于清晰地登记资料,又便于日后的加工整理与汇总。按包括调查单位的多少,调查表有单一表和一览表之分。单一表只登记一个调查单位,它可以容纳较多的调查项目,取得比较详尽、丰富的资料(表2.4-1);一览表可登记几个调查单位的资料,表中调查项目不能太多(表2.4-2)。

调查表通常由表头、表体和表脚三部分组成。表头用来表明调查表的名称、编号、调查日期、填报单位的名称等。表体是调查表的主体,由调查项目所构成,它包括调查项目的名称、计量单位及其将来登记的标志表现等。表脚由调查者项目构成,它包括调查、审核人员签名、填表单位等,它是用来明确调查责任的项目。

四、确定调查时间和调查方法

调查时间包括三个方面的含义:首先是指调查资料所属的时间,如果所调查的是时期现象,就要明确规定反映的调查对象是从何年何月何日起到何年何月何日止的资料;如果所要调查的是时点现象,就要明确规定统一的标准时点。其次是指调查工作进行的时间,即指对调查单位的标志进行登记的时间。最后是指调查期限,即整个调查工作的时限,包括搜集资料及报送资料的整个工作所需要的时间。

例如,某管理局要求所属企业在2018年1月底上报2017年工业总产值资料,则调查时间是一年,调查时限是一个月。又如,某管理局要求所属企业在2018年1月10日上报2017年产成品库存资料,则调查时间是标准时间2017年12月31日,调查期限是10天。

统计调查的方法在调查方案中也要拟定。调查方法包括调查的组织形式和搜集统计资料的具体方法。调查的组织方式有普查、重点调查、典型调查、抽样调查、统计报表制度等。搜集统计资料的具体方法有访问法、观察法、报告法等。

五、制订调查工作的组织实施计划

统计调查的成功实施必须要有严密细致的组织工作,因此,必须在调查方案中拟定一个周密的组织实施计划。其主要内容包括:

(1) 确定调查工作的领导机构和办事机构。

(2) 明确调查人员的组织与分工。

(3) 明确调查前的准备工作,包括宣传教育、人员培训、文件资料的印发、方案的传达布置、调查经费的预算及开支办法等。

(4) 规定调查工作的检查、监督方法。

(5) 确定公布调查成果的时间等。例如,第六次全国人口普查方案中的大多数条款是有关这次普查组织实施工作方面的安排和规定,因此,拟定调查的组织实施计划是一项很重要的工作,必须把调查中可能遇到的具体问题考虑周全。

想一想 我国第七次人口普查规定的标准时点为2020年11月1日零时,如果资料呈报时间为12月10日,则调查时间为_____,调查期限为_____。

任务实施

1. 说出第七次全国人口普查的调查目的。

■ 实施过程:

第七次全国人口普查的调查目的是全面查清我国人口数量、结构、分布、城乡住房等方面情况,为完善人口发展战略和政策体系。

2. 说出第七次全国人口普查的调查对象和调查单位。

■ 实施过程:

人口普查对象为普查标准时点在中华人民共和国境内的自然人以及在中华人民共和国境外但未定居的中国公民。人口普查调查单位以户为单位进行登记。

3. 第七次全国人口普查与第六次人口普查相比,在内容方面有何新的变化?

■ 实施过程:

第七次全国人口普查在内容方面主要包括姓名、公民身份号码、性别、年龄、民族、受教育程度、行业、职业、迁移流动、婚姻生育、死亡、住房情况等,比上次普查明确了姓名和公民身份号码。

4. 第七次全国人口普查的四种普查表在信息填报上有何不同?

■ 实施过程:

普查短表填报全部住户信息。普查长表是在全部住户中抽取10%的户(不包括港澳台居民和外籍人员)填报。港澳台居民和外籍人员普查表是由在境内居住的港澳台居民和外籍人员填报。死亡人口调查表是由2019年11月1日至2020年10月31日期间有死亡人口的户填报。

能力测试

设计一份大学生消费调查方案

目的:

1. 了解数据调查方案制订的意义;
2. 掌握数据调查方案制订的方法步骤;
3. 掌握数据调查收集的方法,对一项具体的调查,能选择最合适的数据收集方法。

要求:

以小组为单位,经过讨论后确定调查项目的方案。

课后阅读与思考

2023年人口变动情况抽样调查公告

为准确、及时地监测和反映我国人口发展变化情况,为党和政府制定国民经济和社会发展计划以及人口有关政策提供基础依据,国家统计局决定在全国范围内组织开展2023年人口变动情况抽样调查。现将有关事项公告如下:

一、调查范围:被抽中的我国大陆地区的城镇和乡村地域。

二、调查登记对象:被抽中住房内具有中华人民共和国国籍的人,调查以户为单位进行,既调查家庭户,也调查集体户。应在户中登记的人包括:

1. 调查标准时点居住在本户的人;
2. 户口在本户,但调查标准时点未居住在本户的人。

三、调查内容:姓名、公民身份号码、性别、年龄、民族、受教育程度、迁移流动、工作、婚姻生育、死亡、住房情况等。

四、调查时间:调查标准时点是2023年11月1日零时。现场工作时间是10月10日—11月30日。

五、调查方式:由政府统计调查机构派调查员到住户家中进行登记,或调查对象通过互联网自主填报方式进行登记。调查员入户登记时,应当出示县级以上人民政府统计机构颁发的工作证件。

六、依据《中华人民共和国统计法》的规定,统计调查对象应当依法真实、准确、完整、及时提供国家统计调查所需要的资料。各级政府统计机构及其统计人员,对调查对象的个人信息应当予以保密。

七、地方各级人民政府、各部门、各单位及其负责人,各级统计机构和统计人员在调查工作中如有违法行为,将依法追究相关法律责任。调查对象阻碍统计机构和统计人员开展工作,构成违反治安管理行为的,将由公安机关依法给予处罚。

请社会各界特别是被抽中作为调查对象的住户,积极支持配合2023年人口抽样调查工作。

国家统计局
2023 年 10 月 7 日

(资料来源:中国国家统计局网,https://www.stats.gov.cn/xw/tjxw/tzgg/202310/t20231010_1943456.html)

思 考 1. 为什么要进行人口变动抽样调查?
2. 人口变动调查的调查对象是什么?调查单位是什么?
3. 调查内容有哪些?设计成什么样的调查表比较合适?
4. 调查资料所属的时间是什么?采用什么样的调查方法?
5. 如何实施调查活动?

任务五　设计调查问卷

任务要求

1. 能说出调查问卷的含义和特点。
2. 能举例说明调查问卷的类型。
3. 能简要说出一份调查问卷的基本结构和内容。
4. 能规范地设计简单的统计调查问卷。

任务引入

关于学生上网情况的调查问卷

同学:

您好,为了更好地了解我校学生的上网情况,我们特做以下调查问卷,希望您在百忙中抽出一部分时间认真完成,本调查问卷采用匿名调查的方式,您只要如实填写或选择相应的选项就可以了,谢谢您的合作!

1. 您的性别是(　　)。
　A. 男　　　　　　B. 女
2. 您所在的年级是(　　)。
　A. 大一　　　　　B. 大二　　　　　C. 大三　　　　　D. 大四

3. 您有自己的电脑吗?(   )
   A. 有   B. 没有
4. 您上网一般是(   )。
   A. 在网吧   B. 用自己的电脑   C. 其他
5. 您的网龄有多长了?(   )
   A. 1年以下   B. 1~3年   C. 3~5年   D. 5年以上
6. 您平均每天上网的时间大概是多长?(   )
   A. 1个小时以下(包括不上网)   B. 1~2个小时
   C. 2~5个小时   D. 5个小时以上
7. 您主要是为了什么而上网?(   )(此题可多选)
   A. 浏览网页   B. 收发电子邮件   C. 玩游戏   D. 交友聊天
   E. 下载软件或资料   F. 跟帖灌水   G. 娱乐休闲
8. 列出您最喜欢的几个网站(可多写):_____。
9. 您最感兴趣的是以下哪些方面的内容?(   )
   A. 新闻时事   B. 校友录   C. 娱乐   D. 体育
10. 您认为上网与学习的关系是怎样的?(   )
    A. 上网耽误学习   B. 上网可促进学习   C. 可以增强综合素质
再次感谢您的合作,祝您愉快!

任务描述

1. 请说出这份问卷的基本结构,并指出其内容。
2. 这份问卷告诉了我们哪些信息内容?
3. 这份问卷在问题选项的设计上是否存在不妥?请说明理由。

相关知识

一、调查问卷的概念和特点

统计调查中原始资料的收集大量采用调查问卷方式。调查问卷又称调查表或询问表,它是调查者运用统一设计的问卷向被选取的调查对象了解情况或征询意见的调查方法。问卷可以是表格式、卡片式或簿记式。调查问卷由一系列问题、调查项目、备选答案、说明等组成。

设计问卷是询问调查的关键。完美的问卷必须具备两个功能,即能将问题传达给被问的人和使被问者乐于回答。要实现这两个功能,问卷设计时应当遵循一定的原则和程序,运用一定的技巧。

以调查问卷形式搜集资料具有以下几个显著特点:

(1) 内容标准化,即按照统一设计的有一定结构的问卷进行调查,便于资料的整理和分析。

(2) 大多是间接调查,就是调查者不与被调查者直接见面,而由被调查者自己填写;但也可以是直接调查。

(3) 调查面广,可涉及的内容多,可利用的工具(报纸、杂志等)传播快。

(4) 一般是书面调查,即调查者以书面形式提出问题,被调查者也以书面形式回答问题。

(5) 直接,可直接从民众中得到对某一政策的看法,科学性、民主性强。

因此,这种方法在西方国家常常被应用于政治选举、商业推销、经济预测等。

二、调查问卷的类型

调查问卷的类型,可以按照不同角度进行划分。

(一) 按问题答案划分,可分为结构式问卷、开放式问卷、半结构式问卷三种类型

(1) 结构式问卷,通常也称为封闭式问卷或闭口式问卷。这种问卷的答案是研究者在问卷上早已确定的,由回卷者认真选择一个答案划上圈或打上钩就可以了。

(2) 开放式问卷,也称之为开口式问卷。这种问卷不设置固定的答案,让回卷者自由发挥。

(3) 半结构式问卷介乎于结构式问卷和开放式问卷两者之间,问题的答案既有固定的、标准的,也有让回卷者自由发挥的,吸取了两者的长处。这类问卷在实际调查中运用较为广泛。

(二) 按调查方式分,可分为自填式问卷和访问式问卷两种类型

(1) 自填式问卷,是由被访者自己填答的问卷。自填式问卷根据发送的方式不同而又分为发送问卷和邮寄问卷两类。发送问卷是由调查员直接将问卷送到被访问者手中,并由调查员直接回收的调查形式;而邮寄问卷是由调查单位将问卷直接邮寄给被访者,被访者自己填答后,再邮寄回调查单位的调查形式。

(2) 访问式问卷,是由访问员按照事先设计好的问卷或问卷提纲向被采访者提问,然后根据被采访者的回答进行填写的问卷。访问式问卷要求简便,最好采用选择题形式进行设计。

三、调查问卷的基本结构和内容

一份调查问卷通常主要包括标题、开头部分、正文部分和结束语几个部分。

(一) 标题

每份问卷都有一个研究主题。研究者应开宗明义定个题目,反映这个研究主题,使人一目了然,增强填答者的兴趣和责任感。因此,问卷的标题应当精确、简练,概括性强且富有感染力。

(二) 开头部分

开头部分主要包括引言、填写说明。

1. 引言(或说明信)

引言应包括调查的目的、意义、主要内容、调查的组织单位、调查结果的使用者、保密措施等。其目的在于引起受访者对填答问卷的重视和兴趣,使其对调查给予积极支持和合作。在自填式问卷中,写好引言(或说明信)很重要,可激发被调查者的积极性,是问卷调查取得成功的必要保证。

2. 填写说明

在调查问卷中,要有明确的填写说明,让被调查者知道如何填写问卷,如何将问卷返回到调查者手中。填写说明可集中在问卷的前面,也可分散在各有关问题的前面。

(三)正文部分

正文部分是调查问卷的核心内容。主要由调查事项的问题和答案选项、编码组成。

1. 问题和答案选项

调查事项的问题和答案选项内容取决于调查的目的和调查的项目,从形式上看,问题可分为开放式问题和封闭式问题两种;从内容上看,可以分为事实性问题、意见性问题、断定性问题、假设性问题和敏感性问题等。

(1) 开放式问题。

开放式问题即不确定任何答案的问题,要求被调查者根据问题写出描述性的情况和意见。这种问题民主、生动;但难于量化处理,受被调查者的能力影响大。

(2) 封闭式问题。

封闭式问题即预先备有答案可供被调查者进行选择的问题。这种问题答案标准,便于量化处理,易选答案,误差小;但创造性受约束。

(3) 事实性问题。

事实性问题主要是要求应答者回答的一些有关事实的问题。例如,"你通常什么时候看电视?"设置这类问题的主要目的在于求取事实资料,因此问题中的字眼定义必须清楚,让应答者了解后能正确回答。

(4) 意见性问题。

意见性问题事实上即态度调查问题。例如,"你是否喜欢看××频道的电视节目?"应答者是否愿意表达他真正的态度,固然要考虑,而态度强度也有不同,如何从答案中衡量其强弱,显然也是一个需要解决的问题。通常而言,应答者会受到问题所用字眼和问题次序的影响,产生不同反应,因而答案也有所不同。对于事实性问题,可将答案与已知资料加以比较,但对于意见性问题则较难做比较工作,因为应答者对同样问题所产生的反应各不相同。因此意见性问题的设计远较事实性问题困难。这种问题通常有两种处理方法:其一是对意见性问题的答案只用百分比表示;另一方法则旨在衡量应答者的态度,故可将答案化成分数。

(5) 断定性问题。

调查问卷中的有些问题是先假定应答者已有该种态度或行为。例如,"你每天抽多少支香烟?"事实上该应答者极可能根本不抽烟,这种问题就属于断定性问题。正确处理这种问题的方法是在断定性问题之前加一条"过滤"问题。例如,"你抽烟吗?"如果应答者回答"是",用断定性问题继续问下去才有意义,否则在"过滤"问题后就应停止。

(6) 假设性问题。

有许多问题是先假定一种情况,然后询问应答者在该种情况下会采取什么行动。例如,"如果××晚报涨价至3元,你是否将改看另一种未涨价的晚报?""你是否愿意加薪?""你是否赞成公共汽车公司改善服务?"以上皆属假设性问题,应答者对这种问题多数会答"是"。这种探测应答者未来行为的问题,应答者的答案事实上没有多大意义,因为多数人都愿意尝试一种新东西,或获得一些新经验。

(7) 敏感性问题。

敏感性问题是指涉及私生活的问题以及大多数人认为不便于在公开场合表态或陈述的问题,如私人财产、不轨行为、性问题等。进行这类问题调查时,如不注意方式、方法、措辞等,就会使拒答率相当高,或者得不到真实的答案,从而导致调查失败。对于这类问题的处理,可以通过改变提问的形式,例如可以采用对象转移法、假定法等,即采用不直截了当的文字语句进行询问,通过旁敲侧击来引出被访问者的实话,同时不给访问对象有泄露隐私的感觉,但应注意用这种方法得到的结果与直接询问法有所差别。

例如,我们要询问家庭积蓄情况这种敏感性问题,可以通过设置以下几个问题进行间接调查:

① 你认为你的生活水平在本地区属于哪一个层次
  A. 富裕 B. 较好 C. 一般 D. 偏低 E. 困难
② 你认为每月支出在何种水平上才称得上是
  A. 富裕____元/月 B. 较好____元/月 C. 一般____元/月 D. 偏低____元/月 E. 困难____元/月
③ 如果从现在开始你家不再有任何收入,以你家现在的生活水平和积蓄情况,估计能维持多长时间的基本生活呢?
  A. 1个月以下 B. 3个月 C. 6个月 D. 1年 E. 2年 F. 3年 G. 4年 H. 5年 I. 6年 J. 7年 K. 8年 L. 9年 M. 10~15年 N. 15年以上

这样,通过将一个敏感的大问题分解成若干个不敏感且容易回答的小问题来进行暗中测量,也就可以达到预期的调查目的。

2. 编码

编码,就是对每一份问卷和问卷中的每一个问题、每一个答案编定一个唯一的代码,并以此为依据对问卷进行数据处理。编码并不是所有问卷都需要的项目。在规模较大又需要运用电子计算机进行统计分析的调查中,要求所有的资料数量化,与此相适应的问卷就要增加一项编码内容,也就是在问卷主题内容的右边留一统一的空白顺序编上"1,2,3……"的号码,用以填写答案的代码。

(四) 结束语(或致谢语)

为了表示对调查对象真诚合作的谢意,研究者应当在调查问卷的末端写上感谢的话,如果前面的说明中已经有表示感谢的话语,那末端可不用。

四、调查问卷的设计要点

（一）提问项目的设计

一份问卷的问题应是必要的，可要可不要的问题不要加入。问题不宜太多，否则使被调查者感到厌烦，会影响整体调查的质量。在设计提问项目时，要注意以下几点：

（1）避免一般性问题。如果问题的本来目的是求取某种特定资料，而问题过于一般化，就会使应答者所提供的答案资料无太大意义。例如，某酒店想了解旅客对该酒店房租与服务是否满意，因而做出这样的询问设计："你对本酒店是否感到满意？"，这样的问题显然有欠具体。由于所需资料牵涉到房租与服务两个问题，故应分别询问，以免混乱，如将问题改为："你对本酒店的房租是否满意？""你对本酒店的服务是否满意？"可能会获取更加准确的调查资料。

（2）问卷的语言要口语化，符合人们交谈的习惯，避免书面化和文人腔调。

（3）避免敏感性问题。比如个人收入问题、个人生活问题、政治方面的问题等，可能会遭到被调查者的拒绝。私人生活问题，最好采用间接提问的方法。如："您今年多大年纪""您每月的收入是多少"，可用下列给出的范围代替："21～30岁、31～40岁等""500～1 000元、1 000～1 500元等"。

（4）问题要提得清楚、明确、具体。一个问题只能有一个问题点。一个问题如有若干问题点，不仅会使被访者难以作答，其结果的统计也会很不方便。例如，"你为何不在学校饭堂吃饭而选择在校外吃饭？"这个问题包含了"你为何不在学校饭堂吃饭？"、"你为何选择在校外吃饭？"和"什么原因使你改在校外吃饭？"防止出现这类问题的最好方法，就是分离语句，使得一个语句只问一个要点。

做一做 你认为下列有关问题的设计合理吗？如果不合理，请予以改正并说明理由。

1. 很多人都喜欢这个品牌的洗发水，您也喜欢吗？
2. ××牌的运动鞋既舒适又便宜，您喜欢吗？
3. 您在去年喝过多少瓶啤酒？
4. 您家里的收入是多少？
5. 您认为××品牌的手机质量有明显提高吗？
6. 在过去20个月里您给电话台打过多少次查询电话？
7. 您通常在哪里购买日用品？
8. 与这条街上的其他家庭相比，您家的收入是高，是低，还是一般的水平？

（二）回答项目的设计

总体而言，问卷中所拟答案选项要有穷尽性，避免重复和相互交叉，拟定的答案要编号。问卷项目按问题回答的形式一般可以分为封闭式问题和开放式问题。不同的题型都有各自的优缺点，在使用时怎样做到扬长避短是设计调查项目的重点所在。在设计回答项目时，要注意以下几点：

（1）两项选择题由被调查者在两个固定答案中选择其中一个，适用于"是"与"否"等互相排斥的二择一式问题。

两项选择题容易发问,也容易回答,便于统计调查结果。但被调查人在回答时不能讲原因,也不能表达出意见的深度和广度,因此一般用于询问一些比较简单的问题。并且两项选择必须是客观存在的,不能是设计者凭空臆造的。需要注意其答案确实属于非 A 即 B 型,否则在分析研究时会导致主观偏差。

(2) 单项或多项选择题是对一个问题预先列出若干个答案,让被调查者从中选择一个或多个答案。

例如,"决定您对应聘者取舍的重要因素是:A. 仪表   B. 谈吐   C. 学历或职称   D. 专业素质或工作经验"。

这类题型问题明确,便于资料的分类整理。但由于被调查者的意见并不一定包含在拟定的答案中,因此有可能没有反映其真实意思。对于这类问题,我们可以在答案选项中添加一个灵活选项,如"其他"。

(3) 程度性问题当涉及被调查者的态度、意见等有关心理活动方面的问题时,通常用表示程度的选项来加以判断和测定。

例如,"您认为博物馆通过各种文物陈列,举办文物展览,对公众进行科学文化知识、爱国主义和革命传统教育时,作用发挥得如何:A. 好   B. 较好   C. 差   D. 不了解"。

这类问题的选项,不同的被调查者有可能对其程度理解不一致,因此有时可以采用评分的方式来衡量或在题目中进行一定的说明。

(4) 开放式问题是一种可以自由地用自己的语言来回答和解释有关想法的问题,即问卷题目没有可选择的答案,所提出的问题由被调查者自由回答,不加任何限制。由于各种应答者的答案可能不同,所用字眼各异,因此在答案分类时难免出现困难,整个过程相当耗费时间,而且免不了夹杂整理者个人的偏见。因此,开放式问题在探索性调研中是很有帮助的,但在大规模的抽样调查中,它就弊大于利了。

试一试   请你试着给下列有关问题设计合理的答案选项:

1. 请问您是在哪一种情况之下嚼口香糖的?
2. 请问您平常嚼的口香糖是哪一种牌子的?
3. 当您选购口香糖时,请问您考虑哪些因素呢?
4. 请问您在购买口香糖时,是否一定会指定品牌呢?

(三) 问题顺序的设计

为了提高问卷的回收率,设计问卷时,应站在被调查者的角度,适应被调查者的思维习惯,使问题容易回答。具体而言,设计问卷的问题顺序时应注意以下几点:

(1) 先易后难,容易回答的问题放前面,较难回答的问题放稍后,困窘性问题放后面,个人资料的事实性问题放卷尾。

(2) 封闭式问题放前面,开放式问题放后面。由于开放式问题往往需要时间来考虑答案和组织语言,放在前面会引起应答者的厌烦情绪。

(3) 要注意问题的逻辑顺序,按时间顺序、类别顺序等进行合理排列。

（四）问卷设计中的其他问题

（1）问卷的版面格式应该使全文的主体部分突出、醒目。
（2）外表及内容的印刷要美观，让被调查者产生好感。
（3）各问题之间要留出一定的空间，不要编排过密。
（4）问卷的模拟试验。

 举例说明一份调查问卷通常包括哪几个组成部分？

任务实施

1. 请说出这份问卷的基本结构，并指出其内容。

■ 实施过程：

这份问卷的基本结构包含了标题、开头部分、正文部分和结束语几个部分。标题是"关于学生上网情况的调查问卷"；开头部分是一封简单的说明信（引言）；正文部分是学生上网情况调查的问题和备选答案；结束语是一句简短的感谢语。

2. 这份问卷告诉了我们哪些信息内容？

■ 实施过程：

这份问卷告诉了我们这样一些信息内容：学生的性别、年级、上网工具、上网地点、网龄、上网时间、上网目的，学生最喜欢的网站、上网的内容，以及学生认为的上网与学习的关系等内容。

3. 这份问卷在问题选项的设计上是否存在不妥？请说明理由。

■ 实施过程：

这份问卷基本符合调查问卷的设计要求，但在个别问题备选答案的设计上欠妥，例如，"7. 您主要是为了什么而上网？""9. 您最感兴趣的是以下哪些方面的内容？""10. 您认为上网与学习的关系是怎样的？"这几个问题的答案选项的设计欠妥，由于被调查者的意见并不一定包含在拟定的答案中，因此有可能没有反映其真实意思。对于这类问题，我们可以在答案选项中添加一个灵活选项，如"其他"。

 能力测试

1. 为了了解我校学生在校期间费用支出情况，研究学生及其家庭对学生教育培养费用的负担程度和能力，请你制订一份调查问卷。

2. 某公司为了建立职工基本情况数据库，拟组织一次职工基本情况调查，调查的内容包括姓名、性别、年龄、政治面貌、文化程度、职务、职称、工龄、工种、工资、所属部门、家庭人口、就业人口、婚姻状况、收入情况、住房情况等。要求设计调查方案和调查问卷。

课后阅读与思考

庭审改革新尝试　问卷调查辨真伪

北京晚报讯(记者杨昌平)一桩索赔额为40余万元的医疗纠纷案,引出一群特殊的"陪审团"成员。法官现场发放调查问卷,让旁听人员评论病历真伪,然而,问卷统计结果在今天(2010年12月14日)上午的庭审中遭到一方当事人的质疑。

此案的原告是吴先生,他因右手受伤到医院治疗,本希望医院进行保守治疗,但在医生劝说下,最终同意开刀手术。由于术后右手未能痊愈,而且患处局部性隆起、疼痛、失去功能。吴先生认为医院存在过失,遂将医院起诉到法院,要求医院退还手术费用,并赔偿自己再次治疗费、伤残费、精神损失费等各项损失共计40余万元。

吴先生认为,手术中进行了两次麻醉,医方存在过失,手术中骨块取出过多导致骨折愈合延迟、钢板断裂。此外,他认为自己的伤情可以保守治疗,不需要手术,医方诊疗行为存在过失,导致他目前右手小指功能障碍,应负全责。

对于院方提供的病历,吴先生认为并不真实,他坚持认为医院伪造病历,多次对病历提出异议。于是,承办法官首次采用公开审判与大众参评、社会评价相结合的方式审案——将当事人争议的焦点制成调查问卷,合议庭当庭认证,公布调查结果。

调查问卷一共有7大类问题,焦点问题有麻醉次数、手术和麻醉时间、手术小结早于入院时间等。开庭之前,法官共向旁听人员发放了40份问卷,这40名旁听人员是法院邀请的第三方医院的医务人员和某大学法律专业的在校学生,他们根据庭审对问卷进行填写。

40份问卷全部收回后,经统计,27份认为病历真实,2份认为伪造病历,11份认为说不清楚。合议庭当庭公布了调查结果,并在评议后认定病历真实有效,可以作为鉴定依据。而在今天的庭审中,吴先生针对调查问卷的结果,表示自己是被法院下了个套。

法律界人士认为,这是改革中的一种尝试,非常类似于英美法中的陪审团制度,法官把争议的问题交给旁听人员去处理,将旁听人员认定的事实作为一种证据来处理,是改革中的一种探索。

(资料来源:千龙网,http://beijing.qianlong.com/3825/2010/12/14/2861@6424965.htm)

 思　考　1. 上述资料中的调查问卷属于哪一种类型?它的回收率是多少?
　　2. 请你利用上述资料中的情况,设计一份调查问卷。

统计调查技术

项目三

统计整理技术

 学习目标

1. 认知统计整理的含义和步骤。
2. 学会运用 Excel 软件对数据进行排序、筛选和分组。
3. 能运用统计分组的方法,正确选择分组标志和划分各组界限,并规范地编制分配数列。

任务一 认知统计整理

 任务要求

1. 认知统计数据整理的含义和意义。
2. 能说出统计数据整理的基本步骤。

 任务引入

如何认识统计整理

统计工作经过了统计调查阶段之后,搜集到了大量的统计数据资料。统计调查得到的数据,只是一些个别单位、分散的、不系统的原始数据,所反映的问题常常是事物的表面现象,不能深刻揭示事物的本质,更不能从量的方面反映事物发展变化的规律性。例如:学校对某班级进行调查,发现 40 名学生基础会计考试成绩(单位:分)分别为:

63	57	82	82	73	77	72	62	70	88
67	89	88	84	86	87	75	73	72	66
78	82	97	56	81	54	79	76	96	74
73	60	90	64	76	74	76	83	89	93

根据以上这些分散的数据，无法看出学生成绩的总体情况，只有根据调查研究的目的，运用科学的统计整理方法，对数据进行加工整理，同时用图表形式将数据展示出来，才能掌握学生的学习情况，以便于进一步的理解和分析。

任务描述

1. 指出统计整理的含义，说出统计整理的基本步骤。
2. 请把上述学生的成绩分为几个级别进行初步整理，并做出简要评价。

相关知识

一、统计整理的概念和意义

所谓统计整理，就是根据统计研究的目的和任务，对统计调查所搜集到的原始资料进行科学的加工整理，使之条理化、系统化，以反映所研究总体的特征的工作过程。

统计调查所取得的原始资料是反映总体各个单位的资料，这些属于有关标志的标志表现仅说明各个单位的具体情况，是不系统的、分散的，还可能带有一定的片面性。例如，人口普查中搜集到的人口资料，只能说明每一个人的具体情况，诸如每个人的姓名、性别、年龄、文化程度等。必须通过对人口总体中每个人的资料进行整理、分组、汇总等加工处理，才能得到人口总体的综合情况，从而了解人口总体的规模、结构、增减变动状况等，实现对人口总体的全面系统的认识。统计所需要的是反映总体特征的统计指标，都是以数字表示的，因此需要进行统计整理。

 知识链接

统计数据的整理，属于统计工作的第三阶段。统计数据整理介于统计调查和统计分析之间，在统计工作中起到承上启下的作用，既是统计调查阶段的继续，又是统计分析的基础和前提，它是实现由对个别现象的认识过渡到对总体现象的认识，由对事物表象的认识过渡到对其本质与内在联系的全面深刻认识，由感性认识上升到理性认识的过程，是达到统计研究目的的重要环节，是进一步进行统计分析的必要前提。统计数据整理结果的好坏，是否科学、真实地反映客观实际，将直接影响到统计分析的准确性，影响整个统计工作的质量。因此，采用科学的方法进行统计数据整理是顺利完成统计分析任务的前提。

二、统计整理的步骤

统计整理的目的是通过对大量原始资料的加工整理,得到说明总体特征的综合资料,通过对事物个性的研究达到对事物共性的认识,揭示事物的发展规律。因此统计整理是一项严密细致的、科学性很强的工作,需要有组织、有计划地进行,它的基本步骤是:

(一) 设计统计整理方案

统计整理方案是根据统计研究的目的和要求,事先对整个工作做出全面的计划和安排。统计整理方案是统计设计在统计数据整理阶段的具体化,是保证统计整理工作顺利进行的前提,因此,务求详尽、具体。

统计整理方案的主要内容包括:确定汇总的指标与综合统计表,确定分组方案,选择资料汇总形式,确定资料审查的内容与方法,确定与历史资料的衔接方法,对整理各工作环节做出时间安排和先后顺序安排等。

(二) 对原始资料进行审核

为了保证统计资料的质量,在对原始资料进行汇总之前,必须对其进行审核,以便发现问题及时纠正。实际工作中的一般做法是"不审不汇,不核不报",只有经过认真审核后的资料才能进行汇总。

(三) 对原始资料进行分组和汇总

按照统计整理的要求,采用科学的方法对原始资料进行分组,在统计分组的基础上进行汇总,计算出各组的总体单位数和合计数,计算出各组的指标数值和综合指标数值。对统计资料的整理不仅仅是计算出总计数值,更重要的是要进行科学的分组,分组是统计深化认识事物的前提。例如,我国搞人口普查,仅仅了解人口总数是不够的,还需要通过分组了解人口的年龄构成、文化程度构成、民族构成、地区分布等等,它们对于制定政策、制定规划、科学研究等具有十分重要的意义。

(四) 编制统计表或绘制统计图

统计整理的结果,需要用一定的方式表现出来,统计表和统计图是表现统计数据的两种主要方式。通过统计表或统计图表现统计数据,一目了然,简明扼要,使统计数据便于使用。

三、统计数据的审核

统计数据的审核是保证统计数据整理质量的重要手段,为进一步的整理与分析打下基础。审核的内容主要包括资料的准确性、及时性和完整性。

(一) 数据的准确性

对数据准确性进行审核的方法主要是逻辑审核和计算审核。对于不准确或有疑问的数据,要向原填报单位询问,加以纠正。

(二) 数据的及时性

对数据及时性的审核就是检查数据是否按照规定时间上报,报送是否及时。对于不及时填报的单位要及时催报,不能影响全局。

(三) 数据的完整性

对数据完整性的审核,主要是看被调查单位有无遗漏,各项数值的填写是否齐全,项目是否完备等。对于漏报的单位要及时催报,对于有漏报的项目应要求填报单位补齐,否则会影响整个整理工作的进行,进而影响整个统计工作。

任务实施

1. 指出统计整理的含义,说出统计整理的基本步骤。
■ 实施过程:
(1) 统计整理,就是根据统计研究的目的和任务,对统计调查所搜集到的原始资料进行科学的加工整理,使之条理化、系统化,以反映所研究总体的特征的工作过程。
(2) 统计整理的基本步骤:设计统计整理方案;对原始资料进行审核;对原始资料进行分组和汇总;编制统计表或绘制统计图。

2. 请把上述学生的成绩分为几个级别进行初步整理,并做出简要评价。
■ 实施过程:
(1) 通过初步整理,把学生的成绩分为几个级别,将结果填入表内(表3.1-1)。

表3.1-1　　　　　　　　　学生成绩统计表

成绩/分	学生人数/人	比重/%
60 以下	3	7.5
60～70	6	15
70～80	15	37.5
80～90	12	30
90 以上	4	10
合　计	40	100

(2) 评价:从以上资料可以看出,这个班级40位学生中,大部分学生成绩集中在70～90分。

能力测试

近年来,"用电荒"一直是社会所关注的焦点,每逢电力供应紧张,各地政府便会纷纷出台相关的限电让电措施，确保居民生活用电不会受到影响。当用电紧张成为常态，我们就有责任将节约用电变成习惯，我们每个人、每个家庭不经意的一次节电行为，汇集在一起就是巨大的电量。请同学们随机调查100户家庭7、8两个月的用电情况，经过整理后填入表3.1-2。

表3.1-2　　　　　　　　　　　家庭用电情况统计表

耗电量/度	户数	比重/%
100以下		
100~200		
200~300		
300~400		
400~500		
500以上		
合　计		

课后阅读与思考

审核统计数据准确性的方法

统计数据准确性审核的方法主要有抽样复查、逻辑检查和计算检查。

抽样复查是指在所有的调查单位中随机地抽取一定比例的单位进行第二次调查。如果第二次调查结果与第一次调查结果非常一致，可以认为第一次调查结果比较真实地反映了客观实际情况；如果两次调查结果出入比较大，那么就有理由认为第一次调查结果存在较大的问题，必须进行更大范围的复查，以取得真实可靠的第一手资料。鉴于实地复查需要花费较大的时间和精力，很多研究机构和调查公司更多采取电话回访的方式。随着网络的普及，很多调查机构也开始采取邮件回访的方式。

逻辑检查主要是审核数据是否符合逻辑，内容是否合理，各项目或数字之间有无互相矛盾的现象。例如男性填写了生育年龄，又如调查研究的对象是中学生，而填写的文化程度为大学，这些都存在明显的逻辑错误，可以肯定是在登记过程中有误，应予以纠正。

计算检查是检查调查表中的各项数据在计算结果和计算方法上有无错误。例如，各分项数字之和是否等于相应的合计数，各结构比例之和是否等于1或100%，等等。

逻辑检查和计算检查都是在数据汇总之后，通过对每个变量或几个变量进行一些描述分析，来发现是否存在逻辑和计算错误，如果存在错误，必须加以纠正，纠错之后的数据才是我们进行进一步统计分析的基础数据。

思　考　对审核过程中发现的错误，应怎样进行处理？

任务二　数据排序

任务要求

1. 认知数据排序的含义。
2. 能运用 Excel 软件进行数据排序操作。

任务引入

财富 Plus APP 于北京时间 2022 年 8 月 3 日与全球同步发布了最新的《财富》世界 500 强排行榜。依据这个榜单的数据，人们可以了解全球最大企业的最新发展趋势，可以借此深入了解中国和世界大公司的竞争趋势、优劣势和潜在差距。2022 年《财富》世界 500 强排行榜(前十名)如表 3.2-1 所示。

表 3.2-1　　　　2022 年《财富》世界 500 强排行榜(前十名)

排名	上年排名	公司名称	营业收入/百万美元	利润/百万美元	国家
1	1	沃尔玛	572 754	13 673	美国
2	3	亚马逊	469 822	33 364	美国
3	2	国家电网有限公司	460 616.9	7 137.8	中国
4	4	中国石油天然气集团有限公司	411 692.9	9 637.5	中国
5	5	中国石油化工集团有限公司	401 313.5	8 316.1	中国
6	14	沙特阿美公司	400 399.1	105 369.1	沙特阿拉伯
7	6	苹果公司	365 817	94 680	美国
8	10	大众公司	295 819.8	18 186.6	德国
9	13	中国建筑集团有限公司	293 712.4	4 443.8	中国
10	7	CVS Health 公司	292 111	7 910	美国

(资料来源：财富中文网，https：//www.fortunechina.com/fortune500/c/2022-08/03/content_415683.htm)

任务描述

如何通过 Excel 按"上年排名"的先后顺序对 2022 年《财富》世界 500 强排行榜(前十名)排出 2021 年的排行名次？

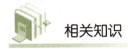

相关知识

一、数据排序的含义

数据排序是数据资料整理中最常用的方法之一,它是将所有总体单位按照字段中常量(即标志值)的大小按顺序重新排列,由此形成新的数据序列的方法。

按一定顺序将数据排列,便于研究者通过浏览数据发现一些明显的特征或趋势,找到解决问题的线索。除此之外,排序还有助于对数据检查纠错,为重新归类或分组等提供依据。在某些场合,排序本身就是分析的目的之一。例如,了解究竟谁是中国家电生产的三巨头,对于家电厂商而言是获得了很有用的信息。

数据排序在日常工作中使用得非常广泛,学校将学生按总分排序、按各科成绩排序,企业将职工按工资收入排序、按工龄排序,行业将企业按产值排序、按销售额排序,等等,这些都是统计经常要做的工作。

二、用 Excel 进行数据排序的方法

手工排序不仅花费时间多,而且容易出错。在计算机应用非常普及的今天,用 Excel 进行排序,不论数据量多大,排序要求多么复杂,操作都会变得轻便易行,瞬间即可完成。

以某班期中考试成绩为例,在 Excel 表格中,按学号输入班级 30 名学生的语文、数学、英语、会计、经济法成绩,并用函数公式自动生成总分(图 3.2-1)。

学号	姓名	语文	数学	英语	会计	经济法	总分
1	陈法轩	92	75	73	81	72	393
2	高骏峰	90	76	83	85	84	418
3	巩彦超	91	76	84	77	71	399
4	郭文海	89	80	89	83	86	427
5	韩　松	67	78	95	82	94	416
6	何泽田	79	84	87	85	91	426
7	蒋纯毓	91	74	88	78	80	411
8	李柏奇	84	80	86	87	82	419
9	李沐远	90	72	83	81	83	409
10	李　瑞	64	72	72	66	69	343
11	梁家瑞	89	75	67	82	62	375
12	刘碧宇	92	81	91	83	94	441
13	卢衍慧	88	82	73	79	79	401
14	吕孟男	69	73	62	67	71	342
15	骆姝毓	95	71	75	65	69	375
16	齐冠博	89	75	90	87	90	431
17	宋陆军	74	69	65	71	60	339
18	孙海成	84	78	83	68	86	399

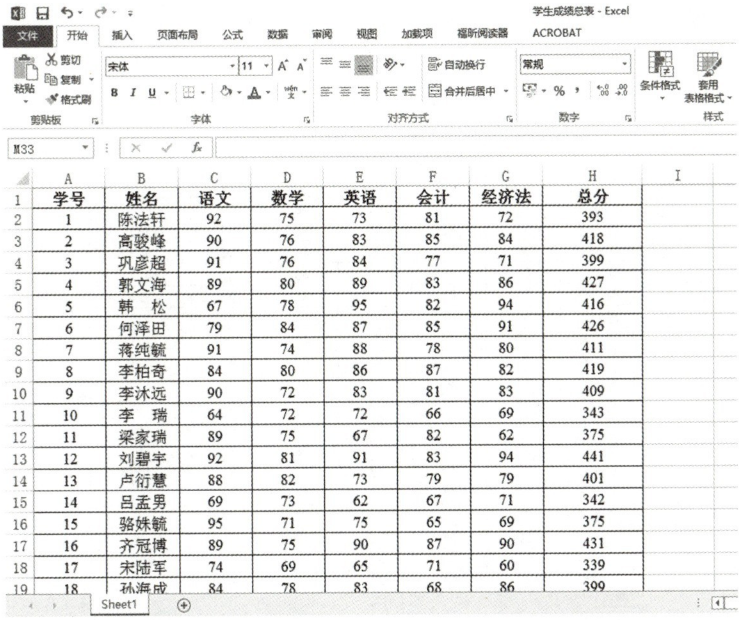

图 3.2-1　某班学生成绩总表(共 30 名学生,这里显示部分界面,下同)

现要求将学生按总分从高到低排序,如果总分相同再按学号从低到高排序。操作如下:

第一步:选中所有数据,即从 A1 到 H31,这时选中区域出现蓝底色。

第二步:单击"数据"菜单栏,选择"排序"菜单,于是出现"排序"对话框(图 3.2-2)。

第三步:在排序对话框中"主要关键字"(即字段名)栏选择"总分",右面选"降序",然后,点击"添加条件",在"次要关键字"栏选择"学号",右面选"升序",然后单击"确定"按钮,于是所有学生便按总分从高到低排序,若总分相同,学号低的排在前面(图 3.2-3)。

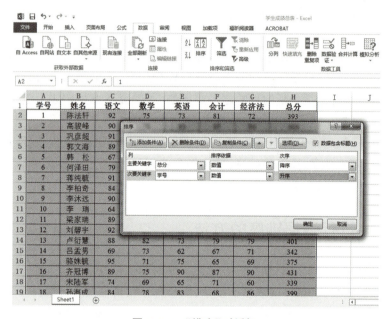

图 3.2-2 "排序"对话框

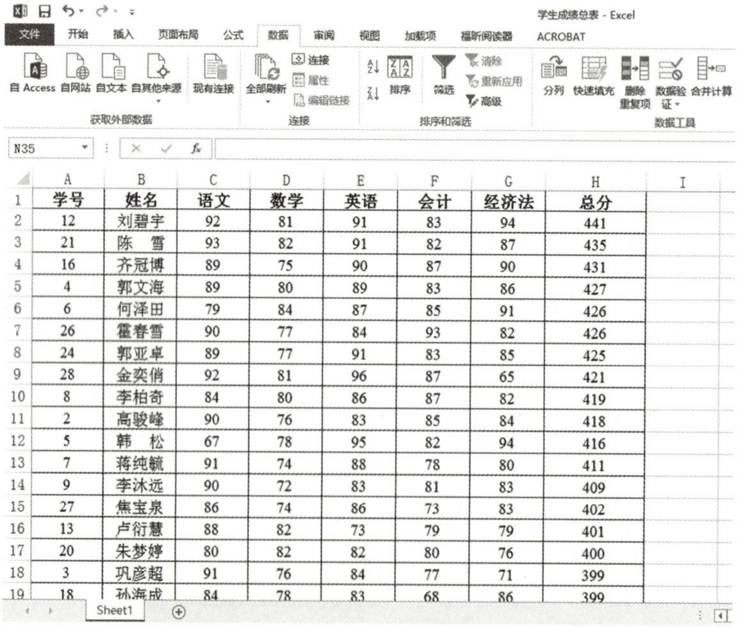

图 3.2-3 总分从高到低排序图

第四步：加上“名次”字段，在 I1 中输入“名次”，在 I2、I3 中分别输入“1”和“2”，选中 I2：I3，将鼠标移至 I3 单元格的填充柄处，按住左键不放拖曳至 I31，于是就会出现如图 3.2-4 所显示的结果。

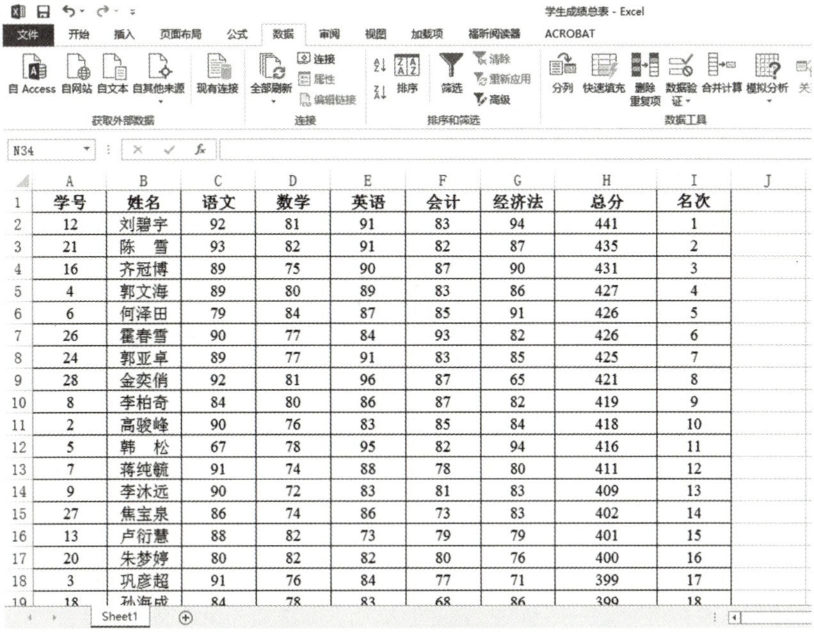

	A	B	C	D	E	F	G	H	I
1	学号	姓名	语文	数学	英语	会计	经济法	总分	名次
2	12	刘碧宇	92	81	91	83	94	441	1
3	21	陈　雪	93	82	91	82	87	435	2
4	16	齐冠博	89	75	90	87	90	431	3
5	4	郭文海	89	80	89	83	86	427	4
6	6	何泽田	79	84	87	85	91	426	5
7	26	霍春雪	90	77	84	93	82	426	6
8	24	郭亚卓	89	77	91	83	85	425	7
9	28	金奕俏	92	81	96	87	65	421	8
10	8	李柏奇	84	80	86	87	82	419	9
11	2	高骏峰	90	76	83	85	84	418	10
12	5	韩　松	67	78	95	82	94	416	11
13	7	蒋纯毓	91	74	88	78	80	411	12
14	9	李沐远	90	72	83	81	83	409	13
15	27	焦宝泉	86	74	86	73	83	402	14
16	13	卢衍慧	88	82	73	79	79	401	15
17	20	朱梦婷	80	82	82	80	76	400	16
18	3	巩彦超	91	76	84	77	71	399	17
19	18	孙海成	84	78	83	68	86	399	18

图 3.2-4　学生成绩名次图

知识链接

用 Excel 进行排序要注意的问题

用 Excel 进行排序应注意以下问题：

(1) 通常情况下，进行排序操作前要将重新排列的数据全部选中，否则当数据中出现空列和空行时，在空列和空行另一边的数据不会跟着一起变化。

(2) 当选中的数据第一行没有字段名时，则要在“排序”对话框中，注意取消“数据包含标题”的勾选，这时是以列号作关键词，如“列 A”“列 B”。

(3) 以上举例是按列排序，也可以按行排序，只要在“排序”对话框中单击“选项”按钮，再在“选项”对话框中选中“按行排序”，单击“确定”后，便可实现按行排列。

(4) Excel 对数据的大小判断按如下规则进行：

① 数值型 < 日期型 < 字符型；

② 字符型中，符号 < 数字 < 字母 < 汉字，作为字符型输入数字时前面要加西文状态下的引号（'）；

③ 字母中，a < A < b < B < …… < z < Z；

④ 汉字一般按照汉语拼音的首字母大小排序（也可以在 Windows 的控制面板中设置成按字画排序），如果首字母一样则按第二个字母大小排序，依此类推；

⑤ 关键词下面的汉字有音同字不同的情况时，Excel 排序时将关键词中相同的字（词）的记录连排在一起。

 任务实施

如何通过 Excel 按"上年排名"的先后顺序对 2022 年《财富》世界 500 强排行榜（前十名）排出 2021 年的排行名次？

■ 实施过程：

（1）选中所有数据。

（2）单击"数据"菜单栏，选择"排序"菜单，出现"排序"对话框。

（3）在"排序"对话框中的"主要关键字"（即字段名）中选择所要排序的项目"上年排名"，右面选"升序"，然后单击"确定"按钮，于是所有数据便按"上年排名"的先后顺序进行排序。结果如图 3.2-5 所示。

图 3.2-5　按"上年排名"的先后顺序进行排序

 能力测试

职业学校技能大赛集中展现了职业学校师生的风采，表 3.2-2 中是某市职业学校会计专业技能大赛选手的成绩。

表 3.2-2　　　　　　　　　　　学生技能大赛成绩表

序　号	参赛学校	姓　名	会计实务成绩	点钞成绩	综合成绩
1	第一职业中学	郝玉慧	146.5	600	36.43
2	第二职业中学	徐大鹏	124	729	35.50

续表

序 号	参赛学校	姓 名	会计实务成绩	点钞成绩	综合成绩
3	第四职业中学	朱洪兴	288	124	51.63
4	第三职业中学	李泰彭	212.5	330	42.60
5	第一职业中学	张文才	216	700	50.60
6	第四职业中学	李扬阳	202.5	461	43.67
7	第二职业中学	刘永行	237	800	56.17
8	第三职业中学	杨金玉	175.5	500	39.70
9	第一职业中学	霍大亮	166	200	31.74
10	第三职业中学	贾芸云	168	200	32.77
11	第二职业中学	李云伟	186	790	47.29
12	第四职业中学	柳 芸	187.5	330	38.34
13	第一职业中学	黄晶颖	158.5	273	32.71
14	第三职业中学	袁文静	201	0	34.04
15	第三职业中学	王鲁晨	221	988	57.42
16	第二职业中学	刘 涛	222.5	952	56.87
17	第二职业中学	胡婷婷	181	340	37.44
18	第一职业中学	赵 雯	178.5	324	36.89
19	第四职业中学	李新发	181	505	40.98
20	第四职业中学	贺雨婷	142	652	37.00

要求：请按照综合成绩排序并列出各位选手的名次。

课后阅读与思考

2008年是不平凡的一年，它圆了中国人期盼已久的百年奥运梦！在奥运会举办期间，我们每天都在关注着奖牌榜的变化情况，通过分析奖牌榜，我们可以了解各个国家的获奖情况。2008年北京奥运会最终奖牌榜(部分)如表3.2-3所示。

表3.2-3　　　　　　　　　　2008年北京奥运会最终奖牌榜(部分)

国家/地区	金牌	银牌	铜牌	总数	排名
中 国	51	21	28	100	
美 国	36	38	36	110	
俄罗斯	23	21	28	72	
韩 国	13	10	8	31	
英 国	19	13	15	47	
澳大利亚	14	15	17	46	

续表

国家/地区	金牌	银牌	铜牌	总数	排名
德 国	16	10	15	41	
乌克兰	7	5	15	27	
牙买加	6	3	2	11	
荷 兰	7	5	4	16	
肯尼亚	5	5	4	14	
法 国	7	16	17	40	
西班牙	5	10	3	18	
意大利	8	10	10	28	
日 本	9	6	10	25	

(资料来源:新浪网,http:∥match.2008.sina.com.cn/bj2008/all_medal.php)

思 考 你能用 Excel 将表 3.2-2 中的国家按金牌数进行数据排序吗？（当金牌数相同时按银牌数排序,当金牌数和银牌数都相同时按铜牌数排序）

任务三 数据筛选

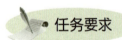

1. 认知数据筛选的含义。
2. 能运用 Excel 软件进行数据筛选操作。

筛选数据是按照某个条件或多个条件,选取满足条件的所有数据。筛选功能可以使 Excel 只显示出符合我们设定筛选条件的某一值或符合一组条件的行,而隐藏其他行。下面是北京某城区 5 月上旬白天和夜间的平均温度(℃)记录：

日期	1	2	3	4	5	6	7	8	9	10
白天	26	28	26	25	21	26	28	30	27	28
夜间	12	9	16	13	8	10	15	14	12	11

(资料来源：911 查询网,https:∥tianqi.911cha.com/beijing/2017-5.html)

任务描述

如何运用 Excel 将白天温度在 25℃以上(含 25℃)、夜间温度在 12℃以下(不含 12℃)的日期记录选出来呢?

 相关知识

一、数据筛选的含义

数据筛选就是将符合条件的总体单位记录留下来,不符合条件的总体单位记录剔除掉,以掌握有多少总体单位符合条件。用 Excel 进行筛选时,就是将符合条件的记录显示出来,不符合条件的记录隐藏掉,需要的话可将筛选出来的记录复制到另外的工作表或工作簿中进行分析,这样就等于将不符合条件的记录完全地删除掉了。

对数据资料进行各种不同条件的筛选是统计研究经常要用到的手段,也是统计整理的经常性工作之一。

二、用 Excel 进行数据筛选的方法

在 Excel 中可以对数据进行各种复杂的筛选,而且十分方便。现以任务二图 3.2-1 中的资料为例,介绍如何运用 Excel 的数据筛选功能。图 3.2-1 是已输入数据的 Excel 表格,要求筛选出会计、经济法成绩都在 80 分以上的全部学生记录,其步骤如下:

第一步:选中需要筛选的区域,即从 A1 到 H31,选中区域出现蓝底色。

第二步:单击菜单栏中"数据"栏,点击"筛选",于是表格第一行每一个字段名单元格右下方都出现了一个以黑色倒三角箭头标记的下拉框(图 3.3-1)。

第三步:通过下拉框提供的条件进行筛选。单击"会计"下拉框,选择"数字筛选"→"自定义筛选",便会弹出"自定义自动筛选方式"对话框(图 3.3-2)。

在"自定义自动筛选方式"对话框的左面第一个下拉列表中选择"大于或等于",在右面第一个下拉列表中键入"80",然后确定。对"经济法"下拉框也用同样的方法操作。于是就会出现如图 3.3-3 所显示的结果,也就是说,在全班 30 名学生中有 11 名学生符合会计、经济法成绩都在 80 分以上的条件。

学号	姓名	语文	数学	英语	会计	经济法	总分
1	陈法轩	92	75	73	81	72	393
2	高骏峰	90	76	83	85	84	418
3	巩彦超	91	76	84	77	71	399
4	郭文海	89	80	89	83	86	427
5	韩　松	67	78	95	82	94	416
6	何泽田	79	84	87	85	91	426
7	蒋纯毓	91	74	88	78	80	411
8	李柏奇	84	80	86	87	82	419
9	李沐远	90	72	83	81	83	409
10	李　瑞	64	72	72	66	69	343
11	梁家瑞	89	75	67	82	62	375
12	刘碧宇	92	81	91	83	94	441
13	卢衍慧	88	82	73	79	79	401
14	吕孟男	69	73	62	67	71	342
15	骆姝毓	95	71	75	65	69	375
16	齐冠博	89	75	90	87	90	431
17	宋陆军	74	69	65	71	60	339
18	孙海成	84	78	83	68	86	399

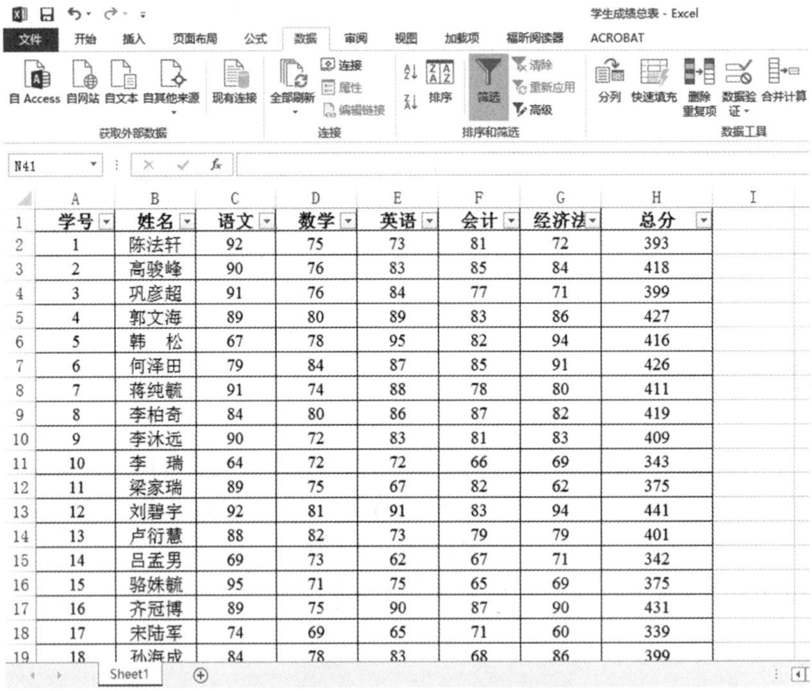

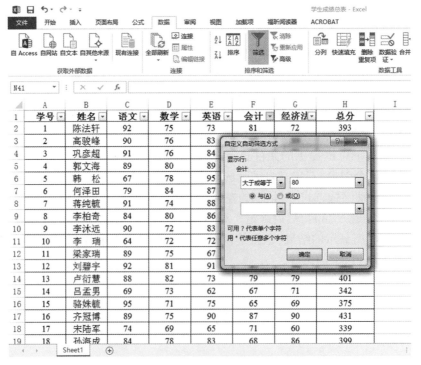

图 3. 3-1　处于筛选状态

图 3. 3-2　“自定义自动筛选方式”对话框

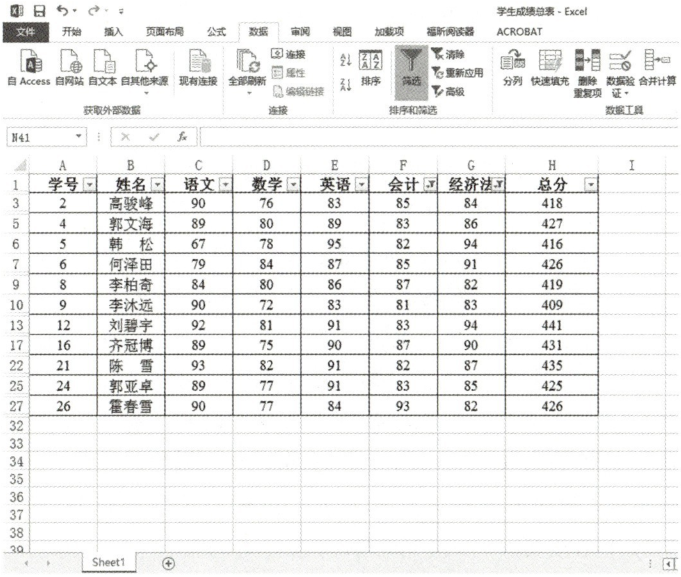

学号	姓名	语文	数学	英语	会计	经济法	总分
2	高骏峰	90	76	83	85	84	418
4	郭文海	89	80	89	83	86	427
5	韩　松	67	78	95	82	94	416
6	何泽田	79	84	87	85	91	426
8	李柏奇	84	80	86	87	82	419
9	李沐远	90	72	83	81	83	409
12	刘碧宇	92	81	91	83	94	441
16	齐冠博	89	75	90	87	90	431
21	陈　雪	93	82	91	82	87	435
24	郭亚卓	89	77	91	83	85	425
26	霍春雪	90	77	84	93	82	426

图 3.3-3　筛选后的结果

第四步：复制筛选结果。

筛选的直接结果是将符合条件的记录留下，不符合条件的记录隐藏起来（不显示）。如果不想保留隐藏的记录，可以把筛选的结果复制到表的另一个区域，或另一张工作表，或另一本工作簿。操作方法是：先选中筛选后的数据区域并进行复制操作，然后将光标确定在粘贴区域（或另一个工作表或工作簿）的第一个单元格上并进行粘贴操作，其结果见图 3.3-4。

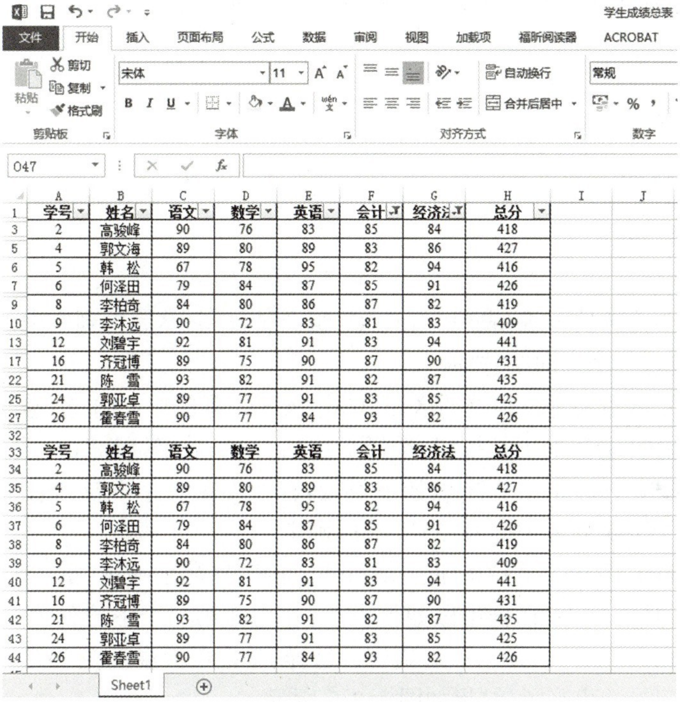

学号	姓名	语文	数学	英语	会计	经济法	总分
2	高骏峰	90	76	83	85	84	418
4	郭文海	89	80	89	83	86	427
5	韩　松	67	78	95	82	94	416
6	何泽田	79	84	87	85	91	426
8	李柏奇	84	80	86	87	82	419
9	李沐远	90	72	83	81	83	409
12	刘碧宇	92	81	91	83	94	441
16	齐冠博	89	75	90	87	90	431
21	陈　雪	93	82	91	82	87	435
24	郭亚卓	89	77	91	83	85	425
26	霍春雪	90	77	84	93	82	426

学号	姓名	语文	数学	英语	会计	经济法	总分
2	高骏峰	90	76	83	85	84	418
4	郭文海	89	80	89	83	86	427
5	韩　松	67	78	95	82	94	416
6	何泽田	79	84	87	85	91	426
8	李柏奇	84	80	86	87	82	419
9	李沐远	90	72	83	81	83	409
12	刘碧宇	92	81	91	83	94	441
16	齐冠博	89	75	90	87	90	431
21	陈　雪	93	82	91	82	87	435
24	郭亚卓	89	77	91	83	85	425
26	霍春雪	90	77	84	93	82	426

图 3.3-4　复制筛选结果

图 3.3-4 中 A33:H44 是复制后的记录,其中已不含隐藏记录。

 知识链接

用 Excel 进行筛选要注意的问题

用 Excel 进行筛选应注意以下问题:

(1) 筛选后不符合条件的记录不再显示,但这些记录还在,不管是显示的还是隐藏的记录,仍然保留原来的行号。如果再单击一下"数据"菜单上的"筛选"按钮或点选"筛选"下拉框中的"全选",全部隐藏的记录又会显示出来,也可以点选"筛选"下拉框中的"从'字段'中清除筛选"按钮,让全部记录重新显示出来。

(2) 点击"筛选"按钮后,每一字段中的下拉框中以及包含的"数字筛选"下级列表中可以看到有很多常用的选项供我们使用。其中的"全选""前 10 项""自定义筛选"和该字段中的全部常量(相同的常量只显示一个),这四个选项功能是:

① "全选":等于不设条件,一般用在取消已设定的条件;

② "前 10 项…":是将最小(升序排列时)或最大(降序排列时)的前 10 条记录筛选出来,"前 10 项"筛选,并非只能选出最大的前 10 项数据或最小的后 10 项,想筛选几项可以自己设定,Excel 默认的是前 10 个记录,我们可以根据需要设计前 n 个;

③ "自定义筛选":它先给出一个对话框,让你在对话框中设置条件,而且可以同时设置两个限制条件,但两个条件不能矛盾,否则记录会显示为全空,因为没有符合条件的记录;

④ 常量:选出该字段为某一常量的全部记录,例如,将会计成绩为 80 分的记录全部显示出来,只要点击"会计"下拉框中的常量"80"即可。

 任务实施

如何运用 Excel 将白天温度在 25℃以上(含 25℃)、夜间温度在 12℃以下(不含 12℃)的日期记录选出来呢?

■ **实施过程:**

(1) 选中需要筛选的区域,先用"Ctrl + C"组合键复制,然后再到空白的位置上,选择性粘贴为转置,再进行一个纵向筛选即可。

(2) 选定转置后需要进行筛选的区域,单击"数据"菜单栏上的"筛选"按钮。

(3) 单击"白天"旁边的下拉按钮,选择下拉列表中"数字筛选"的"自定义筛选"选项,在"自定义自动筛选方式"对话框中做如下设置:在左面第一个下拉列表中选择"大于或等于",在右面第一个下拉列表中键入"25",然后确定。

(4) 单击"夜间"旁边的下拉按钮,选择下拉列表中"数字筛选"的"自定义筛选"选项,在"自定义自动筛选方式"对话框中做如下设置:在左面第一个下拉列表中选择"小于",在右面第一个下拉列表中键入"12",然后确定。这样,就把白天温度在 25℃以上、夜间温度在 12℃以下的日期记录选出来了,结果如图 3.3-5 所示。

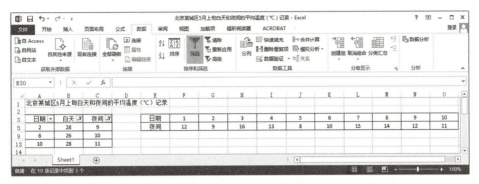

图 3.3-5　白天温度在 25℃ 以上、夜间温度在 12℃ 以下的记录

 能力测试

随着交通的发展,我们的出行方式有了许多选择。如果我们要出去旅游,可以选择哪些出行方式呢?请同学们上网查找火车时刻表,复制到 Excel 工作簿中,并筛选出由南京到上海的车次。

 课后阅读与思考

寻找好心人

3月5日是"学雷锋纪念日",这天江苏某县读者打电话告诉记者:"我是某某县常乐镇前进村的村民,2月16日12时许,我女婿骑摩托车从常乐镇去红旗村办事,当他走到红花村附近时,因为路面湿滑,连人带摩托车摔倒在路上后昏迷不醒。13时许,一辆路过的出租车看到有人倒在路上,便将我女婿送到医院救治,由于抢救及时我女婿并没有什么大碍。但我们还没有来得及询问好心人的姓名,他就悄悄地离开了。所以,我想通过贵报对这位好心人说声谢谢。同时,我们全家人很想找到这位好心人并当面致谢。"

带着读者的心愿,记者来到了抢救伤者的医院展开调查。医院护士说:"这位好心人,是个男的,很年轻,看上去不会超过35岁。"医院门卫说:"他开的是 A 出租汽车公司的出租车。"医生说:"此人操苏北口音。"于是,记者便来到 A 出租汽车公司。当公司负责人听说记者的来意后,立即取来一份该公司的职工情况登记表(表3.3-1)。

表 3.3-1　　　　　　　　　　职工情况登记表

姓　名	性　别	年　龄	籍　贯	家庭住址	电　话
黄晶颖	女	30	江苏扬州	略	略
郝玉慧	女	43	山东泰安	略	略
杨红玉	女	27	江苏扬州	略	略
王清晨	男	26	安徽天长	略	略
霍大亮	男	45	江苏扬州	略	略

续表

姓　名	性　别	年　龄	籍　贯	家庭住址	电　话
李扬阳	男	33	江苏淮安	略	略
葛泰彭	男	32	江苏扬州	略	略
李新发	男	47	江苏南京	略	略
刘　涛	男	41	江苏扬州	略	略
朱洪兴	男	38	江苏兴化	略	略
柳　芸	女	44	江苏扬州	略	略
刘永行	男	27	江苏扬州	略	略
张文才	男	29	河南南阳	略	略
郝大鹏	男	39	江苏扬州	略	略

思　考　你能利用 Excel 工作表的数据筛选功能，将表 3.3-1 中满足条件的出租车司机筛选出来，以便记者进一步调查了解吗？

任务四　数据分组

任务要求

1. 理解数据分组的含义、作用和方法。
2. 能正确选择分组标志并进行科学的数据分组。

任务引入

统计分组是基本的统计方法之一，在统计资料的整理和分析中都要广泛地应用分组。分组的好坏直接关系到统计整理质量，关系到统计分析的结论是否正确。从某种意义上讲，没有科学的统计资料整理，就没有科学的统计分析。如何科学地整理统计资料呢？请看下面一则资料：

会计 1086 班 50 名学生的基础会计课程期中考试成绩如下：

65	66	89	88	67	84	86	87	75	73
66	72	68	75	94	82	98	58	79	87
67	54	85	79	76	95	77	76	71	60
68	65	79	72	76	85	89	92	64	57
69	51	81	78	77	72	61	48	70	86

会计课代表庄斑馨把任课老师的这个成绩单交给了班主任，因最近太忙，班主任看后就对课代表说，你能否把这次的成绩梳理一下，以便更清楚地反映全班同学的会计学习情况？

任务描述

1. 假如你是该班的会计课代表,请根据上述资料整理基础会计期中考试成绩数据,以更好地反映学生学习成绩的分布及构成。
2. 通过上述整理工作的过程,说出什么是统计分组,统计分组的关键是什么。

相关知识

一、统计分组的概念

统计分组是根据研究的目的,将统计总体按照一定的标志区分为若干个组成部分的一种统计方法。

统计分组是在统计总体内部进行的一种特定分类,它同时具有两方面的含义:对总体而言是"分",即将总体分为性质相异的若干部分;对个体而言是"合",即将在某些方面性质相同的个体组合起来。所以,组与组之间的性质是不同的,而同一组内性质是相同的。

例如,2021 年末我国总人口数为 141 260 万人,对这一总体进行分组时,可以按性别这一标志进行,分组结果见表 3.4-1。

表 3.4-1　　2021 年末中国人口数及构成情况

性　别	人　口　数	
	绝对数/万人	相对数/%
男	72 311	51.19
女	68 949	48.81
合计	141 260	100.00

(资料来源:中国国家统计局网,http://www.stats.gov.cn/tjsj/zxfb/202202/t20220227_1827960.html)

在这一分组过程中,全国总人口这一总体被分解为男、女两组,这是分的过程;与此同时,这一过程也可以看成是总体中的每一个人按照性别特征组合成两组的过程。对同一总体研究的角度不同,可以选择不同的标志进行分组。

问题讨论

> 对全国总人口的总体进行分组,除了可以选择性别标志进行分组外,还可以按哪些标志进行分组?

二、统计分组的作用

统计分组在统计分析过程中的作用主要表现在以下几个方面：

1. 可以揭示统计资料的特点与规律

通过统计调查取得的资料，往往是大量的、零散的、不系统的，直接观察调查资料，很难了解到社会经济现象的基本情况和特点。例如，某企业共有工人100人，平均分成10个小组，生产定额每人每天应生产产品350件，3月1日每个工人的实际生产完成情况如下（单位：件）：

```
第一组：370  370  370  370  375  375  380  380  390  390
第二组：370  370  370  370  370  376  376  376  376  376
第三组：310  310  310  310  325  325  340  340  340  340
第四组：360  360  360  360  365  350  350  350  350  350
第五组：460  460  415  415  415  415  410  410  410  410
第六组：365  365  365  370  410  410  410  410  460  460
第七组：355  355  360  360  360  350  355  355  350  350
第八组：425  425  425  425  425  425  425  425  425  425
第九组：360  370  380  380  410  390  390  390  390  390
第十组：380  380  390  390  390  415  415  410  425  425
```

从上面的资料中，我们只能大体看出各组产量有高有低，很不平衡，其中第三组工人完成生产情况不好，第五组、第八组工人完成生产情况较好，但其他更详细的情况和特点就不容易看清。如果将上面的资料进行分组后再来观察，就可以较清楚地了解这100名工人生产定额的完成情况，见表3.4-2。

表3.4-2　　　　　　　　　某企业生产工人完成定额情况

按完成件数分组/件	工人人数/人
350 以下	10
350 ~ 400	58
400 ~ 450	28
450 以上	4
合　计	100

从表3.4-2我们可以了解该企业的生产情况和特点：首先，在100名工人中，90%的工人完成了生产定额，未完成定额的只占10%；其次，在完成生产定额的，略超过生产定额（完成350~400件）的工人占58%，超过生产定额较多（完成400件以上）的工人占32%。总的结论是：该企业工人生产定额完成得比较好，绝大部分能完成或超额完成生产定额。如果不经过上述分组，就难以观察出这些特点。

2. 可以划分现象的类型

社会经济现象存在着复杂多样的类型,各种不同的类型有着不同的特点以及不同的发展规律。在整理大量统计资料时,有必要运用统计分组法将所研究的现象总体划分为不同的类型组来进行研究。统计分组的主要作用是划分现象的类型。例如,我国经济分为公有经济和非公有经济两大类型,公有经济包括国有经济、国有控股经济和集体经济,非公有经济包括个体经济、股份制经济、外商及港澳台商投资经济;工业划分为重工业和轻工业两大类型;社会产品划分为生产资料和消费资料两大类;人口划分为城镇人口和农村人口两大类型。

3. 可以分析总体内部结构和总体结构特征

社会经济现象的各个组成部分不但在性质上不尽相同,而且在总体上所占比重也各不相同。因此,把被研究现象按某一标志分组后,计算出各组在总体中的比重,就可以说明经济现象的内部结构。例如,2016—2020 年我国按三次产业分类就业人员构成情况,见表 3.4-3。

表 3.4-3　　2016—2020 年我国按三次产业分类就业人员构成情况

单位:%

年　份	2016 年	2017 年	2018 年	2019 年	2020 年
第一产业	27.4	26.7	25.7	24.7	23.6
第二产业	29.3	28.6	28.2	28.2	28.7
第三产业	43.3	44.7	46.1	47.1	47.7

(资料来源:中国国家统计局网,http://www.stats.gov.cn/tjsj/ndsj/2021/indexch.htm)

以上资料表明,2016—2020 年我国第三产业就业人员的比重不断上升,而第一、第二产业就业人员比重稳中趋降,这是我国大力发展第三产业的结果。

在社会经济问题的分析和研究中,我们经常分析研究的结构有:经济类型结构、产业结构、产品结构、投资结构、消费结构、技术结构、人才结构,农业生产活动中的种植业、林业、畜牧业和渔业结构,畜牧业生产中的畜群结构等。

4. 可以揭示现象之间的依存关系

一切社会经济现象都不是孤立存在的,而是相互联系、相互依存、相互制约的。例如,工业企业中劳动生产率与利润的关系,一般来说,劳动生产率越高,利润也越多;收入和消费之间也存在着一定的依存关系,一般来说,收入越高,消费也越多;教育投入和工资存在一定的依存关系,一般来说,教育投入越多,就业工资也越高。

三、统计分组的方法

统计分组中关键的问题在于选择分组标志和各组界限的划分,而选择分组标志则是统计分组的核心问题。

(一) 选择分组标志

分组标志就是将统计总体区分为各个性质不同的组的标准或根据。任何社会现象客观上都有许多不同的标志。对同一总体的资料根据不同的标志进行分组,会产生不同的结论,为确保分组后的各组能够正确反映事物内部的规律性,选择分组标志时,应遵循以下原则:

1. 根据统计研究的目的与任务选择分组标志

在对社会经济现象进行研究时,可以根据不同的研究目的或任务而从不同的角度进行研究,相应的要选择不同的分组标志进行分组。例如,以全国工业企业为总体进行研究时,这个研究对象就有很多标志,如经济类型、固定资产原值、职工人数、所属行业等。在具体研究过程中到底应该采用哪种标志进行分组,就要看研究的目的。如果研究的目的是要分析不同经济类型的企业在总体中的构成,那么就要选择经济类型作为分组标志;如果要研究工业企业规模构成状况,则可以选择产值、固定资产原值等作为分组标志。

2. 要从众多标志中选择最能反映被研究现象本质特征的标志作为分组标志

由于社会经济现象复杂多样,具有多种特征,因此在选择分组标志时,往往可能遇到既可以使用这种标志,又可以使用另一种标志的情况。这就需要根据被研究对象的特征,选择最主要的、最能反映事物本质特征的标志进行分组。例如,研究职工生活水平高低情况,可以用职工的工资水平作为分组标志,也可以用职工家庭成员人均收入水平作为分组标志。相比较而言,职工家庭成员人均收入水平更能反映职工生活水平的高低,更能反映现象的本质特征,因为,即使某一职工工资水平较高,但如果他赡养的人口数很多的话,其家庭生活水平也不会很高。在进行统计分组时,就要选择其中最能反映问题本质特征的标志,即职工家庭成员人均收入进行分组,这样能够使我们对所研究的对象有一个正确的认识。

想一想 反映企业规模的标志有许多,如职工人数、固定资产和生产能力等,请问哪个是划分企业规模大小的最具有本质特征的标志?

3. 根据现象所处的历史条件或经济条件来选择标志

社会经济现象是随着时间、地点等条件的变化而变化的。同一个标志在过去某个时期是适用的,现在就不一定适用;在这个场合适用,在另一场合就不一定适用。因此,即使是研究同类现象,也要视具体时间、地点、条件的不同而选择不同的分组标志。例如,在研究企业规模构成状况时,需要对企业按其规模进行分组。一般来说,反映企业规模的标志主要有职工人数、年产值、年产量、固定资产和年利润额等。在生产力水平较低的情况下,用职工人数的多少来表示企业规模的大小比较适当;而在技术进步的历史时期或技术装备比较先进的情况下,有的企业由于采用了机械化生产,虽然职工人数不多,但生产能力却很大。因此,职工人数已不能准确地说明企业规模的大小,这时使用产值、固定资产等作为反映企业规模的分组标志更为恰当。

在选择分组标志时,除以上三个原则外,还要遵循穷尽性和互斥性两个原则。穷尽性原则是指统计分组必须保证总体的每一个单位都能归入其中的一个组,各个组的单位数之和等于总体单位总数,总体的指标必须是各个单位相应标志的综合。互斥性原则是指统计分组必须保证总体的每一个单位只能属于其中的一个组,不能出现重复统计的现象,否则,就必然会影响到统计资料的真实性。

(二) 统计分组的种类

统计分组要求将总体内标志表现不同的总体单位分开,使标志表现相同或相近的总体单位归属在同一组。因此,分组标志一经选定,就要突出总体在这一标志下的性质差异或数量差异,即在分组标志范围内,划分各相邻组间的性质界限和数量界限。根据分组标志的不同特征,统计总体可以按品质标志分组,也可以按数量标志分组。

1. 按品质标志分组

按品质标志分组就是选择反映事物属性差异的品质标志为分组标志,并在品质标志的变异范围内划定各组界限,将总体划分成为若干个性质不同的组成部分。按品质标志分组的结果形成品质数列,如表3.4-5所示。

表3.4-5　　　　　　　　　　　某班学生的性别构成情况

按性别分组	绝对数人数	比重/%
男	30	75
女	10	25
合　计	40	100

在按品质标志进行分组时,有些分组比较简单,有些分组则比较复杂。所谓简单不仅是指组的数目很少,而且组与组之间所表现出的差异也比较明确和稳定,因而界限很容易划分,例如,人口按性别、民族、文化程度等标志进行分组。所谓复杂,一般是指分组数目较多,而且组与组之间的界限也难以划分。例如,国民经济按部门和产业分类,人口按职业分类等。在实际工作中,对于这些比较复杂的分组,往往要根据研究任务的要求对经济现象进行具体的、深入的了解。国家统计局及中央有关部门经研究统一制定了各种分类目录与分类标准,如《工业部门分类目录》《国民经济行业分类和代码》《工业产品目录》《经济类型划分规定》等,供全国各地区、各部门、各单位分类时使用,以保证各种分类的统一性和完整性。

2. 按数量标志分组

按数量标志进行分组就是根据统计研究的目的,选择反映事物数量差异的数量标志作为分组标志,在数量标志值的变异范围内划定各组数量界限,将总体划分为性质不同的若干个组成部分。例如,人口按年龄分组,企业按职工人数分组,职工按工资水平分组等。按数量标志分组的结果形成变量数列,如表3.4-6所示。

表3.4-6　　　　　　　　　　　某厂第二季度工人平均日产量

工人平均日产量	工 人 数	
	绝对数	比重/%
2	10	8.7
3	15	13.0
4	30	26.1
5	40	34.8
6	20	17.4
合　计	115	100.0

与品质标志不同,数量标志具体表现为许多不等的变量值,这些变量值不能明确地反映社会经济现象性质上的区别,只能反映数量上的差异。因此,根据变量值大小来划分性质不同的各组界限就很不容易。在对同一个调查资料按数量标志进行分组的过程中,不同的分组人员确定的组数和各组之间的界限都可能不同,分组结果自然不同,这就有可能导致人们对同一个事物有了不同的认识。因此,按数量标志进行分组的是很能考察分组人员的分组水平的。在选择数量标志进行分组的过程中,对于总体应分为多少组,各组的界限怎样确定,这是一个比较复杂的问题。分组不恰当,一方面不能反映出事物本身所具有的内在结构,另一方面也不能反映事物的本质和规律性,这就要求组数和组限的确定要恰当、科学。一个好的分组结果应该能够正确反映现象本身所有的数量分布特征,科学地实现同质的组合和异质的分解。

按数量标志分组的过程中,根据变量值取值范围不同,分组的形式可以分为单项式分组和组距式分组。

(1) 单项式分组:即每一组只包含一个变量值(表 3.4-6)。这种分组形式只适用于离散变量,而且只能在离散变量的变动范围较小、变量值个数较少时使用。例如,按家庭人口数划分居民家庭,或按子女数划分居民家庭等都是单项式分组。一般情况下分组组数等于变量的取值个数,各组之间的界限很明确,不需要人为划分。

(2) 组距式分组:即在变量值变异幅度较大时,将变量值取值范围人为地划分为若干个区间,变量在同一区间内取值的现象归为一组,区间的距离即称为组距(表 3.4-7)。这样的分组形式每一组中包含若干个变量值,适用于所有的连续变量和取值范围较大的离散型变量。例如,企业按职工人数分组,耕地按粮食平均单产分组,商店按销售额分组,学生按学习成绩分组等都是组距式分组。

表 3.4-7　　　　　　某工厂工人完成生产定额情况表

工人完成生产定额分组/%	工人数	
	绝对数	比重/%
80~90	30	16.7
90~100	40	22.2
100~110	60	33.3
110~120	30	16.7
120~130	20	11.1
合　计	180	100.0

(三) 统计分组体系

统计对于总体数量特征的认识,往往要从多方面进行研究,仅仅依赖一个分组标志是很难满足需要的,而必须运用多个分组标志进行多种分组,形成一个分组体系才能满足需要。

所谓统计分组体系,就是根据统计分析的要求,通过对同一总体进行不同分组,形成的一系列相互联系、相互补充的组的整体。统计分组体系有平行分组体系与复合分组体系之分。

1. 简单分组和平行分组体系

总体只按一个标志分组称为简单分组。例如，按产值对企业分组，按文化程度对人口总体进行分组。对同一个总体选择两个或两个以上的标志分别进行简单分组，就形成平行分组体系。例如，为了解人口总体的基本特征，我们将人口总体按性别、民族、居住地不同进行了分组，形成平行分组体系，如表3.4-8所示。

表3.4-8　　　　　　　　　　某市人口总体情况表

辖区	按性别分组		按居住地分组		按民族分组	
	男性	女性	城镇	乡村	汉族	少数民族
东城区						
西城区						
北城区						
南城区						
合　计						

平行分组体系的特点是：每一个分组固定一个分组标志，即只考虑一个因素的差异对总体内部分布情况的影响，而且各个简单分组之间彼此独立，没有主次之分，不互相影响。

问题讨论

> 如何理解平行分组体系中的"平行"二字？通过上例具体说明"平行"的真正含义。

2. 复合分组和复合分组体系

对同一总体选择两个或两个以上分组标志层叠起来进行分组，叫作复合分组。复合分组所形成的分组体系叫作复合分组体系。例如，对某校大学生总体的研究，可先按学历，再按学科性质，最后按性别进行重叠分组，形成的复合分组体系如表3.4-9所示。

表3.4-9　　　　　　　　　某高校大学生基本情况表

学院	本　科				专　科			
	文　科		理　科		文　科		理　科	
	男生	女生	男生	女生	男生	女生	男生	女生
东方学院								
南海学院								
天河学院								
中北学院								
合　计								

复合分组体系的特点是：每一次分组除了要固定本次分组标志对分组结果的影响外，还要固定前一次或前几次分组标志对分组结果的影响。各个分组标志之间有主次之分。

复合分组体系可以从不同角度反映总体内部的差别和关系，因而应用复合分组体系比应用平行分组体系更能全面、深入地研究分析问题。但是也要注意，复合分组的组数等于各简单分组组数的连乘积，如果复合分组选择的标志过多的话，就会使复合分组体系过于庞大，将增加分组的难度，也更不容易反映现象的本质特征，制表也不方便。所以，复合分组时一般来讲分组标志不宜过多。

问题讨论

如何理解复合分组体系中的"层叠"二字？通过上例具体说明"层叠"的真正含义。

任务实施

1. 假如你是该班的会计课代表，请根据上述资料整理基础会计期中考试成绩数据，以更好地反映学生学习成绩的分布及构成。

■ 实施过程：

分析：根据资料，学生的学习成绩是连续型变量，且变量值比较多，所以可编制组距式变量数列。整理步骤如下：

第一步，将原始资料的变量值按从小到大的顺序排列：

```
48   51   54   57   58   60   61   64   65   65
66   67   68   70   71   72   72   72   73   75
75   76   76   76   77   77   78   78   79   79
79   81   81   82   83   84   85   85   86   86
87   87   88   89   89   91   92   94   95   98
```

第二步，计算全距。

全距 = 最高成绩 – 最低成绩 = 98 – 48 = 50（分）

第三步，确定组距和组数。

根据学习成绩的特点，可把组距定为 10 分，其组数为：

组数 = $\dfrac{\text{全距}}{\text{组距}} = \dfrac{50}{10} = 5$，故可将学习成绩分为 5 组。

第四步，确定组限。

上述资料中，最小变量值为 48，最大变量值为 98。为了将及格与不及格这两种类型的学生区别开，最小组采用开口式，即用"60 以下"表示；最大组采用闭口式，上限确定为 100。根据学习成绩这个变量的特点，采用相邻组上下限重叠组限表示。

第五步，计算各组次数，编制成组距数列。

根据以上编制变量数列的方法，将总体各单位划归到所属各组中计算各组次数，便得到组距式变量数列，如表 3.4-10 所示。

表 3.4-10　　　　会计 1086 班基础会计课程成绩总体情况

按学习成绩分组/分	人数/人	比重/%
60 以下	5	10.0
60~70	8	16.0
70~80	18	36.0
80~90	14	28.0
90~100	5	10.0
合计	50	100.0

2. 通过上述整理工作的过程，说出什么是统计分组，统计分组的关键是什么。

■ **实施过程：**

统计分组是根据研究的目的，将统计总体按照一定的标志区分为若干个组成部分的一种统计方法。统计分组的关键是选择分组标志和划分各组界限。

能力测试

请根据你所在班级学生的实际情况，进行如下分组：按一个品质标志简单分组，按两个品质标志复合分组，按一个品质标志和一个数量标志复合分组，按两个数量标志复合分组。

课后阅读与思考

统计分组的标志问题

统计分组是一切统计研究的基础，应用于统计工作的全过程，是统计研究的基本方法之一。例如，国民经济按行业分组，可以划分为 20 个行业门类：(1) 农、林、牧、渔业；(2) 采矿业；(3) 制造业；(4) 电力、燃气及水的生产和供应业；(5) 建筑业；(6) 交通、运输、仓储及邮政业；(7) 信息传输、计算机服务和软件业；(8) 批发和零售业；(9) 住宿和餐饮业；(10) 金融业；(11) 房地产业；(12) 租赁和商务服务业；(13) 科学研究、技术服务和地质勘探业；(14) 水利、环境和公共设施管理；(15) 居民服务和其他服务业；(16) 教育；(17) 卫生、社会保障和社会福利业；(18) 文化、体育和娱乐业；(19) 公共管理和社会组织；(20) 国际组织。通过分类，可以反映我国各行业的发展，为进一步研究其水平和结构提供了便利条件。

统计分组的中心问题是选择分组标志和划分各组的界限。但社会经济现象随着时间、地点、条件的变化而发生变化，其标志的内涵也会发生变化。同一分组，在过去适用，现在就不一定适用；在这一场合适用，在另一场合就不一定适用。例如，在计划经济时期，企业按所有制形式分组一般是分为四组，全民所有制企业、集体所有制企业、私营企业和其他企业。而现在按企业登记注册类型可分为：(1) 国有企业；(2) 集体企业；(3) 股份合作制企业；(4) 联营企业；(5) 有限责任公司；(6) 股份有限公司；(7) 私营企业；(8) 港澳台商投资企业；(9) 外商投资企业；(10) 个体企业等类型。又如，对最低生活水平的确定，就不能沿用

20 世纪五六十年代的标准,而应根据目前的生活水平状况制定标准,然后再进行分组。此外,行业的划分,也发生了很大的变化。

结合研究对象所处的历史条件、经济条件选择分组标志,这样可以保证分组标志在不同时间、不同场合的适用性。

思 考 所有的标志都有可能成为分组标志吗?

任务五 编制分配数列

任务要求

1. 知悉分配数列的概念、组成要素,能辨别各种分配数列的类型。
2. 理解组距、组数、组限、组中值、开口组等的含义。
3. 能够运用所学知识,根据原始数据编制出反映总体分布情况的分配数列。

任务引入

小华是班级的学习委员。一次数学测验后,老师拿着成绩单找到小华,让他帮着把同学们的成绩整理一下。大家的成绩情况如下(单位:分):

89	88	76	99	74	60	82	60	89	86
92	85	70	93	99	94	82	77	79	97
78	95	84	79	63	72	87	84	79	65
98	67	59	83	66	65	73	81	56	77

老师告诉小华,他想要知道全班同学成绩的整体分布情况,想要知道每一个分数段的人数和比重。

什么是分布呢?分布情况可以怎样来表现呢?成绩的分数段又该如何正确划分呢?每个分数段的人数和比重该如何来计算呢?

任务描述

1. 明确分组标志的性质和分组的方法。
2. 确定全距、组距、组数和组限。
3. 有必要使用开口组吗?什么样的情况下应使用开口组呢?
4. 编制出完整的分配数列,并对全班同学成绩的分布情况进行简单的分析。

相关知识

一、分配数列的概念和种类

（一）分配数列的概念

在统计分组的基础上,将总体的所有单位按组归类整理,并按一定顺序排列,形成总体单位在各组间的分布,称为统计分布。

分布在各组的总体单位数叫次数,也称频数。各组频数之和为总频数。各组频数与总频数之比称为频率(或称为比重、比率)。频率有两个数学性质:其一,各组频率均大于 0;其二,各组频率之和等于 1 或者 100%。各组频数与频率可以反映各组标志值水平对总体标志值水平的影响程度。频数越大则该组的标志值水平对于总体标志值水平的影响越大;反之,频数越小则该组的标志值水平对于总体标志值水平的影响越小。

将各组的名称与相应的频数或频率,按一定顺序排列起来形成的数列称为次数分配数列,简称分配数列或分布数列。很显然,分配数列包含两个要素:总体按标志所分的组和各组次数。分配数列可以反映总体单位在各组间的分布状态和分布特征,是进一步分析总体平均水平和变异程度的基础。

（二）分配数列的种类

分配数列是在分组的基础上编制的,所以分配数列的类型取决于分组的类型。

1. 品质分配数列

按照品质标志分组而形成的分配数列称为品质分配数列,简称品质数列。

【例1】"七普"全国人口按性别分布情况如表 3.5-1 所示。

表 3.5-1　　　　　　　　"七普"全国人口按性别分布情况表

按性别分组	人口数/人	比重/%
男	723 339 956	51.24
女	688 438 768	48.76
合计	1 411 778 724	100.00

注:全国人口指大陆 31 个省、自治区、直辖市和现役军人的人口。

(资料来源:第七次全国人口普查公报<第四号>)

品质数列的编制比较简单,但要注意分组时应包括分组标志的所有标志表现,不能有遗漏。

2. 变量分配数列

按数量标志分组而形成的分配数列称为变量分配数列,简称变量数列。根据变量分组的方法不同,变量数列可分为单项式数列和组距式数列。

(1) 单项式数列。

在单项式分组的基础上形成的数列即为单项式数列。

【例2】 某地区居民家庭按家庭人口数分布抽样情况如表3.5-2所示。

表3.5-2　　　　　　　　某地区居民家庭按家庭人口数分布抽样情况表

按家庭人口数分组	家庭数/户	比重/%
1人	208	17.33
2人	314	26.17
3人	566	47.17
4人	92	7.67
5人	16	1.33
6人以上	4	0.33
合计	1 200	100.00

单项式数列主要适用于在分组标志为离散型变量,且变量的取值范围较小,可取值较少的情况下反映总体分布。

(2) 组距式数列。

在组距式分组的基础上形成的数列即为组距式数列。根据各组组距是否相等,组距式数列又可分为等距数列和不等距数列。

组距式数列一方面适用于在分组标志为离散型变量,且变量的取值范围较大,可取值较多的情况下反映总体分布,另一方面适用于分组标志为连续型变量的情况。

等距数列是各组组距均相等的组距式数列,适用于标志值变动比较均匀的情况。

【例3】 某班学生统计考试成绩如表3.5-3所示。

表3.5-3　　　　　　　　某班统计考试成绩表

按成绩分组/分	学生数/人	比重/%
60以下	2	5.00
60~70	7	17.50
70~80	11	27.50
80~90	12	30.00
90以上	8	20.00
合计	40	100.00

不等距数列,也称为异距数列,是各组组距不相等的组距式数列,适用于标志值变动很不均匀,变动幅度很大的情况。

【例4】 "七普"全国人口按年龄分布情况如表3.5-4所示。

表 3.5-4　　　　　　　　　"七普"全国人口按年龄分布情况表

按年龄分组	人口数/人	比重/%
0～14 岁	253 383 938	17.95
15～59 岁	894 376 020	63.35
60 岁及以上	264 018 766	18.70
其中：65 岁及以上	190 635 280	13.50
合计	1 411 778 724	100.00

注：全国人口指大陆 31 个省、自治区、直辖市和现役军人的人口。

（资料来源：第七次全国人口普查公报＜第五号＞）

、单项式数列的编制

单项式数列的编制相对比较简单，下面通过实例来介绍单项式数列编制的基本步骤。

【例 5】　某生产组 20 名工人同种产品日产量如下（单位：件）：
　　　　　　16　13　18　15　19　14　17　13　15　17
　　　　　　19　15　17　18　14　16　15　17　17　16

要求：编制分配数列来反映工人按日产量分布的情况。

分析：工人按日产量分布，分组标志日产量（单位：件）属于离散型变量。从原始数据来看，该变量取值范围较小，可取值较少，宜编制单项式数列来反映其分布特征。

编制步骤如下：

（1）将所有变量值按大小顺序排列：
　　　　　　13　13　14　14　15　15　15　15　16　16
　　　　　　16　16　17　17　17　17　18　18　19　19

（2）进行单项式分组，将变量的每个取值单独作为一组，变量有几个取值，就分为几组，组的名称就是变量值。

该例中，20 名工人按日产量分组，一共可以分为 7 组：13、14、15、16、17、18、19。

（3）汇总各组频数和频率，编制数列。

该例最后结果如表 3.5-5 所示。

表 3.5-5　　　　　　　　　20 名工人按日产量分布的数列

按日产量分组/件	工人数/人	比重/%
13	2	10.00
14	2	10.00
15	4	20.00
16	4	20.00
17	4	20.00
18	2	10.00
19	2	10.00
合计	40	100.00

三、等距数列的编制

下面以等距数列为例,介绍组距式数列编制的一般步骤和方法。

(一)确定分配数列的类型

首先应根据原始数据明确分组标志,根据分组标志的性质确定分组方法,结合变量值的分布情况确定所编制数列的类型。

(二)计算全距

全距是指所有变量值中最大变量值和最小变量值的差距。即

$$全距 = 最大变量值 - 最小变量值$$

将原始数据按大小顺序排序,并记录各数值出现的次数,计算全距。

(三)确定组距和组数

组距是各组中数据区间的长度。组数是组距式数列中组的个数。

在组距式数列中,组距大小与组数多少存在着密切的联系。在全距一定的情况下,组距增大,组数就减少;组距缩小,组数就增多。三者之间存在着以下等式关系:

$$全距 = 组距 \times 组数$$

在编制组距式数列时,如何确定组距和组数问题,具有重要的意义。一般应遵循以下原则:一是要考虑各组的划分是否能区分总体内部各个组成部分的性质差别,如果不能正确反映各部分性质的差异,必须重新分组;二是各组的划分要能准确、清晰地反映总体单位的分布特征。

具体确定组距和组数时,为了避免陷入盲目的境地,可以将组距先确定为一个较小的数(通常为了计算方便,可以取 5 或者 10 的整倍数),从小组距开始试起,如果发现分组结果不理想,再逐步扩大组距或者是合并相邻组的组距,直到寻找到一个较为理想的分组结果。

对于等距数列,可以参考下面的经验公式,即

$$d = \frac{R}{1 + 3.22\ln N}$$

式中,d 为组距;R 为全距;N 为总体单位数。

(四)确定组限

所谓组限,就是各组数据区间两端的数值。每组的起点数值称为该组下限,终点数值称为该组上限,而组距其实就等于该组上限减该组下限。

在确定组限时应注意以下几点:

(1) 最小组的下限(起点值)应不大于最小变量值,最大组的上限(终点值)应不小于最大变量值。

(2) 组限的确定应有利于表现出总体分布的特点,应反映出事物质的变化。

(3) 为了方便计算,组限应尽可能取整数,最好是 5 或者 10 的整倍数。

（4）由于变量有连续型变量和离散型变量两种，其组限的确定方法是不同的：

① 间断组限。所谓间断组限，是指相邻的两组，较小组的上限和较大组的下限用两个相邻的确定的数值来分别表示。按离散型变量来分组时，可以采用间断组限的处理方法。因为离散型变量任意两个相邻取值之间没有中间值，不能再分割，所以不会造成数据的遗漏。如学校按学生人数分组可以采用如下分法：99 人以下，100～199 人，200～299 人，300～399 人，400 人以上。

② 重叠组限。所谓重叠组限，是指相邻的两组，较小组的上限和较大组的下限用同一个确定的数值来表示，两者是相重叠的。按连续型变量来分组时，相邻组的组限不能间断，必须采用重叠组限的处理方法。因为连续型变量任意两个取值之间，从理论上说都可以做无限分割，所以相邻组的组限不能用两个数值来表示，而必须用同一个数值来表示，即必须要重叠。如工人按工资来分组，组限必须是重叠的，如 500 以下，500～1 000，1 000～2 000，2 000 以上。另外，按离散型变量分组时，也可以采用重叠组限的处理方法。

在组限重叠的情况下，为了明确总体单位的归属，须遵循"上限不在内"原则，即相邻组重叠的组限，只归属于其作为下限的那一组，而不包含在它作为上限的那一组内。如：50～60，60～70，其中 60 作为两组重叠的组限，应该归属于它作为下限的那一组，即 60～70 这一组，而不属于 50～60 组。需要注意的是，"上限不在内"原则仅适用于组限重叠的情况。

议一议 如果把学校按学生人数分组改成：100 人以下，100～200 人，200～300 人，300～400 人，400 人以上，与上面的那种分法有区别吗？

（5）根据具体情况恰当使用开口组。

在编制组距式数列时，如果在全部标志值中出现少数特别大或者特别小的数值，为了不使组数过多或组距不必要的扩大，可将首末两组用"……以上"和"……以下"的方式表示，这是开口组的表示法。其中"……以上"称为向上开口，它只有下限而缺少上限，"……以下"称为向下开口，它只有上限而缺少下限。

开口组由于缺少一个组限，所以无法计算组距，但可以借助于相邻组的组距来计算组中值：

所谓组中值，是各组上下限之间的中点数值，用来代表各组标志值的一般水平。组中值并不是各组标志值的平均数，各组标志数的平均数在统计分组后很难计算出来，就常以组中值近似代替。组中值仅存在于组距式数列中，单项式数列中不存在组中值。对于一般的组来说，可以按照下面的公式来计算组中值：

$$组中值 = \frac{上限 + 下限}{2}$$

对于开口组来说，可以参照相邻组的组距来计算其组中值，公式如下：

$$向上开口组的组中值 = 下限 + 邻组组距 \div 2$$
$$向下开口组的组中值 = 上限 - 邻组组距 \div 2$$

值得注意的是，对于向下开口组来说，如果按上述公式计算出来的结果不合理，应分析该组理论上最合理的下限，按照一般组方法来计算其组中值。

（五）汇总频数和频率、编制数列

在进行频数汇总时，要遵循"不重复、不遗漏"的基本原则。不重复是指每个数据只能被归入唯一的一组,不能模棱两可或归属不定;不遗漏是指不允许任何数据被遗漏在外。最后汇总出来的总频数一定要与原始资料中的总体单位总数进行核对,两者要相一致,同时总频率一定要等于1(或者100%)。关于频数的具体汇总方法,将在任务六中介绍。

在编制数列时,要注意统计图表形式上的规范性和完整性。

四、次数分布的主要类型

由于社会经济现象性质的不同,各种统计总体都有不同的次数分布,形成各种不同类型的分布特征。概括起来,各种不同性质的社会现象的次数分布主要有三种类型:钟型分布、U型分布和J型分布。借助于统计图中的曲线图,我们可以很方便地分析这三种类型的次数分布的特征。

(一) 钟型分布

钟型分布的特征是"两头小,中间大",即靠近中间的变量值分布的次数多,靠近两边的变量值分布的次数少,其曲线图宛如一口古钟。钟型分布可分为对称分布和偏态分布,偏态分布又有左偏型和右偏型两种,如图3.5-1、图3.5-2和图3.5-3所示。

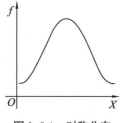
图3.5-1 对称分布

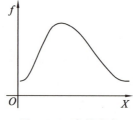
图3.5-2 右偏分布

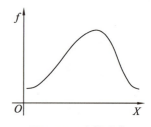
图3.5-3 左偏分布

其中,对称分布的特征是中间变量值分布的次数最多,以标志变量中心为对称轴,两侧变量值分布的次数随着与中间变量值距离的增大而渐次减少,并且围绕中心变量值两侧呈对称分布,这种分布在统计学中称为正态分布。社会经济现象中许多变量分布属于正态分布类型,如农作物的单位面积产量、工业产品的物理化学质量指标(如零件公差的分布等)、商品市场价格,等等。

(二) U型分布

U型分布的特征与钟型分布恰恰相反,靠近中间的变量值分布的次数少,靠近两端的变量值分布的次数多,形成"两头大,中间小"的U型分布,如人口死亡现象按年龄分布、机器设备磨损现象按使用时间分布就表现为U型分布。其曲线图如图3.5-4所示。

(三) J型分布

在社会经济现象中,也有一些统计总体分布曲线呈J型。图3.5-5是正J分布,其特征是次数随变量值的增大而增多,如投资按利润率大小的分布。图3.5-6是反J分布,其特征是次数随变量值的增大而减少,如人口总体按年龄大小的分布。

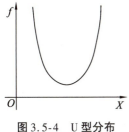 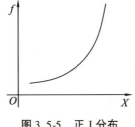 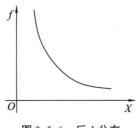

图 3.5-4　U 型分布　　　　图 3.5-5　正 J 分布　　　　图 3.5-6　反 J 分布

任务实施

1. 明确分组标志的性质和分组方法。

■ 实施过程：

（1）该任务中，对学生应按"考试成绩"进行分组，该分组标志属于连续型变量。

（2）按连续型变量进行分组，通常情况下应采用组距式分组的方法，即将变量的取值范围划分成若干个区间，每一个区间单独地作为一组，分成几个区间，就将总体分成几组。

2. 确定全距、组距、组数和组限。

■ 实施过程：

（1）将 40 个变量值由小到大列成表格形式，如表 3.5-5 所示。

表 3.5-5　　　　　　　　　某班统计学考试成绩表

考分	人数	考分	人数	考分	人数	考分	人数
56	1	72	1	82	2	92	1
59	1	73	1	83	1	93	1
60	2	74	1	84	2	94	1
63	1	76	1	85	1	95	1
65	2	77	2	86	1	97	1
66	1	78	1	87	1	98	1
67	1	79	3	88	1	99	2
70	1	81	1	89	2	合　计	40

由表 3.5-5 可以看出变量值的变动范围为 56～99 分。

所以，该班学生考试成绩的全距 = 99 - 56 = 43（分）。

（2）通常学生成绩定性分为优秀、良好、中等、及格和不及格，其分数段分别为 90～100，80～90，70～80，60～70，60 以下。本次测验学生的成绩也都在这些数据范围内，所以考虑取组距为 10，组数为 5。

组限的处理上，由于"考试成绩"属于连续型变量，所以应采用重叠组限，最大组的上限定为 100，最小组的下限定为 50，取较整的数作为组限也是为了方便以后进行平均指标和变异指标计算的方便。

3. 有必要使用开口组吗？什么样的情况下应考虑使用开口组呢？

■ 实施过程：

从本次任务的数据分布来看,可以不采用开口组的形式。但如果出现少数几个特别低的分数,比如10分,20分,如果不采用开口组的话,则在所分的组里会多出好几个组,40~50,30~40,20~30,10~20,而且这些组里要么只有少数的几个单位,要么没有单位,这样不利于反映总体的分布特征,所以在这种情况下,应该考虑采用开口组。

4. 编制出完整的分配数列,并对全班同学成绩的分布情况进行简单的分析。

■ 实施过程：

最后结果如表3.5-6所示。

表3.5-6　　　　　　　　某班统计学考试成绩分组情况表

按成绩分组/分	学生数/人	比重/%
50~60	2	5.00
60~70	7	17.50
70~80	11	27.50
80~90	12	30.00
90~100	8	20.00
合　计	40	100.00

从分配数列来看,这次考试全班同学成绩的分布呈现出"两头少,中间多"的态势,这是典型的钟型分布的特征。其中,80~90、70~80两个分数段的人数较多。

能力测试

分配数列的编制

精业公司第二车间同工种50名工人日产量(单位:件)如下：

```
 83  137  123  142   88  120  126  108  123  163
138  101  110  125  151  105  118  138  101  125
158  127   86  116  121  142   82  132  146  118
113  136  117  103  114  131  108   87  119  127
105  115  126  125  110  141  135  107  117   93
```

要求：(1) 将上述资料用等距分组法分成四组；
(2) 将原始资料整理后编制成分配数列；
(3) 根据分配数列计算平均日产量。

课后阅读与思考

利用 Excel 函数生成分配数列

利用 FREQUENCY 函数生成分配数列

语法：FREQUENCY(数据源,分段点)。

结果：以分段点为间隔,统计数据源中所有数据在各段出现的频数。

说明：a. 分段点必须设置为每个数据区域中最大的数值(重叠组限的情况下应设置为该区域的实际上限);

b. 最后一组(最大组)可不设置分段点,系统会自动查找比最后一个分段点大的数据的个数作为返回数组中的最后一个元素,所以返回数组中的元素个数比分段点的个数要多一个;

c. 使用 FREQUENCY 函数构造的公式属于数组公式,所以必须使用 Ctrl + Shift + Enter 三键结束公式的输入。

具体操作步骤如下：

(1) 新建"项目三.xls"工作簿,建立"考试成绩"工作表,并在 A1:B11 区域输入原始数据作为数据源,如图 3.5-7 所示。

图 3.5-7 输入原始数据

(2) 在单元格 C1 中输入"按成绩分组(分)",在单元格 D1 中输入"分段点",在单元格 E1 中输入"各组学生人数(人)"。

(3) 在 C2:C6 区域中依次输入"50 分以下""50～60""60～70""70～80""80 分以上"

作为分组结果,在 D2:D5 区域中依次输入相应组的实际上限(即各组的最高分)"49""59""69""79",这些数值会作为数据的分段点在函数中使用。完成后的效果图如图 3.5-8 所示。

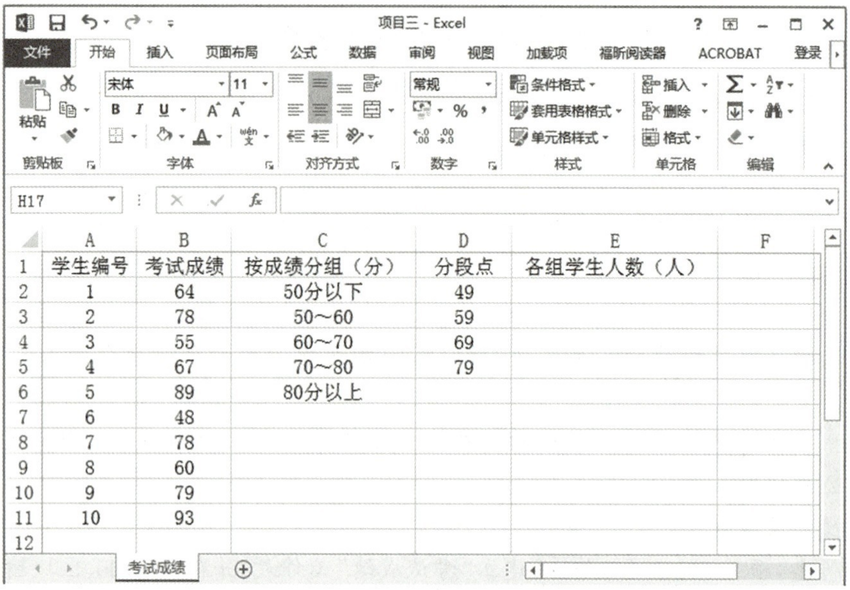

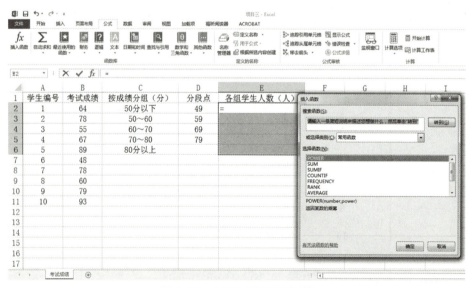

图 3.5-8　输入分配数列的标题、分组情况和分段点

(4)选中 E2:E6 区域,然后选择"公式"菜单栏中的"插入函数"按钮,或者单击编辑栏左侧的"插入函数"工具按钮,弹出"插入函数"对话框,如图 3.5-9 所示。

图 3.5-9　"插入函数"对话框

(5)在"选择类别"下拉列表中选择"统计"选项,然后在"选择函数"列表框中选择 FREQUENCY 函数,如图 3.5-10 所示,单击"确定"按钮,此时会弹出"函数参数"对话框,如图 3.5-11 所示。

图 3.5-10　在"插入函数"对话框中选择函数

（6）在 Data_array 文本框中输入"B2：B11"，在 Bins_array 文本框中输入"D2：D5"，如图 3.5-11 所示。或者也可使用文本框右侧的"单元格选取工具"选取目标区域。

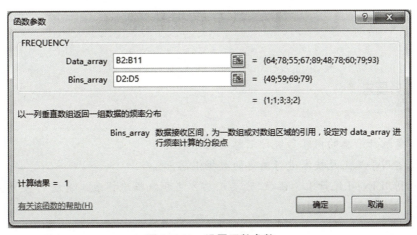

图 3.5-11　设置函数参数

（7）由于频数分布是数组操作，所以，此处不能直接单击"确定"按钮结束，而应先按住 Ctrl + Shift 组合键再点击"确定"按钮（或者按 Ctrl + Shift + Enter 三键完成公式的输入），得到结果如图 3.5-12 所示。

图 3.5-12　最终效果图

思　考　还记得项目一中《小明奶奶的抱怨》吗？现在我们已经学完了分配数列的编制，下面就让我们动起手来，利用学过的 Excel 函数，试着把表 1.1-6 中的那些长长的数据整理一下，相信聪明的你一定能让奶奶看个明明白白的。

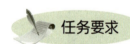

任务六　数据汇总

任务要求

1. 知悉统计汇总的内容和统计汇总的组织形式。
2. 能运用手工汇总技术进行简单的数据汇总。
3. 能利用 Excel 统计汇总函数、分类汇总方法和数据透视表工具进行较复杂的数据汇总。

任务引入

期中考试后，老师又给小华一份成绩单，原来这是一份总成绩单，上面记载着这次期中考试班上 40 名同学每门课程的成绩，表 3.6-1 为成绩单的一部分。

表3.6-1　　　　　　　　　　班级期中考试成绩单(部分)

学号	姓名	语文	数学	英语	物理	化学	生物	总分
1	李云飞	85	82	68	78	88	73	
2	侯成烨	74	93	86	52	72	62	
3	陶 蕾	88	93	92	85	61	82	
4	袁跃婷	60	73	82	92	62	80	

但是总分栏里却是空着的。老师给了小华两个任务：
（1）汇总每位同学的总分；
（2）汇总每门课程不及格的人数、每位同学不及格的门次。

任务描述

1. 指出每项任务里汇总内容的性质。
2. 针对汇总内容，选择最适宜的手工汇总方法。

相关知识

从完整的统计整理来讲，统计分组仅完成了整理工作的一部分。在分组的基础上，还要进行大量的汇总工作，即把总体单位各个方面的标志表现综合为指标。统计汇总是指在统计分组的基础上，把总体单位各方面的标志表现分别进行综合和加总，最终得到统计指标的过程。

汇总不是一项轻松的工作，尤其是大规模的统计调查，汇总是一项非常繁重的任务。所以，我们常把汇总看作统计整理的中心内容。

一、统计汇总的内容

统计汇总的内容可以概括为两个方面。

（一）总体单位总量方面的汇总

总体单位总量方面的汇总，也叫次数、频数的汇总，即汇总各组和总体的单位总数。这一内容的汇总结果，就是总体单位总数。它是研究总体在分组标志上的一般分布状况的直接依据和基础，也是进一步深入分析的重要依据。在许多标志上的分析，都是以它做权数的。

（二）总体标志总量的汇总

绝对数标志值的汇总即绝对数或总量形式的标志值在各组的加总，最终合计为总体标志总量。

二、统计汇总的组织形式

统计汇总的组织形式也称纵向汇总方式,是指按一定的统计管理体制,将统计资料自下而上进行汇总的方式。

常用的统计汇总组织形式有逐级汇总、集中汇总和综合汇总。

(一) 逐级汇总

逐级汇总是按照一定的统计管理体制,将统计调查资料自下而上逐级汇总并逐级上报,直至最高机构的汇总形式。我国现行的统计报表制度主要采用这种汇总形式,一些专门调查也常采用这种形式。

(二) 集中汇总

集中汇总是指将统计调查资料直接集中到组织统计调查的最高机构或某一级的统计机构统一汇总。集中汇总可分为越级汇总和超级汇总。

越级汇总是指在自下而上的汇总过程中,越过一定中间层次而进行的汇总,介于逐级汇总和超级汇总之间。

超级汇总是在自下而上的汇总过程中,越过一切中间层次,将统计调查资料由基层直接上报到组织统计调查的最高机构统一汇总。

(三) 综合汇总

综合汇总是将逐级与超级汇总两种形式结合使用的方式,即将各级所需要的最基本的统计指标实行逐级汇总,同时又将全部原始资料集中到最高机构超级汇总。

我国人口普查资料的汇总曾采用这种组织形式。

三、统计汇总技术

统计汇总技术包括手工汇总技术与计算机汇总技术。

(一) 手工汇总技术

1. 划记法

划记法是在预先设计好的汇总表上划点或划线为记号的汇总方法,它适用于对总体单位数的汇总。汇总时,看总体单位属于哪一组,就在汇总表上相应组内划上一个点或一条线,最后,计算各组内的点或线的数目,便得到各组单位数。

常用的点线符号有"正""册"等。划记法手续简便,但只能汇总总体单位数,不能汇总标志值,划线太多,容易错漏,所以划记法一般在总体单位不多且只要求汇总单位数、不要求汇总标志值时才用。

2. 过录法

过录法是先将调查资料过录到预先设计的汇总表上,然后计算加总,得出各组和总体的单位和标志值的合计数,最后填入统计表。

过录法既可汇总单位数,又可汇总标志值,而且便于校对和计算。但过录工作花费时间较多,过录项目一多,也容易发生失误。因此,在总体单位不多,分组简单的情况下,采用过录法比较适宜。

3. 折叠法

折叠法是把调查表所要汇总的同一项目的数值折叠,在一条线上进行汇总,并将汇总的结果直接填入统计表。

这种方法适用于对标志值的汇总,简单易行,也不需设计汇总表,故广为采用。缺点是在汇总中发现错误,就要从头返工,无法从汇总过程中查明差错的原因。

4. 传票法

传票法也称分票法,是将调查表或报表按照汇总项目的要求进行分类,同一类中的调查表或报表在内容结构、形式、大小上要保持一致,然后将各类调查表或报表按顺序摞好、碰齐、装订或夹住,对调查表或报表中相同位置的标志值,按页"边翻边累加",算出标志总量,登入汇总表内的汇总方法。

传票法是基层单位最常用的一种汇总方法,主要适用于汇总标志值,也可汇总单位数,清点每类调查表或报表的份数或页数。其优点是简便灵活,但在表格大、指标多的情况下,易出差错,若发生差错,需按分类查对。

5. 卡片法

卡片法是利用特制的摘录卡片作为分组计数工具的汇总方法。

在调查资料多、分组细的情况下,采用卡片法进行汇总,比划记法准确,比过录法和折叠法简便,可以保证汇总质量和提高时效性。但是,如果调查资料不多,采用卡片法就很不经济。因此,卡片法一般在整理大规模专门调查材料时应用。

(二)计算机汇总技术

利用现代电子计算技术进行汇总和计算工作,是统计汇总技术的新发展,也是统计现代化的重要标志。

运用电子计算机汇总,大致分为以下几个步骤:

1. 编程序

计算机进行汇总和计算的过程就是执行一条条指令(即程序)的过程。汇总需要进行哪些分组,需要计算哪些指标,编印什么表式,均要根据任务和要求编写计算机可执行的目标程序。

2. 编码

汇总的信息有数字信息和文字信息两种,编码是将文字信息转化为数字信息的过程。比如给需要进行的分组和指标名称编一套适当的号码。

3. 数据录入

数据录入就是将经过编码后的数据和实际数字由录入人员通过录入设备记载到存储介质上。

4. 数据编辑

数据编辑就是按照事先规定的一套编辑规则由计算机对自动输入的数据进行检查。

5. 计算与编表

计算机根据事先编好的程序,对编辑检查订正后的数据进行计算和制表,得出所需的各种统计表。

四、利用"分类汇总"进行数据汇总

Excel 可自动计算列表中的分类汇总和总计值。当插入自动分类汇总时,Excel 将分级显示列表,以便为每个分类汇总显示和隐藏明细数据行。

若对数据进行分类汇总,首先要对列表进行排序,以便将需要进行分类汇总的行组合到一起,然后为包含数字的列计算分类汇总。

下面以表 3.6-2 的资料为例介绍 Excel 中分类汇总的操作步骤。

表 3.6-2　　　　　　　　　　　某企业部分员工信息表

姓名	性别	年龄/岁	部门	工资/元
王芳	女	24	企划部	2 600
周虎	男	38	采购部	3 600
杭昱凡	男	25	科研部	4 200
赵丽莉	女	19	销售部	2 300
熊小戈	男	50	财务部	3 500
陈菲	女	29	财务部	2 700
金培新	男	20	采购部	2 100
薛霞	女	31	销售部	3 000
龙丹尼	女	41	企划部	4 000

任务:按"部门"汇总员工工资。

(1) 鼠标单击表格内"部门"列的任一单元格,再单击"数据"菜单栏中的"升序排列"按钮，按"部门"对数据进行排序,排序后的结果如图 3.6-1 所示。

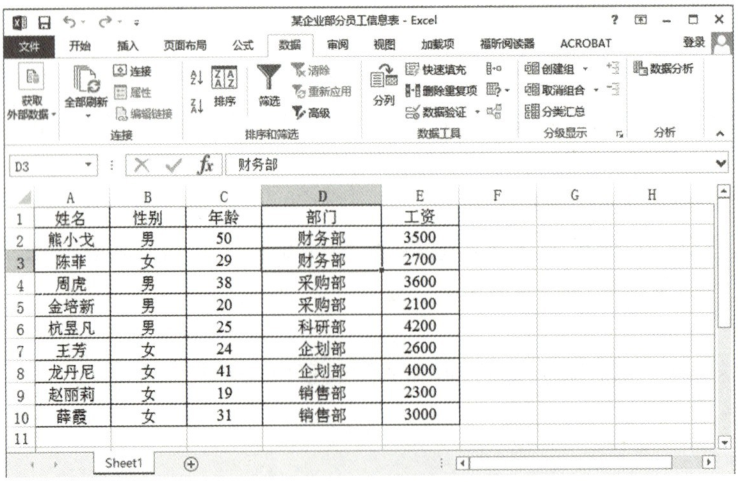

图 3.6-1　按"部门"排序后效果图

（2）选择"数据"菜单中的"分类汇总"命令，打开"分类汇总"对话框。

（3）在"分类汇总"对话框中，选择"部门"为分类字段，汇总方式选择"求和"选项，在"选定汇总项"中选中"工资"复选框，如图 3.6-2 所示。

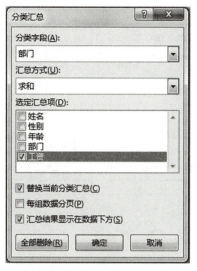

图 3.6-2　"分类汇总"对话框

（4）单击"确定"按钮，得到如图 3.6-3 所示的结果。

	A	B	C	D	E
1	姓名	性别	年龄	部门	工资
2	熊小戈	男	50	财务部	3500
3	陈菲	女	29	财务部	2700
4				财务部 汇总	6200
5	周虎	男	38	采购部	3600
6	金培新	男	20	采购部	2100
7				采购部 汇总	5700
8	杭昱凡	男	25	科研部	4200
9				科研部 汇总	4200
10	王芳	女	24	企划部	2600
11	龙丹尼	女	41	企划部	4000
12				企划部 汇总	6600
13	赵丽莉	女	19	销售部	2300
14	薛霞	女	31	销售部	3000
15				销售部 汇总	5300
16				总计	28000

图 3.6-3　按"部门"分类汇总效果图

（5）单击分级显示符号 1 2 3、— 和 + 可创建汇总报表。这样可以隐藏明细数据，而只显示汇总，如单击按钮 2 可得到如图 3.6-4 所示的结果。

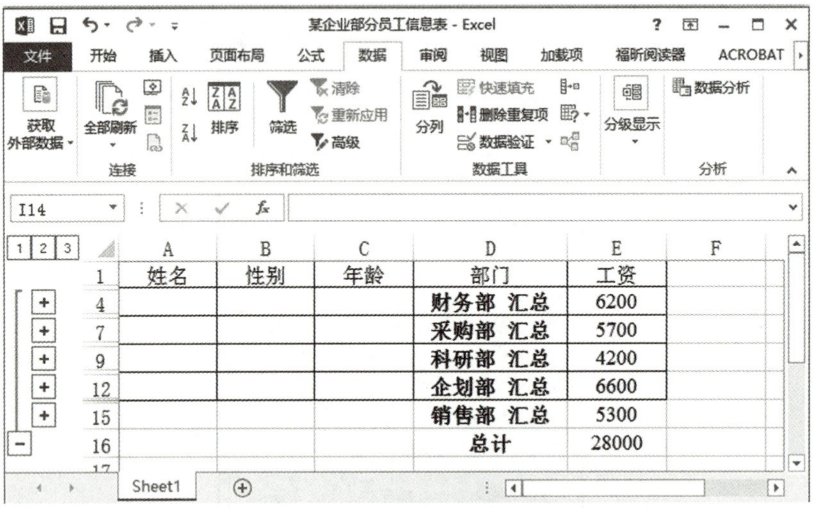

图 3.6-4　汇总结果分级显示效果图

（6）可以将上述结果创建一个图表，该图表仅使用了包含分类汇总的列表中的可见数据，如图 3.6-5 所示。

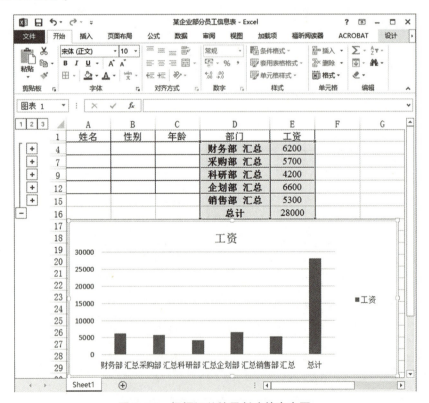

图 3.6-5　根据汇总结果创建的直方图

分类汇总中的汇总方式有求和、计数、平均值、最大值、最小值、乘积、数值计数、标准差、方差,可通过在第 3 步选定不同的汇总方式来进行不同的分类汇总。

如果要取消分类汇总,可单击分类汇总的任一单元格,选择"数据"菜单中的"分类汇总"命令,调出如图 3.6-2 所示的对话框,选择"全部删除"命令即可取消分类汇总操作结果。

五、利用数据透视表进行数据汇总

数据透视表是交叉式报表,可快速合并和比较大量数据。可旋转其行和列以看到源数据的不同汇总结果,而且可显示感兴趣区域的明细数据。如果要分析相关的汇总值,尤其是要合计较大的列表并对每个数字进行多种比较时,可以使用数据透视表。数据透视表是交互式的,因此,可以更改数据的视图以查看更多明细数据或计算不同的汇总额,如合计数或平均值。

下面仍以表 3.6-2 的资料为例介绍 Excel 数据透视表的入门级用法。

任务:按"部门"汇总员工的平均工资。

(1)点击菜单中的"插入",这里有两个地方可以调出"数据透视表"选项:第一个是左上角的"数据透视表"按钮;第二个是靠中间位置有一个图形图标的"数据透视图",里面有"数据透视图和数据透视表"。一般不涉及做透视图的话,可点击左上角的那个"数据透视表"按钮,如图 3.6-6 所示。

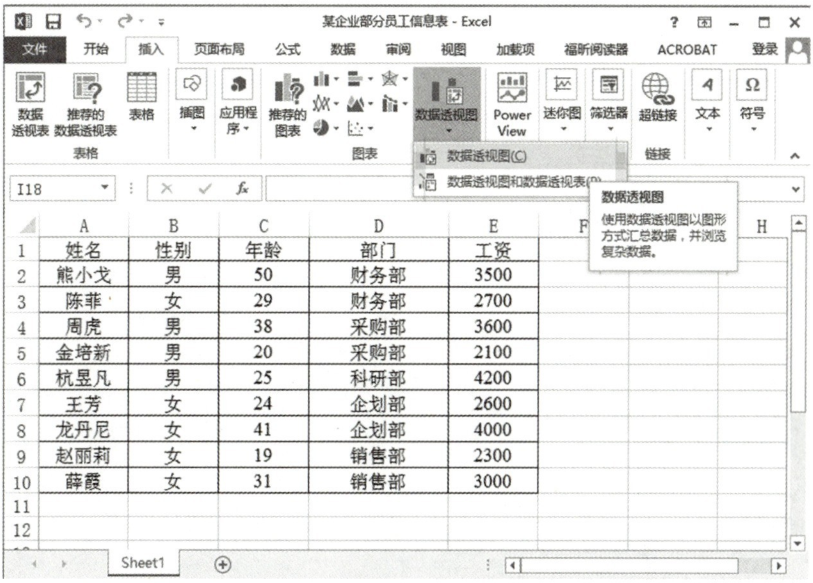

图 3.6-6 数据透视表的调用

(2)在弹出的"创建数据透视表"对话框中,确定你要分析的数据源区域、放置数据透视表的位置等,选择好以后点确认。本例在新工作表生成数据透视表,如图 3.6-7 所示。

图 3.6-7 "创建数据透视表"对话框

（3）设置好后,在"创建数据透视表"对话框中点击"确定",即在新工作表中生成了一个数据透视表,如图 3.6-8 所示。

图 3.6-8　新工作表中生成的数据透视表雏形

（4）大家可以看到上图右侧弹出的就是数据透视表工具栏,显示了源数据表头的各个字段,这个时候就可以往右下角区域拖拽字段进行透视展现。把"部门"拖到"行"区域,把"工资"拖到"值"区域,这样一个基于部门统计工资总和的透视表就生成了,如图 3.6-9 所示。

图 3.6-9　拖放字段后生成的数据透视表

（5）点击"数据透视表工具"中"分析"菜单栏中的"数据透视图"按钮，可插入与此数据透视表中的数据绑定的数据透视图，如图 3.6-10 所示。

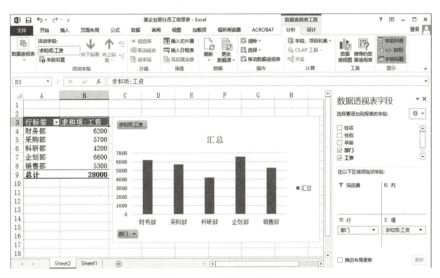

图 3.6-10　数据透视图

 **任务实施**

1. 指出每项任务里汇总内容的性质。
   ■ 实施过程：
   任务(1)要求汇总每位同学的总分,属于总体标志总量的汇总。
   任务(2)要求汇总每门课程的不及格人数和每位同学的不及格门次,属于总体单位总量的汇总。

2. 针对汇总内容,选择最适宜的手工汇总方法。
   ■ 实施过程：
   任务(1)可采用折叠法,将每位同学所有课程的成绩折叠在一条水平线上,再进行汇总,汇总结果直接填入该水平线的总分栏。
   任务(2)可折叠之后再采用划记法。

 能力测试

老师交给庄之桦同学一个任务:按部门对表3.6-3中的数据记录进行分类汇总,计算数据的合计数,请你利用Excel工具进行操作。

表3.6-3　　　　　　　　　　公司业务知识考试成绩

姓名	部门	会计技能	计算机操作	总成绩	实务操作	总　分
谢经文	财务科	86.00	88.00	174.00	18.20	192.20
安晓侠	财务科	83.00	85.00	168.00	19.53	187.53
翟　欢	销售科	86.00	84.00	170.00	17.10	187.10
杨秀杰	销售科	88.00	64.00	152.00	19.38	171.38
王洪伟	医务室	89.00	79.00	168.00	15.90	183.90
李乾铭	后勤科	81.00	78.00	159.00	12.88	171.88
任　霞	财务科	72.00	91.00	163.00	18.12	181.12
张晋波	供应科	85.00	72.00	157.00	16.95	173.95
王洁敏	销售科	88.00	77.00	165.00	13.89	178.89
宋　伟	财务科	85.00	88.00	173.00	19.50	192.50
张　玲	生产科	90.00	89.00	179.00	17.39	196.39
范海辉	仓　库	84.00	92.00	176.00	15.63	191.63
李　红	食　堂	88.00	86.00	174.00	18.27	192.27
徐　波	财务科	91.00	85.00	176.00	14.98	190.98
孙　静	财务科	93.00	78.00	171.00	19.02	190.02

续表

姓 名	部 门	会计技能	计算机操作	总成绩	实务操作	总 分
郭红梅	后勤科	89.00	84.00	173.00	18.59	191.59
王淑敏	销售科	89.00	84.00	173.00	13.78	186.78
李丽岩	一车间	88.00	84.00	172.00	16.20	188.20
高 娃	供应科	91.00	86.00	177.00	12.30	189.30
李双艳	生产科	93.00	91.00	184.00	15.32	199.32
李金玲	后勤科	87.00	85.00	74.00	11.80	85.80
王 莹	财务科	71.00	74.00	79.00	17.72	96.72
禹立娟	供应科	91.00	75.00	76.00	19.30	95.30
昝会霞	销售科	79.00	89.00	81.00	19.52	100.52
王中艳	财务科	91.00	87.00	81.00	17.83	98.83
尤立友	生产科	89.00	86.00	70.00	14.92	84.92
陈基伟	后勤科	89.00	81.00	77.00	18.32	95.32
姜桂英	销售科	75.00	84.00	68.00	14.29	82.29
谢大顺	一车间	60.00	71.00	71.00	19.00	90.00
张晓英	供应科	71.00	72.00	69.00	15.68	84.68
陈忠博	生产科	71.00	84.00	63.00	18.49	81.49

课后阅读与思考

利用 Excel 函数来完成数据汇总

某企业部分员工资料如表 3.6-2 所示。

(1) 新建"数据汇总"工作簿,将工作簿内第一张工作表更名为"员工信息"。

(2) 将资料中的数据输入到"员工信息"工作表 A1:E10 单元格区域内。

(3) 练习求和函数 SUM 的使用。

SUM 函数的功能:计算单元格区域中所有数值的和。

SUM 函数的语法格式:SUM(number1,[number2],…)

参数说明:number1,[number2],…:表示 1 到 255 个待求和的数值。单元格中的逻辑值和文本将被忽略,但作为参数键入时,逻辑值和文本有效。

任务①:汇总所有员工的工资总额。

操作:在 G1 单元格内输入"工资总额(元)",在 H1 单元格内输入
" =SUM(E2:E10)",按回车键。

(4) 练习条件求和函数 SUMIF 的使用。

SUMIF 函数的功能:对满足条件的单元格求和。

SUMIF 函数的语法格式:SUMIF(range,criteria,[sum_range])

参数说明：range 表示要进行计算的单元格区域。criteria 表示以数字、表达式或文本形式定义的条件。sum_range 表示用于求和计算的实际单元格，如果省略，将使用区域中的单元格。

任务②：汇总所有男性员工的工资总额。

操作：在 G2 单元格内输入"男性员工的工资总额（元）"，在 H2 单元格内输入"=SUMIF(B1:B10,"男",E1:E10)"，按回车键。

任务③：汇总所有年龄等于 50 岁的员工的工资总额。

操作：在 G3 单元格内输入"年龄等于 50 岁的员工的工资总额（元）"，在 H3 单元格内输入"=SUMIF(C1:C10,50,E1:E10)"，按回车键。

任务④：汇总所有年龄小于 40 岁的员工的工资总额。

操作：在 G4 单元格内输入"年龄小于 40 岁的员工的工资总额（元）"，在 H4 单元格内输入"=SUMIF(C1:C10,"<40",E1:E10)"，按回车键。

任务⑤：汇总所有非企划部员工的工资总额。

操作：在 G5 单元格内输入"所有非企划部员工的工资总额（元）"，在 H5 单元格内输入"=SUMIF(D1:D10,"<>企划部",E1:E10)"，按回车键。

任务⑥：汇总所有工资不低于 3 200 元的员工的工资总额。

操作：在 G6 单元格内输入"所有工资不低于 3 200 元的员工的工资总额（元）"，在 H6 单元格内输入"=SUMIF(E1:E10,">=3200")"，按回车键。

（5）练习条件计数函数 COUNTIF 的使用。

COUNTIF 函数的功能：计算某个区域中满足给定条件的单元格数目。

COUNTIF 函数的语法格式：COUNTIF(range,criteria)

参数说明：range 表示要计算其中非空单元格数目的区域。criteria 表示以数字、表达式或文本形式定义的条件。

任务⑦：汇总企划部的员工数。

操作：在 G7 单元格内输入"企划部员工数"，在 H7 单元格内输入"=COUNTIF(D1:D10,"企划部")"，按回车键。

任务⑧：汇总男性员工总数。

操作：在 G8 单元格内输入"男性员工总数"，在 H8 单元格内输入"=COUNTIF(B1:B10,"男")"，按回车键。

任务⑨：汇总年龄大于 26 岁的员工数。

操作：在 G9 单元格内输入"年龄大于 26 岁的员工数"，在 H9 单元格内输入"=COUNTIF(C1:C10,">26")"，按回车键。

任务⑩：汇总年龄大于 26 岁但小于 30 岁的员工数。

操作：在 G10 单元格内输入"年龄大于 26 岁但小于 30 岁的员工数"，在 H10 单元格内输入"=COUNTIF(C1:C10,">26")−COUNTIF(C1:C10,">=30")"，按回车键。

任务⑪：汇总男性员工的平均工资。

操作：在 G11 单元格内输入"男性员工的平均工资（元）"，在 H11 单元格内输入"=SUMIF(B1:B10,"男",E1:E10)/COUNTIF(B1:B10,"男")"，按回车键。

最终结果如图 3.6-11 所示。

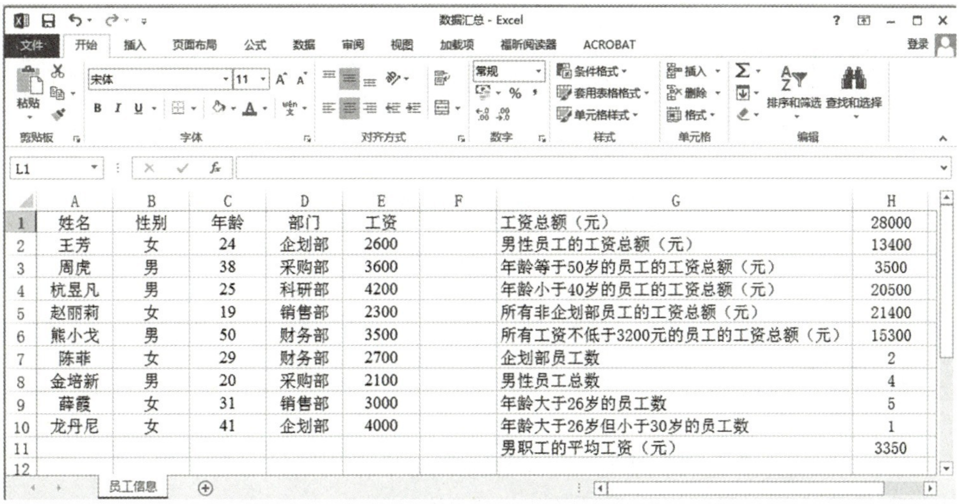

图 3.6-11 最终结果图

思　考　搜集全班同学的性别、年龄、月零花钱三项资料,利用 Excel 函数按性别汇总月度零花钱。

统计活动——扫码学习

统计整理技术

项目四

统计描述技术

学习目标

1. 认知和熟悉各种统计表的结构和类型,能根据现象的实际情况,遵循科学、实用、简明、美观的原则设计出体现现象总体特性的统计表。
2. 了解统计图的构成,认知各种统计图的类型,掌握几种常用的统计图形的画法,能根据不同现象总体的数量特性选取恰当的统计图形反映现象的统计资料。
3. 掌握在计算机中利用 Word 或 Excel 软件制作统计表和统计图的技术。

任务一 认知统计表

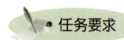任务要求

1. 认知统计表的概念与结构。
2. 了解统计表的种类。

任务引入

如何认识统计表和设计统计表

上网聊天、玩游戏是目前大学生最时髦的事情。某学院学生工作处通过问卷调查到 100 名学生上网时间的情况,结果如下:每天一次性上网时间在 1 小时以下的有 30 人,在 1~2 小时的有 25 人,在 2~3 小时的有 20 人,在 3~4 小时的有 15 人,在 4 小时以上的有 10 人。现如何用统计表把这些原始资料显示出来?

任务描述

1. 什么是统计表？统计表由哪些部分组成？
2. 用统计表的形式列出上述资料中出现的所有数据。

 相关知识

一、统计表的概念与结构

（一）统计表的概念

统计表是以表格来表现统计数据资料的一种形式。经过统计整理将大量的统计资料通过表格的形式系统地表现出来，这种表格就是统计表。广义的统计表应包括统计调查、统计整理和统计分析等统计工作各阶段中所使用的一切表格。统计表的特点是简明扼要，在实际工作中，利用统计表可以从各方面进行比较、分析和研究社会现象的数量表现。

统计表能使统计资料表现为条理化、系统化、标准化，不但使人们阅读时一目了然，更重要的是能够合理地、科学地组织统计资料，便于对比分析，以研究现象的规模、速度和比例关系等，为国家的宏观与微观的决策、计划提供数据依据。

（二）统计表的结构

统计表的结构，可以从形式和内容两个方面来认识，如表 4.1-1 所示。

表 4.1-1　某学院会计 061 班基础会计成绩分组表

按成绩分组/分		学生数/人	比重/%
横行标题	60 以下	3	6
	60～70	8	16
	70～80	23	46
	80～90	11	22
	90 以上	5	10
	合计	50	100

1. 从形式上看

从形式上看，统计表由总标题、横行标题、纵栏标题和数字资料四个部分组成。

（1）总标题是指统计表的名称，用以概括统计表中的全部内容，一般用简明扼要的文字写在表的上端居中。

(2) 横行标题是指统计表的横行的名称,用来表示各组的名称,代表统计表要说明的对象,一般写在表的左方。

(3) 纵栏标题是指统计表的纵栏的名称,用来表示各项统计指标,一般写在表的上方。

(4) 数字资料是指统计表中的指标数值,列在各横行标题和纵栏标题的交叉处。

2. 从内容上看

从内容上来看,统计表由主词和宾词两个部分组成。

(1) 主词是指统计表所要说明的总体及其组成部分,一般列在表的左半部分。

(2) 宾词是指用来说明总体数量特征的各个统计指标及其数值,一般列在表的右半部分。

此外,有些统计表在表下还增列补充资料、注释、资料来源、填表单位、填表人等附加内容。

二、统计表的种类

(一) 按统计表的作用不同,分为调查表、整理表和分析表

1. 调查表

调查表是在统计调查中用于登记、搜集原始资料的表格。

2. 整理表

整理表也称汇总表,是在统计整理或汇总中使用的表格和用于表现统计整理或汇总结果的表格。

3. 分析表

分析表是在统计分析中用于对整理所得的统计资料进行统计定量分析的表格。

(二) 按统计表的主词是否分组和分组的程度,分为简单表、简单分组表和复合分组表

1. 简单表

简单表是指统计总体未做任何分组的统计表,即统计表的主词仅罗列总体各单位的名称或按时间顺序排列的统计表,如表 4.1-2 所示。

表 4.1-2　　　　我国 2014—2021 年实现的国内生产总值

年　份	生产总值/亿元	年　份	生产总值/亿元
2014	636 463	2018	900 309
2015	676 708	2019	990 865
2016	744 127	2020	1 015 986
2017	827 122	2021	1 143 670

(资料来源:根据中国国家统计局年度统计公报整理)

2. 简单分组表

简单分组表是指统计总体仅按一个标志进行分组的统计表,即统计表的主词按某一个标志分组的统计表。利用简单分组表可以揭示不同现象的特征,说明现象内部的结构,分析现象之间的相互关系等,如表 4.1-3 所示。

表 4.1-3　　　　　　　　某学院会计 061 班 50 名学生性别构成表

按性别分组	学生人数/人	比重/%
男	12	24
女	38	76
合　计	50	100

3. 复合分组表

复合分组表是指统计总体按两个以上标志进行重叠分组的统计表,即统计表的主词按两个或两个以上标志分组呈现层叠排列的统计表。在一定分析任务下,复合分组表可以把更多的标志结合起来,更深入地分析现象的特征和规律性。复合分组表的分组层次一般不宜太多,否则,就显得复杂,使人难以看清,如表 4.1-4 所示。

表 4.1-4　　　　　　　某学院会计 061 班 50 名学生年龄、性别构成表

按年龄和性别分组	学生人数/人	比重/%
18 岁	18	36
男生	4	8
女生	14	28
19 岁	20	40
男生	5	10
女生	15	30
20 岁	12	24
男生	3	6
女生	9	18
合　计	50	100

注意:第二标志进行分组的组别名称要后退一、二字。

任务实施

1. 什么是统计表?统计表由哪些部分组成?

■ 实施过程:

(1) 统计表是以表格来表现统计数据资料的一种形式。经过统计整理将大量的统计资

料通过表格的形式系统地表现出来,这种表格就是统计表。

(2) 从形式上看,统计表由总标题、横行标题、纵栏标题和数字资料四个部分组成。从内容上来看,统计表由主词栏和宾词栏两个部分组成。

2. 用统计表的形式列出上述资料中出现的所有数据。

■ 实施过程:

(1) 首先写入总标题的内容:表 4.1-5 某学院 100 名学生上网时间统计表。

(2) 画一个 4 列 4 行的表格,然后依次填入横行标题、纵栏标题和数字资料,如表 4.1-5 所示。

表 4.1-5　　　　　　　　　某学院 100 名学生上网时间统计表

一次性上网时间/小时	人数/人	一次性上网时间/小时	人数/人
0～1	30	3～4	15
1～2	25	4 以上	10
2～3	20	合计	100

能力测试

表 4.1-6 为某校某年在校学生、性别构成表。

表 4.1-6　　　　　　　　某校某年在校学生专业、性别构成表

按专业和性别分组	学生人数/人
会计专业	100
男	30
女	70
计算机应用专业	250
男	180
女	70
电子商务专业	150
男	120
女	30
合　计	500

指出表 4.1-6 从形式和内容上由哪些部分组成,该表属于哪一种类型的统计表。

课后阅读与思考

表 4.1-7 为 2020 年各级各类学历教育学生情况统计表。

表 4.1-7　　2020 年各级各类学历教育学生情况统计

单位：人

	毕业生数	招生数	在校生数
一、高等教育			
（一）研究生	728 627	1 106 551	3 139 598
博士	66 176	116 047	466 549
硕士	662 451	990 504	2 673 049
（二）普通本专科	7 971 991	9 674 518	32 852 948
本科	4 205 097	4 431 154	18 257 460
专科	3 766 894	5 243 364	14 595 488
（三）成人本专科	2 469 562	3 637 630	7 772 942
本科	1 226 385	1 896 292	4 051 025
专科	1 243 177	1 741 338	3 721 917
（四）网络本专科生	2 722 497	2 779 128	8 464 464
本科	866 120	1 072 248	3 111 899
专科	1 856 377	1 706 880	5 352 565
二、中等教育	28 159 684	31 532 006	90 820 113
（一）高中阶段教育	12 753 535	15 211 042	41 630 230
1. 高中	7 904 823	8 764 435	24 996 545
普通高中	7 865 315	8 764 435	24 944 529
完全中学	2 402 204	2 653 613	7 583 547
高级中学	5 095 039	5 590 528	16 012 155
十二年一贯制学校	368 072	520 294	1 348 827
成人高中	39 508	—	52 016
2. 中等职业教育	4 848 712	6 446 607	16 633 685
普通中专	2 162 310	2 726 906	7 354 168
成人中专	430 267	535 320	1 126 747
职业高中	1 242 065	1 583 830	4 197 464
技工学校	1 014 070	1 600 551	3 955 306
（二）初中阶段教育	15 406 149	16 320 964	49 189 883
1. 初中	15 352 918	16 320 964	49 140 893
初级中学	10 630 682	10 892 448	33 196 223
九年一贯制学校	2 417 894	2 875 328	8 385 205
十二年一贯制学校	456 211	541 731	1 583 723
完全中学	1 847 224	2 010 847	5 973 572
职业初中	907	610	2170
2. 成人初中	53 231	—	48 990
三、初等教育	16 653 674	18 080 902	107 508 746

续表

	毕业生数	招生数	在校生数
（一）普通小学	16 403 201	18 080 902	107 253 532
小学	13 899 664	14 948 277	89 633 285
九年一贯制学校	1 955 019	2 083 092	12 554 065
十二年一贯制学校	257 463	259 976	1 589 249
（二）成人小学	250 473	—	255 214
其中：扫盲班	122 869	—	134 545
四、工读学校	4 031	3 036	6 012
五、特殊教育	121 411	149 046	880 800
六、学前教育	17 794 338	17 914 049	48 182 634

注：1. 九年一贯制学校、十二年一贯制学校和完全中学的学生数按教育层次分别计入对应教育阶段的学生数中；2. 特殊教育涵盖特殊教育学校、附设特教班、随班就读和送教上门等各类形式。

（资料来源：中华人民共和国教育部网，http://www.moe.gov.cn/jyb_sjzl/moe_560/2020/quanguo/202108/t20210831_556364.html）

1. 表4.1-7从形式和内容上由哪些部分组成？该表属于哪一种类型的统计表？

2. 通过该表，请你简要分析一下当年各级各类学历教育学生的情况。

任务二　编制统计表

1. 掌握统计表的设计技巧。
2. 掌握用 Word 和 Excel 软件制作统计表的方法和步骤。

任务引入

如何绘制统计表

文峰大世界家电柜台2017年上半年销售额情况如下：彩电1—6月份分别为23 315 万元、35 124 万元、28 654 万元、35 614 万元、41 231 万元、45 215 万元，冰箱1—6月份分别为12 345 万元、16 845 万元、18 233 万元、19 241 万元、23 154 万元、28 624 万元，洗衣机1—6

月份分别为 11 324 万元、12 324 万元、15 336 万元、16 231 万元、14 268 万元、18 324 万元，空调机 1—6 月份分别为 13 455 万元，16 548 万元，16 234 万元，21 342 万元，25 312 万元，26 112 万元。如何绘制一张文峰大世界家电柜台 2017 年上半年销售额统计表？

任务描述

1. 如何用 Word 软件绘制一张文峰大世界家电柜台 2017 年上半年销售额统计表？
2. 如何用 Excel 软件绘制一张文峰大世界家电柜台 2017 年上半年销售额统计表？

相关知识

一、统计表的编制要求

统计表是显示、承载统计资料最广泛的形式。因此统计表的设计一般要遵循科学、简练、实用的原则。统计表的设计重点要突出，使人一目了然，便于分析和比较，这就要求设计统计表之前，要对列入表中的统计数据资料进行全面的分析，研究如何分组，如何设置指标，哪些指标放在主词栏，哪些指标放在宾词栏等，编制的具体要求如下：

（一）统计表的内容要科学

（1）统计表的内容应设计紧凑，重点突出，反映问题要一目了然，避免庞杂。

（2）统计表的标题应简明、确切。标题应概括表的基本内容以及资料所属的时间、地点。防止文字累赘和含糊不清。

（3）统计表的主词和宾词的排列顺序要正确反映出内容的逻辑关系，如先有计划，后有实际，之后才有计划完成程度。

（4）表中的计量单位要注明。当表中计量单位一致时，应将其写在表的右上角。需要分别注明计量单位时，可在横行标题的右侧专辟一栏，填写计量单位。纵栏计量单位可在纵栏标题的右边或下边用括号标出。

（二）统计表的形式要合理

（1）统计表的形式要美观，表的长宽比例要恰当；基线和表格线要清晰；表的上端和下端，应分别用粗体的上基线和下基线划出；表的左右两侧不封口；各纵栏间应用细垂直线分开，各横行间可不划线，但合计行与分行间应划线分开。

（2）统计表的栏次较多时，应加编号，主词栏用"甲""乙""丙"等文字标号。宾词栏用"（1）""（2）""（3）"等阿拉伯数字标号，为了说明各栏间的数字关系，还可以用"加""减""乘""除"标出各栏间数字运算关系式。

（3）各行需要合计时，合计数一般列在最后。各纵栏合计数一般列在最前面。

（4）在复合分组情况下，横行标题中次一级分组应在前一次分组的各组下，向右移一字或二字填写。纵栏标题中的次一级分组，应在前一次分组中的各栏中分列小栏填写，并在各小栏前加列小计栏。在分组后的各组不必一一列出时,只需在各组后注明"其中"字样,以示所列的是部分组别。

(三) 统计表的填写要规范

(1) 表头上的填报单位要求填写全称,不要省略或不填。上报的全部报表要分别填写,不可只填写第一张。

(2) 统计表的数字应填写工整、清楚,字码要整齐对位。表内某栏不可能有数字时,要划短实线"-"表示;表内某格免填时,用符号"×"表示。如果各行或各栏中有相同的数字,应全部填写,不可写上"同上""同左"等字样。

(3) 严格按表内要求的计量单位填写,不得随意采用其他计量单位。一般情况下,全国下达的报表制度所采用的计量单位只适用于省、自治区、直辖市一级。省、自治区、直辖市有关部门应根据当地实际情况确定所属地、县、乡等各级所采用的计量单位,但上报全国的统计表必须进行必要的调整,按要求的计量单位填写。

(4) 统计表的资料来源以及需要加以说明的事项,可以在表的下方加"附注"或"说明",以便查考。

(5) 填写完结审核无误后,制表人和主管负责人应签名并加盖本单位公章,以示负责。

二、统计表的编制方法和步骤

(一) 用 Word 软件编制统计表的方法和步骤

(1) 新建一个 Word 文档,在第一行输入统计表的表头内容,然后光标选定表头内容,从"开始"菜单中选择"居中"按钮,并在第二行输入统一的计量单位,点击"右对齐"按钮。

(2) 将光标移动至第三行,从"插入"菜单中,点击"表格"按钮,弹出"插入表格"对话框,输入所需要的列数与行数后,点击"确认"按钮。

(3) 在空白的表格里,输入纵栏标题、横行标题和各项数字资料,然后选定表格里所有的内容,从"开始"菜单中选择"居中"按钮。

(4) 打开"表格工具"菜单下方的"布局"选项,点击"橡皮擦"按钮,擦掉表格左右两侧边框,这样表的左右两侧不封口。然后用较粗的上基线和下基线画出表格的上下边框,最后完成保存。

(二) 用 Excel 软件编制统计表的方法和步骤

(1) 新建一个 Excel 工作表,光标定位在空白的工作表位置。

(2) 在工作表的单元格内分别输入统计表的表头和各项数据,根据内容的多少和字体的大小,拉动表格线从而调整单元格的行高、列宽。

(3) 选定统计表,从"开始"菜单中选择"边框"按钮,给统计表加上合适的边框。

任务实施

1. 如何用 Word 软件绘制一张文峰大世界家电柜台 2017 年上半年销售额统计表?

■ 实施过程:

(1) 新建一个 Word 文档,在第一行输入统计表的表头内容:"文峰大世界家电柜台 2017 年上半年销售额统计表",然后光标选定表头内容,从"开始"菜单中选择"居中"按钮。在第二行输入统一的计量单位:"单位:万元",点击"右对齐"按钮,如图 4.2-1 所示。

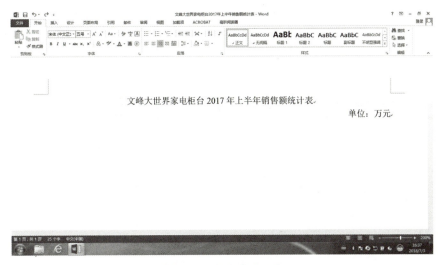

图 4.2-1　输入表头内容

(2) 将光标移动至第三行,在"插入"菜单中点击"表格"按钮,弹出"插入表格"窗口,输入列数"7"与行数"6"后,点击"确认"按钮,如图 4.2-2 所示。

图 4.2-2　设置表格行列

(3)在空白的表格里,输入纵栏标题、横行标题和各项数字资料,然后选定表格里所有的内容,从"开始"菜单栏中选择"居中"按钮,如图4.2-3所示。

图 4.2-3　输入表格内容

(4)打开"表格工具"菜单下方的"布局"选项,点击"橡皮擦"按钮,擦掉表格左右两侧边框,然后用较粗的上基线和下基线画出表格的上下边框,最后完成保存,如图4.2-4所示。

图 4.2-4　完整的 Word 统计表

2. 如何用 Excel 软件绘制一张文峰大世界家电柜台 2017 年上半年销售额统计表?

■ 实施过程:

(1)新建一个 Excel 工作表,光标定位在空白工作表的 A1 位置,如图 4.2-5 所示。

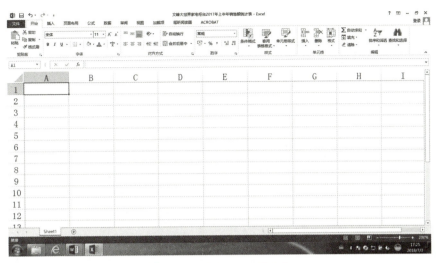

图 4.2-5　空白 Excel 工作表

（2）在工作表的 A1 单元格内输入统计表的表头内容："文峰大世界家电柜台 2017 年上半年销售额统计表",然后选定 A1:G1 单元格,点击"开始"菜单栏中"合并后居中"按钮,如图 4.2-6 所示。

图 4.2-6　A1：G1 单元格设置

（3）在工作表的 A2 单元格内输入"单位:万元",然后选定 A2:G2 单元格,点击"开始"菜单栏中"合并后居中"按钮,再点击"右对齐"按钮,如图 4.2-7 所示。

图 4.2-7　A2：G2 单元格设置

（4）在工作表的 A3：G7 单元格里，输入纵栏标题、横行标题和各项数字资料，合计栏 B8：G8 单元格数据可点击"开始"菜单栏中"∑ 自动求和"按钮算出，然后选定所有单元格里的内容，点击"开始"菜单栏中"居中"按钮，如图 4.2-8 所示。

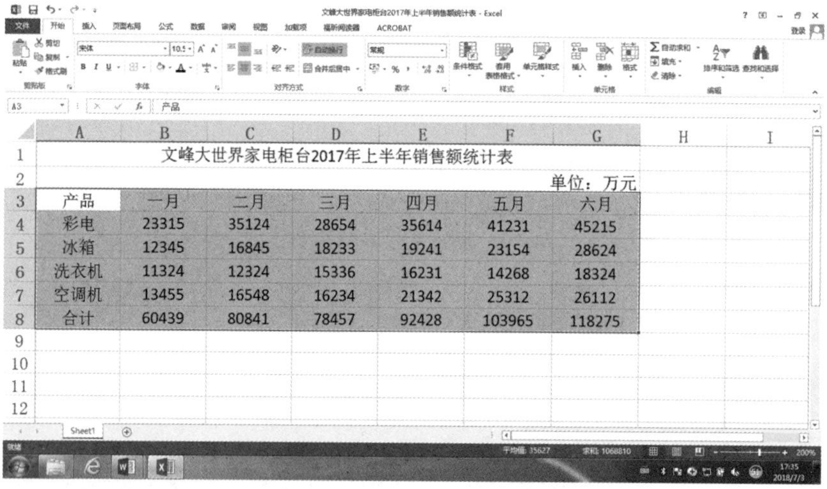

图 4.2-8　A3：G7 单元格设置

（5）根据内容的多少和字体的大小，拉动表格线从而调整单元格的行高、列宽，然后选定 A3：G8 单元格，点击"开始"菜单栏中"边框"按钮，给统计表加上合适的边框，最后完成保存，如图 4.2-9 所示。

图 4.2-9　完整的 Excel 统计表

　能力测试

华元科技有限公司 2017 年销售额资料如下：

类别	一季度	二季度	三季度	四季度	全年合计
微机	512 350	623 500	532 500	635 000	
服务器	312 500	283 500	359 000	382 500	
便携机	255 000	280 000	280 000	310 000	
工控机	85 000	105 000	95 300	98 500	
合计					

要求：分别用 Word 软件、Excel 软件绘制一张华元科技有限公司 2017 年销售额统计表。

　课后阅读与思考

表 4.2-1 为东方公司一季度汽车销售统计表。

表 4.2-1　　　　　　东方公司一季度汽车销售统计表

单位：万元

牌号	一月	二月	三月	季度合计	占总额百分比/%
富康	245	327	546	1 118	21.42
奥迪	325	446	657	1 428	27.36
桑塔纳	567	689	793	2 049	39.25
捷达	125	234	266	625	11.97
合　计	1 262	1 696	2 262	5 220	100.00

思　考　表 4.2-1 是如何绘制出来的？

任务三　认知统计图

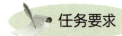

任务要求

1. 认知统计图的概念与结构。
2. 了解常用的统计图种类。

任务引入

如何认识统计图

表 4.3-1 为文峰大世界家电柜台 2017 年上半年销售额统计表。

表 4.3-1　　　　　文峰大世界家电柜台 2017 年上半年销售额统计表

单位:万元

产品	一月	二月	三月	四月	五月	六月
彩电	23 315	35 124	28 654	35 614	41 231	45 215
冰箱	12 345	16 845	18 233	19 241	23 154	28 624
洗衣机	11 324	12 324	15 336	16 231	14 268	18 324
空调机	13 455	16 548	16 234	21 342	25 312	26 112
合　计	60 439	80 841	78 457	92 428	103 965	118 275

根据表 4.3-1 绘制出文峰大世界家电柜台 2017 年上半年销售统计图,如图 4.3-1 所示。

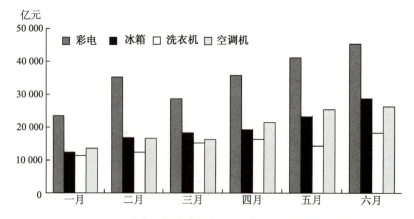

图 4.3-1　文峰大世界家电柜台 2017 年上半年销售统计图

从图 4.3-1 来看,统计图基本包括几部分？该统计图属于哪种图表类型？

任务描述

1. 什么是统计图？统计图由哪些部分组成？
2. 常用的统计图有哪几种？图 4.3-1 属于哪种图表类型？

相关知识

 一、统计图的结构

统计图是在统计表的基础上，用几何图形或具体形象来表述统计资料的一种表达方式。它可以简洁直观地表示统计表中枯燥的数据，可以帮助我们从众多的数据中发现规律，可以更迅速、更有效地传递信息，给人以明确而深刻的印象。所以，统计图是进行宣传教育的有效工具，也是进行统计分析、加强经营管理的一种重要手段。

统计图与统计表一样，可以从数量方面反映出研究对象的规模、水平、结构、发展趋势和比例关系。如果说统计表能够集中有序地表现统计资料，统计图则能够将统计资料展示得更为生动具体，便于人们直观地认识事物的特征。

图 4.3-2 是一张统计图，是反映中国三次产业增加值的发展状态的趋势图。

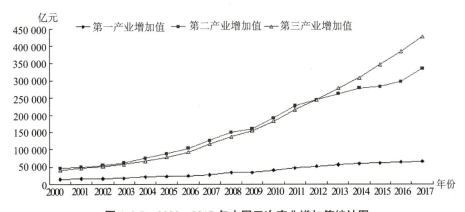

图 4.3-2　2000—2017 年中国三次产业增加值统计图

（资料来源：中国国家统计局网，http://www.stats.gov.cn/tjsj/zxfb/201801/t20180118_1574917.html）

从图 4.3-2 可以看出统计图基本包括以下几部分：

1. 标题

统计图的标题一般包括图表标题和数值轴（X、Y）标题。

2. 坐标轴和网格线

坐标轴和网格线构造了绘图区的骨架，借助坐标轴和网格线，我们可以更容易地读懂统计图。

3. 图表区和绘图区

统计表的所有内容都在图表区内,包括绘图区。统计图绘制在绘图区内。

4. 图例

图例用来标明图表中的数据系列。图 4.3-2 有三个序列,我们用不同形状的图标来区别不同的数据系列,在图例中对其进行说明。

二、统计图的种类

统计图的种类很多,常用的有用于辅助统计分析的直方图、趋势图、散点图;有擅长直观表现数据的柱形图、饼图、圆环图等。Excel 软件提供了众多图表类型,见图 4.3-3,每种图表类型还包含几种不同的子类型,我们可以根据自己的要求决定采用哪种图形来表现数据。

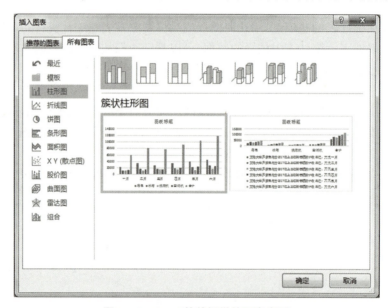

图 4.3-3　Excel 软件提供的图表类型

(一) 直方图、折线图与曲线图

根据表 4.1-1 的数据绘制直方图、折线图和曲线图。

1. 直方图

直方图是在平面坐标上,以横轴根据各组组距的宽度标明各组组距,以纵轴根据次数的高度标示各组次数绘制成的统计图。纵轴的左侧标明次数,右侧标明频率,如果没有频率,直方图只在左侧标明次数,如图 4.3-4 所示。

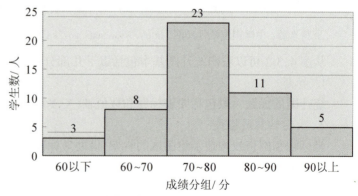

图 4.3-4　某学院会计 061 班基础会计成绩分布直方图

2. 折线图

折线图是在直方图的基础上,用折线连接各个直方形顶边中点而得。也可根据各组组中值与次数求出各组的坐标点,并用折线连接各点而成。折线所覆盖的面积等于直方图条形的面积,表示总次数。图 4.3-5 是在图 4.3-4 的基础上绘制的折线图。

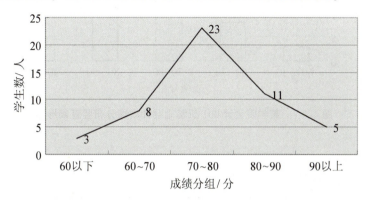

图 4.3-5　某学院会计 061 班基础会计成绩分布折线图

3. 曲线图

当变量数列的组数非常多时,折线便趋于一条平滑的曲线,它是一种概括描述变量数列分布特征的理论曲线。曲线图是连续型随机变量频数分布常用的形式。曲线图绘制的方法是在折线图的基础上,将连接各组次数坐标点的折线加工修匀为比较平滑的曲线,如图 4.3-6 所示。

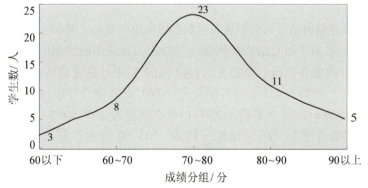

图 4.3-6　某学院会计 061 班基础会计成绩分布曲线图

(二) 条形图

条形图是用宽度相同的条形的高低或长短表示数据变动特征的图形。条形图可以横置(水平条形图)也可以竖置(竖直条形图),有单式、复式和分段式等多种形式。

条形图和直方图很相似,但两者是有区别的:条形图的"条"是可以分开的,而直方图的"条"是紧靠在一起的;条形图用高度(或长度)表示次数,多用于反映分类数据,直方图用面积表示次数,多用于反映数值型数据。根据表 4.1-1 的数据绘制的条形图如图 4.3-7、图 4.3-8 所示。

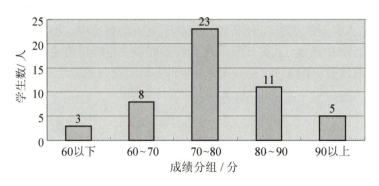

图 4.3-7　某学院会计 061 班基础会计成绩分布竖直条形图

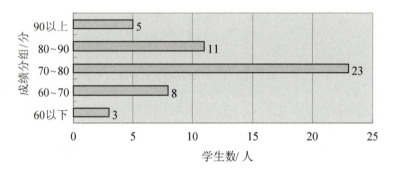

图 4.3-8　某学院会计 061 班基础会计成绩分布水平条形图

(三) 饼图

饼图是用圆形或圆内扇形的面积来表示数据值大小的图形。饼图主要用于表示总体中各组成部分所占的比例,对于研究结构性问题十分有用。在饼图的绘制时,总体中各组成部分所占的百分比用圆内的各个扇形面积表示,这些扇形的中心角度是按各部分百分比占 $360°$ 的相应比例确定的。例如表 4.1-1 的某学院会计 061 班基础会计成绩分布构成数据资料,60 分以下的百分比为 6%,那么其扇形的中心角度就应为 $360°×6\%=21.6°$;60~70 分的百分比为 16%,中心角度为 $360°×16\%=57.6°$;70~80 分的百分比为 46%,中心角度为 $360°×46\%=165.6°$;80~90 分的百分比为 22%,中心角度为 $360°×22\%=79.2°$;90 分以上的百分比为 10%,中心角度为 $360°×10\%=36°$。根据计算的数据绘制饼图,如图 4.3-9 所示。

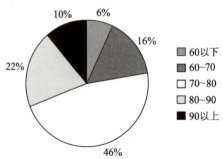

图 4.3-9　某学院会计 061 班基础会计成绩分布饼图

任务实施

1. 什么是统计图？统计图由哪些部分组成？

■ **实施过程：**

（1）统计图是在统计表的基础上，用几何图形或具体形象来表述统计资料的一种表达方式。

（2）统计图基本包括以下几部分：

① 标题，统计图一般包括图表标题和数值轴（X、Y）标题。

② 坐标轴和网格线，坐标轴和网格线构造了绘图区的骨架，借助坐标轴和网格线，我们可以更容易地读懂统计图。

③ 图表区和绘图区，统计表的所有内容都在图表区内，包括绘图区。统计图绘制在绘图区内。

④ 图例，图例用来标明图表中的数据系列。图 4.3-1 有四个序列，我们用不同颜色的条形来区别不同的数据系列，在图例中对其进行说明。

2. 常用的统计图有哪几种？图 4.3-1 属于哪种图表类型？

■ **实施过程：**

（1）统计图的种类很多，常用的有用于辅助统计分析的直方图、趋势图、散点图；有擅长直观表现数据的柱形图、饼图、圆环图等。Excel 软件提供了 10 大图表类型，见图 4.3-3，每种图表类型还包含几种不同的子类型，我们可以根据自己的要求决定采用哪种图形来表现数据。

（2）图 4.3-1 属于 Excel 软件提供的 10 大图表类型中的第一种图表类型——柱形图（簇状柱形图），其绘制步骤如图 4.3-10、图 4.3-11 和图 4.3-12 所示。

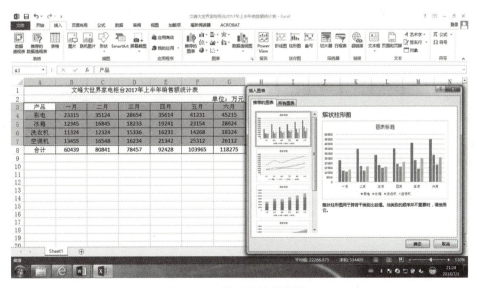

图 4.3-10 柱形图绘制步骤一

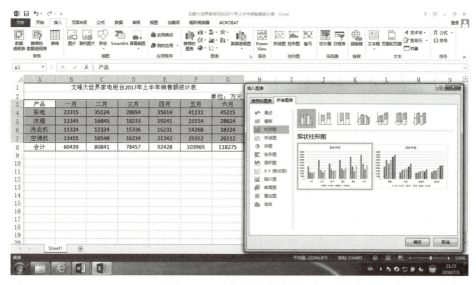

图 4.3-11　柱形图绘制步骤二

图 4.3-12　柱形图绘制步骤三

 能力测试

根据表 4.2-1 绘制东方公司一季度汽车销售占比统计图，如图 4.3-13 所示。

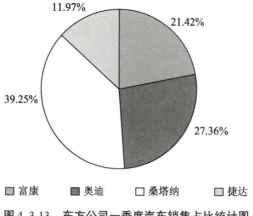

图 4.3-13 东方公司一季度汽车销售占比统计图

要求:指出图 4.3-13 属于哪种图表类型,以及四种品牌汽车对应的扇形的中心角度是如何确定的。

2023 年中国教育

2023 年研究生教育招生 130.2 万人,在学研究生 388.3 万人,毕业生 101.5 万人。普通、职业本专科招生 1 042.2 万人,在校生 3 775.0 万人,毕业生 1 047.0 万人。中等职业教育招生 616.5 万人,在校生 1 737.9 万人,毕业生 537.1 万人。普通高中招生 967.8 万人,在校生 2 803.6 万人,毕业生 860.4 万人。初中招生 1 754.6 万人,在校生 5 243.7 万人,毕业生 1 623.6 万人。普通小学招生 1 877.9 万人,在校生 10 836.0 万人,毕业生 1 763.5 万人。特殊教育招生 15.5 万人,在校生 91.2 万人,毕业生 17.3 万人。学前教育在园幼儿 4 093.0 万人。九年义务教育巩固率为 95.7%,高中阶段毛入学率为 91.8%。

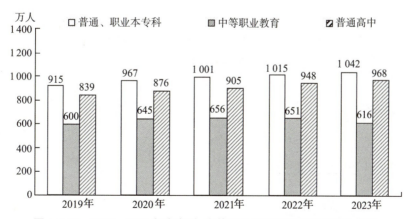

图 4.3-14 2019—2023 年本专科、中等职业教育及普通高中招生人数

(资料来源:《中华人民共和国 2023 年国民经济和社会发展统计公报》,https://www.stats.gov.cn/sj/zxfb/202402/t20240228_1947915.html)

思 考 1. 图 4.3-14 的四个基本组成部分分别是什么？它属于什么图表类型？
2. 根据阅读材料，请谈谈我国近年来在教育方面的发展情况并分析其原因。

任务四　绘制统计图

1. 了解绘制统计图应遵循的原则。
2. 掌握用 Excel 软件绘制统计图的方法和步骤。

如何绘制统计图

华元科技有限公司 2017 年销售额资料如下：微机的销售额一——四季度分别为 512 350 元、623 500 元、532 500 元、635 000 元；服务器的销售额一——四季度分别为 312 500 元、283 500 元、359 000 元、382 500 元；便携机的销售额一——四季度分别为 2 550 00 元、280 000 元、280 000 元、310 000 元；工控机的销售额一——四季度分别为 85 000 元、105 000 元、95 300 元、98 500 元。

1. 绘制统计图应遵循的原则是什么？目前常用的绘制统计图的方式是什么？
2. 如何根据上述统计数据资料用 Excel 软件绘制出统计图？

一、绘制统计图应遵循的原则

绘制统计图应遵循以下原则：

（1）绘制的统计图要能反映客观实际情况。统计图不同于一般的美术图，不允许夸张。绘制统计图所用的统计数据资料及绘制的统计图都必须准确，给人留下正确的印象。

（2）绘制的统计图要主题突出、简明扼要。绘制的统计图所表达的基本内容要简明、确切,必要时可对图中的内容附加说明。

(3) 统计图内容与形式要协调。统计图要根据统计数据资料和绘图目的绘制,同时还要确保统计图的客观与美观的结合。

统计图的绘制一般先根据实际需要明确制图目的,接着确定制图应用的数据资料、图式和表达方法,然后考虑统计图的分布场合和应用对象,搜集并选用统计资料。

二、统计图的绘制

统计图可以手工绘制,也可以用电子计算机绘制。

手工绘制统计图一般先用铅笔画好草图,待校对准确后再绘制出正式图形,并书写统计图名称,加注数字、文字说明(如绘制单位、日期、资料来源等)和必要的图例。

随着计算机技术不断发展,电脑制图功能日益强大,使得统计图的制作更加方便和精确。目前常用 Excel 软件绘制统计图。

Excel 软件是 Office 软件中的一个电子表格处理软件,它实际是一种专门用于现代理财和数据分析等的电子表格软件。该软件把文字、数据、图形、图表和多媒体对象集合于一体,并以电子表格的方式进行各种统计计算、分析和管理等操作。统计教学中会用到很多的统计图表,如果应用 Excel 软件中的图表功能,就能很快制出统计表,计算统计表内的数据,并能制作出条形、折线、扇形等统计图,对统计教学来讲,不失为一种很好的辅助手段。

现以表 4.4-1 中的数据资料为例,用 Excel 软件制作统计表和统计图。

表 4.4-1　　　　　　　　　　学生成绩登记表

学号	姓名	审计学原理	涉外会计知识	统计学原理	税法	财务报表分析实务	平均分
051904101	瞿 燕	84	76	84	84	88	83.2
051904102	李 娜	86	88	81	89	86	86
051904103	张 艳	74	64	78	64	80	72
051904104	王海燕	80	76	81	80	80	79.4
051904105	包峥嵘	72	73	80	76	64	73
051904106	陆晓辉	85	83	78	76	91	82.6
051904107	刘 南	67	71	78	71	60	69.4
051904108	钮 魏	83	89	77	86	89	84.8

1. 制作统计表

在一个空白的工作表的任意位置定位光标。在工作表的单元格内分别输入统计表的表头和各项数据,根据内容的多少和字体的大小,拉动表格线从而调整单元格的行高、列宽。选定统计表,从"开始"菜单栏中选择"边框"按钮,给统计表加上合适的边框,如图 4.4-1 所示。

图 4.4-1　制作学生成绩登记表

2. 制作统计图

（1）选定统计表中需要统计的项目名称及数据，即"姓名"和"平均分"两列数据资料，如图 4.4-2 所示。

图 4.4-2　选定学生成绩登记表中数据

（2）从"插入"菜单栏中点击"推荐的图表"按钮，此时会弹出一个"插入图表"对话框，并且已经切换到了"推荐的图表"选项卡，如图 4.4-3 所示。

图 4.4-3 从"插入"菜单栏中点击"推荐的图表"按钮

（3）大家可以在其中选择一个图表，我们现在就选择"簇状柱形图"，然后单击"确定"按钮，返回到工作表，我们能看到其中已经插入了一个簇状柱形图，选中并点击"平均分"图表标题，将标题名称修改为"学生平均成绩统计图"，如图4.4-4所示。

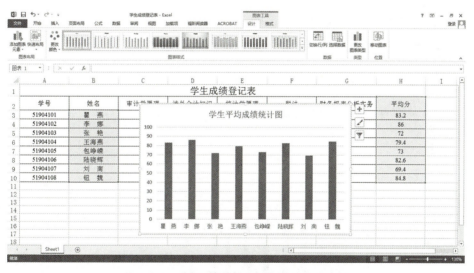

图 4.4-4 选择"簇状柱形图"，修改标题名称

（4）在"图表工具"菜单下方的"设计"选项状态下，点击左边的"添加图表元素"按钮，出现下拉框选项，选择"图例—右侧"，这样一张简略的统计图即已完成，如图4.4-5所示。

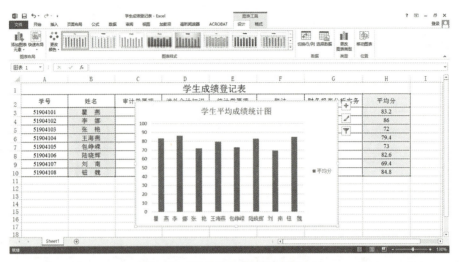

图 4.4-5　学生平均成绩统计图雏形

如果统计图覆盖了统计表或不在屏幕中间,可把鼠标移到统计图的图表区,按住鼠标左键不放移动统计图,放到合适的位置后再放开鼠标左键。如果统计图大小不合适,可把鼠标移到统计图的图表区,点击鼠标左键,再拉动四角的小黑点进行缩放。

3. 装饰、修改统计图、表

按上述方法制作的统计图、表是黑白的,可根据需要改变文字的字体、大小、颜色。在文字上点击鼠标左键,右击弹出有关调整的对话框,选择"字体"选项,出现"字体"对话框,可以根据需要选择字体种类、样式、大小、颜色等进行调整,如图 4.4-6 所示。

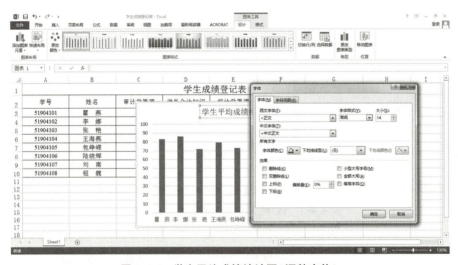

图 4.4-6　学生平均成绩统计图(调整字体)

统计图、表的背景是白色的,可以根据需要为统计图、表填充颜色。在需要填充颜色的图表区、绘画区、条形上点击鼠标左键,即选定所要填充的内容,右击弹出有关调整的对话框,选择"填充",可选择所需要的颜色进行有关调整。

如果发现已制作好的统计图的标题、网格线等需要修改,可在统计图上需要修改的地方点击鼠标左键,右击弹出有关调整的对话框,选择对标题、网格线等进行修改,如图 4.4-7 所示。

项目四 统计描述技术

图 4.4-7 学生平均成绩统计图(设置网格线)

4. 保存、打开统计图、表

如果统计图、表已制好,想要把图、表保存起来,便于以后打开再用,则可选择"文件"菜单中的"保存"命令,在打开的对话框中,输入文件名"学生平均成绩统计图、表",选定保存位置,点击"确定"按钮。

需要用到自制的统计图、表时,选择"文件"菜单中的"打开"命令,在打开的对话框中选择保存位置文件名"学生平均成绩统计图、表"后,点击"打开"按钮即可。

 任务实施

1. 绘制统计图应遵循的原则是什么?目前常用的绘制统计图的方式是什么?

■ 实施过程:

(1) 绘制统计图应遵循以下原则:

① 绘制的统计图要能反映客观实际情况。统计图不同于一般的美术图,不允许夸张。绘制统计图所用的统计数据资料及绘制的统计图都必须准确,给人留下正确的印象。

② 绘制的统计图要主题突出、简明扼要。绘制的统计图所表达的基本内容要简明、确切,必要时可对图中的内容附加说明。

③ 统计图内容与形式要协调。统计图要根据统计数据资料和绘图目的绘制,同时还要确保统计图的客观与美观的结合。

(2) 目前常用 Excel 软件绘制统计图。Excel 软件是 Office 软件中的一个电子表格处理软件,统计教学中有很多的统计图表,应用 Excel 软件中的图表功能,能很快制出统计表,计算统计表内的数据,并能制作出条形、折线、扇形等统计图,对统计教学来讲,不失为一种很好的辅助手段。

2. 如何根据上述统计数据资料用 Excel 软件绘制出统计图?

■ 实施过程:

(1) 制作统计表。

在一个空白的工作表的任意位置定位光标。在工作表的单元格内分别输入统计表的表头“华元科技有限公司 2017 年销售额统计表”和各项数据：微机的销售额一季度—四季度分别为 512 350 元、623 500 元、532 500 元、635 000 元；服务器的销售额一季度—四季度分别为 312 500 元、283 500 元、359 000 元、382 500 元；便携机的销售额一季度—四季度分别为 255 000 元、280 000 元、280 000 元、310 000 元；工控机的销售额一季度—四季度分别为 85 000 元、105 000 元、95 300 元、98 500 元。“全年合计”列和“合计”行的数据可点击“开始”菜单栏中“Σ”自动求和按钮算出。另外根据内容的多少和字体的大小，拉动表格线从而调整单元格的行高、列宽。选定统计表，从“开始”菜单栏中选择“边框”按钮，给统计表加上合适的边框。如图 4.4-8 所示。

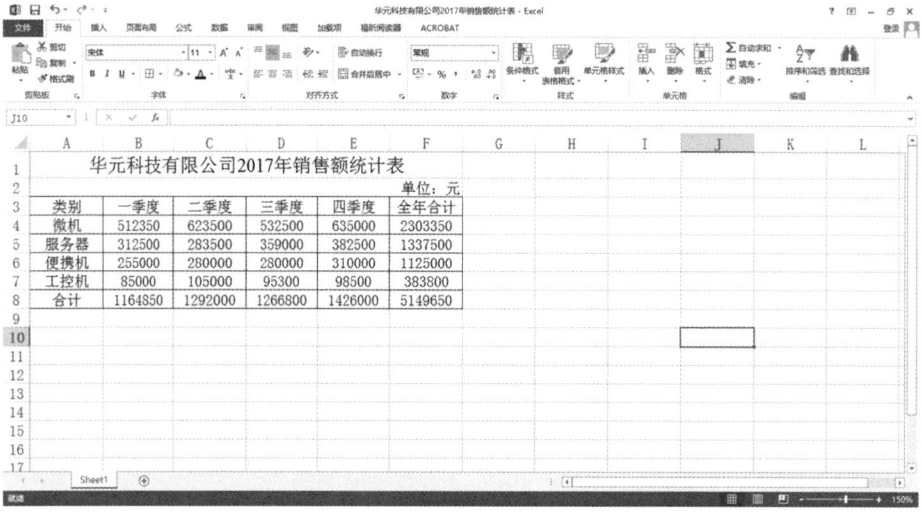

华元科技有限公司2017年销售额统计表

单位：元

类别	一季度	二季度	三季度	四季度	全年合计
微机	512350	623500	532500	635000	2303350
服务器	312500	283500	359000	382500	1337500
便携机	255000	280000	280000	310000	1125000
工控机	85000	105000	95300	98500	383800
合计	1164850	1292000	1266800	1426000	5149650

图 4.4-8　华元科技有限公司 2017 年销售额统计表

(2) 制作统计图。

① 选定统计表中需要统计的项目名称及数据，即 A3:E7 数据区域，如图 4.4-9 所示。

华元科技有限公司2017年销售额统计表

单位：元

类别	一季度	二季度	三季度	四季度	全年合计
微机	512350	623500	532500	635000	2303350
服务器	312500	283500	359000	382500	1337500
便携机	255000	280000	280000	310000	1125000
工控机	85000	105000	95300	98500	383800
合计	1164850	1292000	1266800	1426000	5149650

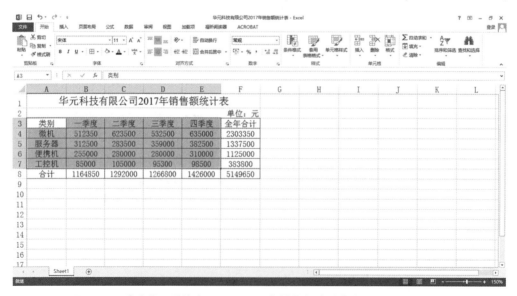

图 4.4-9　选定华元科技有限公司 2017 年销售额统计表中 A3:E7 数据区域

② 从"插入"菜单栏中点击"推荐的图表"按钮,此时会弹出一个"插入图表"对话框,点击"所有图表"选项卡,如图 4.4-10 所示。

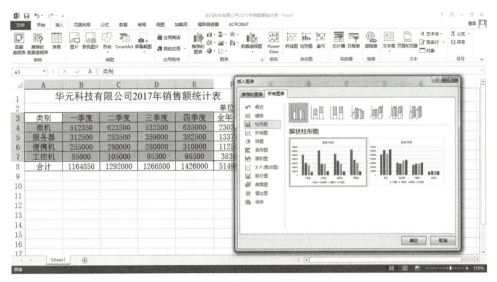

图 4.4-10　弹出"插入图表"对话框

③ 在"所有图表"选项卡中,选择"柱形图"中的第四个子类"三维簇状柱形图",如图 4.4-11 所示。

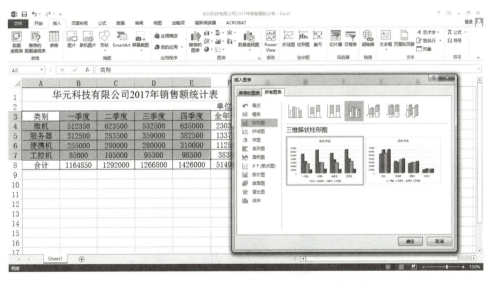

图 4.4-11　选择"柱形图"中的第四个子类"三维簇状柱形图"

④ 点击"确定"后,选择插入的柱形图的某一柱子,右击鼠标,弹出调整对话框,如图 4.4-12 所示。

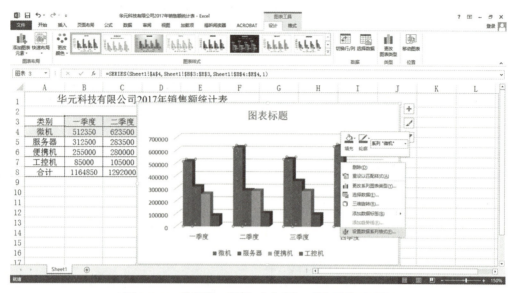

图 4.4-12　选择某一柱子,右击鼠标,弹出调整对话框

⑤ 点击"设置数据系列格式",在右侧弹出"设置数据系列格式"对话框,选择"完整圆锥",其他三个柱子类似操作,修改图表标题名称为"华元科技有限公司 2017 年销售额统计图",还有其他装饰修改可做进一步调整,如图 4.4-13、图 4.4-14 所示。

⑥ 保存、打开统计图表。

选择"文件"菜单中的"另存为"命令,在打开的对话框中,输入文件名"华元科技有限公司 2017 年销售额统计图、表",选定保存位置,点击"保存"按钮,如图 4.4-15 所示。

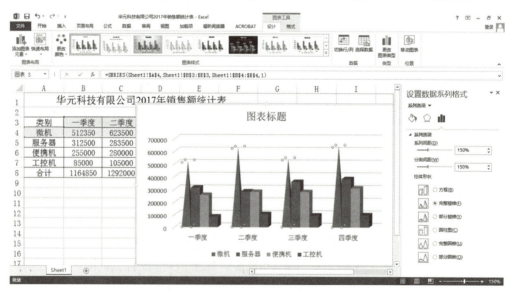

图 4.4-13　在"设置数据系列格式"对话框中选择"完整圆锥"

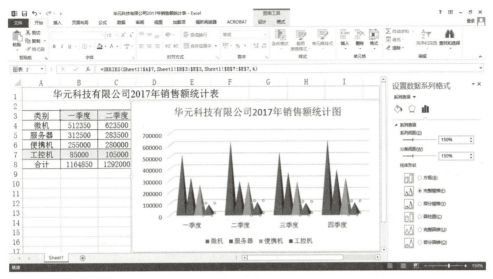

图 4.4-14　华元科技有限公司 2017 年销售额统计图锥形

图 4.4-15　保存华元科技有限公司 2017 年销售额统计图、表

需要用到此统计图、表时,选择"文件"菜单中的"打开"命令,在打开的对话框中选择保存位置文件名"华元科技有限公司 2017 年销售额统计图、表"后,点击"打开"按钮即可,如图 4.4-16 所示。

图 4.4-16　打开华元科技有限公司 2017 年销售额统计图、表

能力测试

请按以下要求编制 Excel 工作表并绘制统计图：

1. 在第一行处插入两空行，其中第一行为正标题，内容为"光明铅笔厂生产情况表"，要求 A1:G1 列合并居中，标题用红色黑体 20 号。
2. 在插入的第二行的 G2 单元，输入副标题"单位：万元"，靠右对齐。
3. 计算各产品的实际产值，保留两位小数。
4. 计算第 G 列的各产品完成百分比，保留一位小数。
5. 按实际产值从高到低的顺序排列全部产品数据。
6. 将第三行中的各单元设置成水平居中排列方式，字体设为蓝色黑体。
7. 将实际产值在 35 万元以上产品的计划产量与实际产量进行如图 4.4-17 所示的产量分析（条形图）。

操作资料如下：

产品名称	单位	出厂单价	计划产量	实际产量	实际产值	完成/%
中华 6151 铅笔	万支	0.55	90	88.4		
3069 红蓝铅笔	万支	0.62	75	76.2		
3069 全红铅笔	万支	0.58	60	68		
5712 色芯铅笔	万支	0.35	10	12.2		
5722 色芯铅笔	万支	0.36	10	8.9		
普通学生铅笔	万支	0.22	120	132.8		
普通六角铅笔	万支	0.26	150	129.6		

操作结果如下：

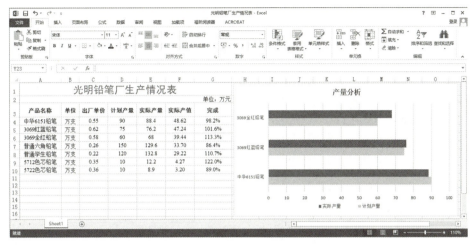

图 4.4-17　光明铅笔厂生产情况图表

中华人民共和国
2023 年国民经济和社会发展统计公报（节选）
中华人民共和国国家统计局
2024 年 2 月 29 日

2023 年是全面贯彻党的二十大精神的开局之年,是三年新冠疫情防控转段后经济恢复发展的一年。面对复杂严峻的国际环境和艰巨繁重的国内改革发展稳定任务,在以习近平同志为核心的党中央坚强领导下,各地区各部门坚持以习近平新时代中国特色社会主义思想为指导,全面贯彻落实党的二十大和二十届二中全会精神,按照党中央、国务院决策部署,坚持稳中求进工作总基调,完整、准确、全面贯彻新发展理念,加快构建新发展格局,着力推动高质量发展,全面深化改革开放,加大宏观调控力度,着力扩大内需、优化结构、提振信心、防范化解风险,国民经济回升向好,高质量发展扎实推进,现代化产业体系建设取得重要进展,科技创新实现新的突破,改革开放向纵深推进,安全发展基础巩固夯实,民生保障有力有效,社会大局和谐稳定,全面建设社会主义现代化国家迈出坚实步伐。

一、综合

初步核算,全年国内生产总值 1 260 582 亿元,比上年增长 5.2%。其中,第一产业增加值 89 755 亿元,比上年增长 4.1%;第二产业增加值 482 589 亿元,增长 4.7%;第三产业增加值 688 238 亿元,增长 5.8%。第一产业增加值占国内生产总值比重为 7.1%,第二产业增加值比重为 38.3%,第三产业增加值比重为 54.6%。最终消费支出拉动国内生产总值增长 4.3 个百分点,资本形成总额拉动国内生产总值增长 1.5 个百分点,货物和服务净出口向下拉动国内生产总值 0.6 个百分点。分季度看,一季度国内生产总值同比增长 4.5%,二季度增长 6.3%,三季度增长 4.9%,四季度增长 5.2%。全年人均国内生产总值 89 358 元,比上年增长 5.4%。国民总收入 1 251 297 亿元,比上年增长 5.6%。全员劳动生产率为 161 615

元/人,比上年提高 5.7%。如图 1—图 3 所示。

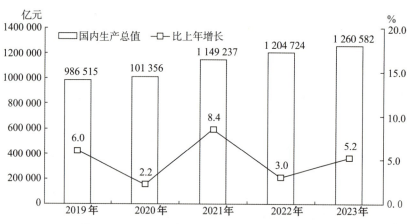

图 1　2019—2023 年国内生产总值及其增长速度

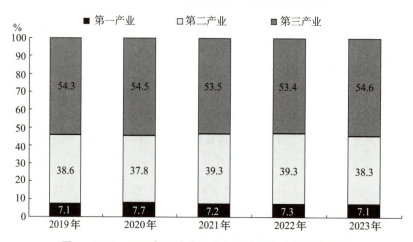

图 2　2019—2023 年三次产业增加值占国内生产总值比重

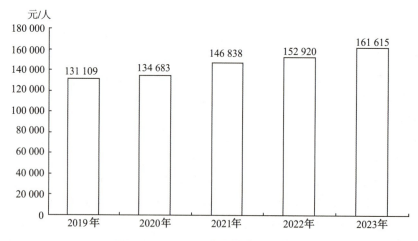

图 3　2019—2023 年全员劳动生产率

年末全国人口 140 967 万人，比上年末减少 208 万人，其中城镇常住人口 93 267 万人。全年出生人口 902 万人，出生率为 6.39‰；死亡人口 1 110 万人，死亡率为 7.87‰；自然增长率为 −1.48‰。如表 1 所示。

表 1　　2023 年年末人口数及其构成

指标	年末数/万人	比重/%
全国人口	140 967	100.0
其中：城镇	93 267	66.2
乡村	47 700	33.8
其中：男性	72 032	51.1
女性	68 935	48.9
其中：0—15 岁(含不满 16 周岁)	24 789	17.6
16—59 岁(含不满 60 周岁)	86 481	61.3
60 周岁及以上	29 697	21.1
其中：65 周岁及以上	21 676	15.4

年末全国就业人员 74 041 万人，其中城镇就业人员 47 032 万人，占全国就业人员比重为 63.5%。全年城镇新增就业 1 244 万人，比上年多增 38 万人。全年全国城镇调查失业率平均值为 5.2%。年末全国城镇调查失业率为 5.1%。全国农民工总量 29 753 万人，比上年增长 0.6%。其中，外出农民工 17 658 万人，增长 2.7%；本地农民工 12 095 万人，下降 2.2%。如图 4 所示。

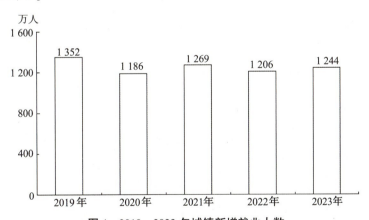

图 4　2019—2023 年城镇新增就业人数

全年居民消费价格比上年上涨 0.2%。工业生产者出厂价格下降 3.0%。工业生产者购进价格下降 3.6%。农产品生产者价格下降 2.3%。12 月份，70 个大中城市中，新建商品住宅销售价格同比上涨的城市个数为 20 个，持平的为 2 个，下降的为 48 个；二手住宅销售价格同比上涨的城市个数为 1 个，下降的为 69 个。如图 5 和表 2 所示。

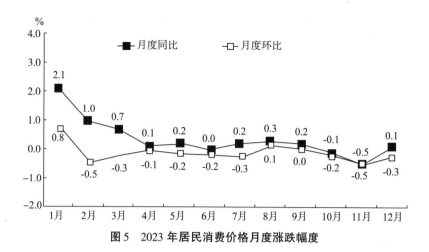

图5 2023年居民消费价格月度涨跌幅度

表2　　　　　　　　　2023年居民消费价格比上年涨跌幅度　　　　　　　　单位：%

指　标	全　国	城　市	农　村
居民消费价格	0.2	0.3	0.1
其中：食品烟酒	0.3	0.4	0.1
衣着	1.0	1.1	0.6
居住	0.0	0.0	0.0
生活用品及服务	0.1	0.1	−0.1
交通通信	−2.3	−2.3	−2.4
教育文化娱乐	2.0	2.1	1.5
医疗保健	1.1	1.1	1.3
其他用品及服务	3.2	3.4	2.5

年末国家外汇储备 32 380 亿美元，比上年末增加 1 103 亿美元。全年人民币平均汇率为 1 美元兑 7.046 7 元人民币，比上年贬值 4.5%。如图 6 所示。

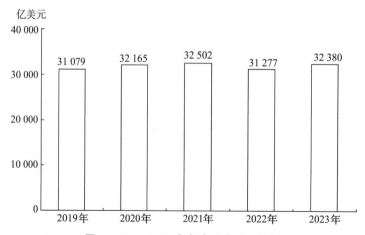

图6　2019—2023年年末国家外汇储备

新动能成长壮大。全年规模以上工业中,装备制造业增加值比上年增长6.8%,占规模以上工业增加值比重为33.6%;高技术制造业增加值增长2.7%,占规模以上工业增加值比重为15.7%。新能源汽车产量944.3万辆,比上年增长30.3%;太阳能电池(光伏电池)产量5.4亿千瓦,增长54.0%;服务机器人产量783.3万套,增长23.3%;3D打印设备产量278.9万台,增长36.2%。规模以上服务业中,战略性新兴服务业企业营业收入比上年增长7.7%。高技术产业投资比上年增长10.3%,制造业技术改造投资增长3.8%。电子商务交易额468 273亿元,比上年增长9.4%。网上零售额154 264亿元,比上年增长11.0%。全年新设经营主体3 273万户,日均新设企业2.7万户。

城乡融合和区域协调发展步伐稳健。年末全国常住人口城镇化率为66.16%,比上年末提高0.94个百分点。分区域看,全年东部地区生产总值652 084亿元,比上年增长5.4%;中部地区生产总值269 898亿元,增长4.9%;西部地区生产总值269 325亿元,增长5.5%;东北地区生产总值59 624亿元,增长4.8%。全年京津冀地区生产总值104 442亿元,比上年增长5.1%;长江经济带地区生产总值584 274亿元,增长5.5%;长江三角洲地区生产总值305 045亿元,增长5.7%。粤港澳大湾区建设、黄河流域生态保护和高质量发展等区域重大战略深入推进。如图7所示。

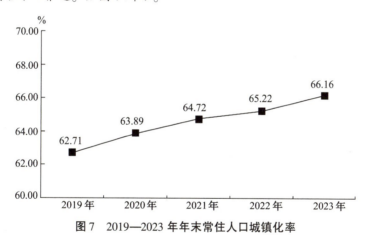

图7　2019—2023年年末常住人口城镇化率

绿色低碳转型深入推进。全年全国万元国内生产总值二氧化碳排放与上年持平。水电、核电、风电、太阳能发电等清洁能源发电量31 906亿千瓦时,比上年增长7.8%。在监测的339个地级及以上城市中,空气质量达标的城市占59.9%,未达标的城市占40.1%。3 641个国家地表水考核断面中,水质优良(Ⅰ~Ⅲ类)断面比例为89.4%,Ⅳ类断面比例为8.4%,Ⅴ类断面比例为1.5%,劣Ⅴ类断面比例为0.7%。

思考　1. 指出阅读材料中统计表的种类,并从形式和内容两个方面分析统计表的结构。

2. 按照统计表的主词是否分组和分组的程度来看,分析阅读材料中表1与表2的差异。

3. 指出阅读材料中统计图的种类,并从统计图的基本构成分析统计图的结构。

4. 根据图1,用统计表的形式反映各年国内生产总值及其增长速度变动情况。为什么图1要画成双纵轴统计图?应该如何制作双纵轴统计图?

5. 根据图5，用统计表的形式反映各月居民消费价格月度涨跌幅度情况。图5的纵轴与横轴相交于何处？应该如何将交点设置成你需要的数值位置？

6. 通过阅读中华人民共和国2023年国民经济和社会发展统计公报(节选)，谈谈你对我国国民经济和社会发展情况的看法，分析我国取得新成效的原因。

 统计活动——扫码学习

统计描述技术

项目五

静态分析技术

学习目标

1. 了解总量指标的概念和作用;理解总量指标的分类。
2. 掌握计划完成相对数、结构相对数、比较相对数、比例相对数、动态相对数和强度相对数的概念和计算方法。
3. 掌握算术平均数的计算方法、数学性质;理解调和平均数的计算方法及其与算术平均数的关系;了解几何平均数的计算方法。
4. 了解全距、平均差的计算方法;掌握标准差、离散系数的计算方法及其应用。

任务一 总量指标分析

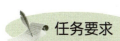
任务要求

1. 了解总量指标的概念及计算方法。
2. 理解总体单位总量指标、总体标志总量指标、时期总量指标和时点总量指标的概念。

任务引入

某有限责任公司2016年末资产负债表部分项目的余额如下:货币资金520 000元,应收账款90 000元,存货256 000元,固定资产原价1 320 000元,累计折旧386 000元。假设该公司2017年发生下列经济业务:

(1)购入甲材料一批,买价为20 000元,增值税额为3 400;购入乙材料一批,买价为40 000元,增值税额为6 800元;购入甲、乙两种材料共发生的运费2 100元,按材料的买价比例分配;材料的货款和运费共计72 300元均以银行存款支付,材料已验收入库。

（2）对公司行政管理部门使用的固定资产计提折旧 1 500 元。

（3）销售产品一批，售价为 65 000 元，增值税为 11 050 元，货款尚未收到；该批产品的生产成本为 48 000 元，销售产品应交纳的城市维护建设税 773.50 元及教育附加费 552.50 元。这里涉及有关资产项目的总量指标计算。

任务描述

计算有关资产负债表部分项目的总量指标：
1. "货币资金"＝？
2. "应收账款"＝？
3. "存货"＝？
4. "固定资产净值"＝？

议一议 总量指标（例如 GDP）很大能否说明社会经济现象一定令人鼓舞？

相关知识

一、总量指标的概念

总量指标又称统计绝对数，它是反映社会经济现象发展的总规模、总水平的综合指标。总量指标数值在计算方法上比较简单，但在计算内容上却相当复杂，这就涉及如何在质与量的统一中，反映一定历史条件下社会经济现象的规模和水平。

二、总量指标的种类

总量指标的种类有以下几种划分方法：

（1）按反映总体内容的不同，总量指标分为总体单位总量指标和总体标志总量指标，如图 5.1-1 所示。总体单位总量是总体内所有单位的总数，总体标志总量是总体中各单位某一数量标志值的总和。总体单位是标志的直接承担者，总体标志总量不会独立于总体单位总量而存在。在一个特定的总体内，只存在一个总体单位总量，而同时并存多个总体标志总量，构成一个总量指标体系。同一总量指标在不同情况下可有不同的性质。例如对各企业工人总数指标来说，当研究企业平均规模时，以企业为总体单位，企业总数为总体单位总量，各企业工人总数为总体标志总量；当研究企业劳动效益时，以工人为总体单位，各企业工人总数为总体单位总量，这时企业的总产量成为总体标志总量。所以说总体单位总量和总体标志总量并不是固定不变的，二者随研究目的的不同而变化。

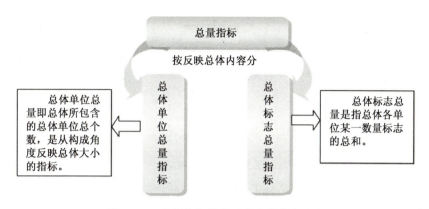

图 5.1-1　总量指标按其反映总体内容分类

（2）按反映时间状况的不同,总量指标分为时期总量指标和时点总量指标,如图 5.1-2 所示。时期总量指标是反映某种社会经济现象在一段时间发展变化结果的总量指标；时点总量指标是反映社会经济现象在某一时间（瞬间）状况上的总量指标。

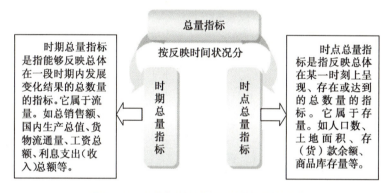

图 5.1-2　总量指标按其反映时间状况分类

（3）按所采用计量单位的不同,总量指标分为实物指标、价值指标和劳动量指标。

实物指标是以实物单位计量的统计指标,如图 5.1-3 所示。价值指标是以货币单位计量的统计指标,如图 5.1-4 所示。

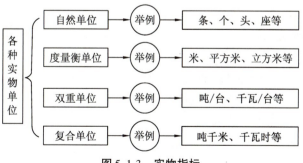

图 5.1-3　实物指标

图 5.1-4　价值指标

按实物单位计算的指标最大的特点是它直接反映产品的使用价值或现象的具体内容,能具体表明事物的规模和水平,但指标的综合性能较差,无法进行汇总。按价值单位计量的指标的最大优点是它具有最广泛的综合性和概括能力,可以表示现象的总规模和总水平,但它脱离了物质内容。二者要结合应用。

劳动量指标是以劳动单位即工日、工时等劳动时间计量的统计指标,如图 5.1-5 所示。

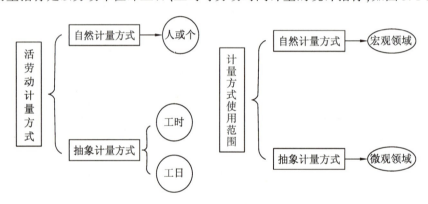

图 5.1-5　劳动量指标

想一想　总量指标是认识社会经济现象的起点。总量指标很常见,例如 2021 年国家统计公报资料:全社会固定资产投资 552 884 亿元,国内生产总值 1 143 670 亿元,等等。你还能再举例说明哪些是总量指标吗?

三、总量指标的计算

(1) 计算方法:一是根据统计调查登记的资料进行汇总;二是根据现象之间的各种关系进行推算。总量指标的计算方法如图 5.1-6 所示。

(2) 计算原则:必须科学地确定总量指标的含义和计算范围;要注意计算口径、计算方法和计算单位的统一;应注意区分是时期数还是时点数。

总量指标不同于数学中的绝对数,不是一个单纯技术性的加总问题,而是一定社会经济现象的数量表

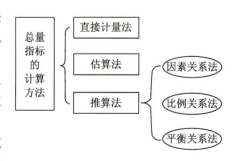

图 5.1-6　总量指标计算方法

现。每一个总量指标都具有确定的社会经济内容,都具有一定质的规定性。因此,必须正确地确定总量指标所表示的各种社会现象的概念、构成、范围和计算方法。否则,就不能得到反映社会经济内容的正确数字。例如,要统计工业产品,就要从理论上、实际上弄清什么是工业产品,应当包括哪些范围,用什么样的计算方法等。只有弄清工业产品的概念、构成、范围、计算方法后,才能得到正确的数字。这就要注意现象的同质性,同质性是形成一个统计总体的基础。

问题讨论

中国经济发展历程

◎ 1980 年,中国经济总量为 3 015 亿美元,排名世界第七,位于美国、日本、西德、法国、英国、意大利之后。

◎ 1990 年,受到亚洲金融危机的波及,排名下降两位,被加拿大和西班牙超越,位列世界第十,经济总量为 7 006 亿美元。

◎ 2001 年,中国加入世界贸易组织,经济总量为 11 590 亿美元,上升为世界第六。

◎ 2003 年,因欧元升值,中国被意大利反超,排名下降一位,位列世界第七,总量为 13 720 亿美元。

◎ 2004 年,中国经济总量世界排序上升一位,居第六位。

◎ 2005 年,中国以 2.229 万亿美元的 GDP 总量,超过意大利和法国,并略微超过英国,成为仅次于美国、日本及德国的全球第四大经济体。

◎ 2008 年,中国经济总量首次突破 30 万亿人民币,超德国成为世界第三大经济体。

◎ 2010 年,中国经济总量首超日本,位列世界第二。

◎ 2011 年,中国一年增长的 GDP 差不多是法国全年的总量,欧洲经济除了德国,依旧没有多大起色。

◎ 2012 年,中国经济总量占美国经济总量的比例达到 53.05%,有史以来第一次达到了美国的一半以上。

◎ 2013 年,中国经济总量占世界经济总量的 12.3%。

◎ 2014 年,中国 GDP 破 10 万亿美元,世界排名第二,日本不及中国一半。

◎ 2015 年,中国国内生产总值(GDP)67.67 万亿元,同比增长 6.9%,1990 年来首次跌破 7%。这一增速完成了年初政府工作报告中设定的 7% 左右的 GDP 增速目标。

◎ 2016 年,由于人民币较大幅度贬值的影响,中国经济总量占美国比例反而下降到了 60.31%,回到了 2014 年的水平。

◎ 2017 年,全年国内生产总值 827 122 亿元,按可比价格计算,比上年增长 6.9%,实现了七年来的首次提速。居民收入增速 7.3% 跑赢 GDP 增速。

◎ 2018 年,得益于中高速增长的 GDP,预计中国经济总量将超越欧元区 19 国总和。

(资料来源:根据中国国家统计局公布的数据及有关网站资料整理)

思　考　1. 中国经济总量经历了怎样的发展？

2. 总量指标的作用表现在哪几个方面？总量指标的计算方法和计算原则如何？

 任务实施

1. "货币资金" = ？

■ 实施过程：

2017 年的变化：购入甲材料一批，买价为 20 000 元，增值税额为 3 400 元；购入乙材料一批，买价为 40 000 元，增值税额为 6 800 元；购入甲、乙两种材料共发生的运费 2 100 元，按材料的买价比例分配；材料的货款和运费共计 72 300 元均以银行存款支付。

"货币资金" = 520 000 − 72 300 = 447 700(元)。

2. "应收账款" = ？

■ 实施过程：

2017 年的变化：销售产品一批，售价为 65 000 元，增值税为 11 050 元，货款尚未收到。

"应收账款" = 90 000 + 65 000 + 11 050 = 166 050(元)。

3. "存货" = ？

■ 实施过程：

2017 年的变化：购入甲材料一批，买价为 20 000 元，增值税额为 3 400 元；购入乙材料一批，买价为 40 000 元，增值税额为 6 800 元；购入甲、乙两种材料共产生的运费 2 100 元，按材料的买价比例分配；材料的货款和运费共计 72 300 元均以银行存款支付，材料已验收入库。销售产品一批，售价为 65 000 元，增值税为 11 050 元，货款尚未收到；该批产品的生产成本为 48 000 元。

"存货" = 256 000 + 20 000 + 40 000 + 2 100 − 48 000 = 270 100(元)。

4. "固定资产净值" = ？

■ 实施过程：

2017 年的变化：对公司行政管理部门使用的固定资产计提折旧 1 500 元。

"固定资产净值" = 1 320 000 − 386 000 − 1 500 = 932 500(元)。

 能力测试

1. 时期总量指标和时点总量指标有哪些不同？

2. 2021 年我国第一产业增加值 83 086 亿元，增长 7.1%；第二产业增加值 450 904 亿元，增长 8.2%；第三产业增加值 609 680 亿元，增长 8.2%。则全年国内生产总值为多少？比上年增长多少？

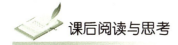

2017中国人均GDP超8 800美元　2022年望进入高收入国家

2018年2月28日,国家统计局网站发布《2017年国民经济和社会发展统计公报》,公报中包括了2017年GDP、CPI、房价、投资、进出口、金融等重磅数据。

"经济如果持续向好,2022年左右,中国将进入高收入国家的下限。"北京大学经济学院教授蔡志洲2月28日说。

公报显示,2017年国内生产总值(GDP)达到827 122亿元,比上年增长6.9%。全年人均GDP为59 660元,比上年增长6.3%。如果以美元计价,2017年中国全年人均GDP为8 836美元。

世界银行的高收入国家标准为人均国民收入1.2万美元左右。2017年中国人均国民收入在8 790美元左右,和人均GDP接近。如果此后几年人均GDP和收入维持2017年增速,则大约在2022年,中国将进入到高收入国家行列。

2017年,中国国内生产总值增速比上年加快0.2个百分点,是2011年以来经济增速首次回升。国家统计局党组成员、总经济师盛来运认为,2017年中国经济保持中高速增长,综合国力和国际影响力迈上新台阶。产业结构优化升级,新动能成长实现新突破,生态环保力度加大。2018年,我国经济有条件有能力延续稳中向好发展态势。

未来人均GDP增长有整体经济支撑

实现人均GDP平稳较快提升,关键是要实现经济平稳较快增长。如果要实现以美元计价的人均GDP平稳提升,则还需要实现汇率相对稳定。

数据显示,最近几年人民币汇率有阶段性波动。2011年至2014年,人民币兑美元为升值,2015年至2017年则为贬值。

北京大学经济学院教授蔡志洲认为,因为最近几年中国经济持续快速增长,购买力平价反映的经济实力提升。

改革开放以来,中国经济经历多个周期,近年来经济整体呈现L型态势。

2007年中国经济增速为14%以上,到2016年中国经济增速为6.7%,10年时间,经济增速放慢了约一半。2017年中国经济增速为6.9%,呈现了稳中有进状况。

中国经济的结构在优化,发展质量也在提高。比如公报显示,2017年中国第二产业比重为40.5%,是2010年以来的首次上升,这表明实体经济地位得到了加强。

另外,公报显示,2017年年末广义货币供应量(M2)余额167.7万亿元,比上年末增长8.2%。这是有数据可查的1994年以来的首次个位数增长,这也表明宏观杠杆率在2017年有所下降。

宏观杠杆率可以用广义货币(M2)供应量与GDP总额之比来测算,2017年GDP名义增速为11.23%,M2供应量只有8.2%,上述比例比上一年有所下降。不过整体仍在2∶1左右的水平,比发达国家的1∶1水平要高。

国家统计局党组成员、总经济师盛来运认为,2017年实现了6.9%的经济增长、不到5%的失业率、1.6%的通胀率,这样的经济运行格局难能可贵,在世界范围内也是一枝独秀。

2018年是贯彻党的十九大精神的开局之年,是改革开放40周年,是决胜全面建成小康社会、实施"十三五"规划承上启下的关键一年。我国经济有条件有能力延续稳中向好发展态势。"但要清醒地看到,国际环境仍然错综复杂、国内发展不平衡不充分的矛盾仍比较突出,实现经济高质量发展任重道远。"他撰文分析说。

五年后有望迈入高收入国家行列

北京大学经济学院教授蔡志洲认为,未来随着中国老龄化程度加深,劳动年龄人口会快速下降,这时候要发挥科技的作用,比如像人工智能的应用,可以实现以更少的劳动人口,来支撑经济平稳发展。

蔡志洲认为,中国可能在2022年左右达到高收入国家的水平,但是要注意的是,美国等国家的人均GDP是数万美元。"中国届时从经济总量看是进入了世界舞台中央,但是在很多方面仍与发达国家差距大,比如人均受教育水平。"他说。

(资料来源:中华网,http:∥finance.china.com/domestic/11173294/20180301/32144873_all.html#page_2)

思 考 1. 根据上述资料,你能否说说GDP有什么作用?

2. 结合上述资料,你认为应该从哪些方面理解GDP的局限性?

3. 中国GDP排名世界第二了,中国算是世界强国了吗?为什么?

任务二 相对指标分析

任务要求

1. 掌握相对指标的概念。
2. 掌握结构相对指标、比例相对指标、比较相对指标、强度相对指标、动态相对指标和计划完成程度相对指标的计算方法。

任务引入

某企业2016年某种产品单位成本为800元,2017年计划规定比2016年下降8%,实际下降6%。企业2017年产品销售量计划为上年的108%,2016—2017年动态相对指标为114%。

任务描述

1. 计算该种产品2017年单位成本计划与实际的数值。
2. 计算2017年单位产品成本计划完成程度。
3. 计算2017年单位产品成本实际比计划多或少降低的百分点。
4. 计算2017年产品销售计划完成程度。

相关知识

一、相对指标的概念

相对指标又称相对数,是用两个有联系的指标进行对比的比值来反映社会经济现象数量特征和数量关系的综合指标,用以反映现象的发展程度、结构、强度、普遍程度或比例关系。其基本计算公式为:

$$相对指标 = \frac{某指标}{有联系的另一指标}$$

二、相对指标的计量形式

相对指标有无名数和有名数两种计量形式。

1. 有名数

凡是由两个性质不同而又有联系的绝对数或者平均数对比计算所得的相对数,一般都是有名数,而且多为复合单位。如人口密度用"人/平方公里"表示,城市人口拥有公共汽车用"辆/万人"或"客位/万人"表示等。

2. 无名数

在相对指标中,大量的是以无名数表示的。凡是两个有联系的指标对比计算后所得的相对数,只要没有单位的,都是无名数,如系数、倍数、比重等。

（1）系数和倍数：将对比的基数抽象化为 1 而计算的相对数。两个指标对比,其分子和分母指标数值相差不大时常用系数,子项较母项大得多时常用倍数。

（2）百分数：将对比的基数定为 100 而计算的相对数。

（3）千分数：将对比的基数定为 1 000 而计算的相对数。当对比的分子数值比分母小得多的时候,宜用千分数表示。

（4）比重：任一单位数除以总体单位数所得的相对数。比重数值不会大于 1,如果将各组的比重相加,其结果必然等于 1。

（5）成数：将对比的基数抽象化为 10 而计算的相对数。

（6）翻番数：两个相比较的数值中,一个数是另一个数的 2^m 倍,则 m 是番数。

三、相对指标的作用

在统计分析中运用相对指标,可使我们更清楚地认识现象之间的关系,可以使不能直接对比的现象找到可以对比的基础。相对指标就是应用对比的方法,来反映社会经济现象中某些相关事物间数量联系程度的综合指标,其表现形式为相对数。相对指标可以反映现象之间的相互联系程度,说明总体现象的质量、经济效益和经济实力情况,利用相对指标可使原来不能直接对比的数量关系变为可比,有利于对所研究的事物进行比较分析。

由于相对指标是运用对比的方法揭示现象之间的联系程度,用以反映现象之间的差异程度,所以,计算相对指标时分子分母指标是否具有可比性,是计算结果能否正确反映现象之间数量关系的重要条件。

分子分母指标的可比性主要包括:指标内容是否相适应;总体范围是否一致;计算方法是否相同;计量单位是否统一。

四、相对指标的种类和计算

各种相对指标应用的特点和计算方法如下:

1. 结构相对指标

结构相对指标是在对总体分组的基础上,以总体总量作为比较标准,求出各组总量占总体总量的比重,来反映总体内部组成情况的综合指标。其计算公式为:

$$结构相对指标 = \frac{各组(或部分)总量}{总体总量} \times 100\%$$

结构相对指标能够反映总体内部结构和现象的类型特征。

例:某市2017年社会商品零售总额为2.5亿元,其中,国有商业1亿元,集体商业0.6亿元,私营商业0.9亿元。则结构相对数为:

$$国有商业比重 = \frac{1}{2.5} \times 100\% = 40\%$$

$$集体商业比重 = \frac{0.6}{2.5} \times 100\% = 24\%$$

$$私营商业比重 = \frac{0.9}{2.5} \times 100\% = 36\%$$

计算结构相对数应注意:一是必须以统计分组为基础才能正确反映该总体的结构特征;二是总体的各组成部分结构相对数之和应等于100%。

2. 比例相对指标

比例相对指标是总体中不同部分数量对比而确定的相对指标,用以分析总体范围内各个局部、各个分组之间的比例关系和协调平衡状况。其计算公式为:

$$比例相对指标 = \frac{总体中某一部分数值}{总体中另一部分数值}$$

例:某地2017年,第一、二、三产业增加值分别为376.3亿元、496.2亿元、687.5亿元,其比例相对数为:

$$376.3 : 496.2 : 687.5 = 1 : 1.32 : 1.83$$

3. 比较相对指标

比较相对指标是不同单位的同类现象数量对比而确定的相对指标,用以说明某一同类现象在同一时间内各单位发展的不平衡程度,以表明同类实物在不同条件下的数量对比关系。其计算公式为:

$$比较相对指标 = \frac{甲单位某指标值}{乙单位同类指标值} \times 100\%$$

例:某年甲市工业总产值500亿元,乙市工业总产值400亿元,则:

$$\text{比较相对数} = \frac{500}{400} \times 100\% = 125\%$$

或　　$$\text{比较相对数} = \frac{400}{500} \times 100\% = 80\%$$

4. 强度相对指标

强度相对指标是两个性质不同但有一定联系的总量指标对比而确定的相对指标,用以表明某一现象在另一现象中发展的强度、密度和普遍程度。它和其他相对指标根本不同的特点,就在于它不是同类现象指标的对比。强度相对指标以双重计量单位表示,是一种有名数。其计算公式为:

$$\text{强度相对指标} = \frac{\text{某种现象总量指标}}{\text{另一个有联系而性质不同的现象总量指标}}$$

例:某地区2017年GDP为480亿元,公民600万人,土地2万平方千米。则:

$$\text{人均 GDP} = \frac{480 \text{ 亿元}}{600 \text{ 万人}} = 8\ 000 \text{ 元}/\text{人}$$

$$\text{人口密度(正)} = \frac{2 \text{ 万平方千米}}{600 \text{ 万人}} = 0.003\ 3 \text{ 平方千米}/\text{人}$$

$$\text{人口密度(逆)} = \frac{600 \text{ 万人}}{2 \text{ 万平方千米}} = 300 \text{ 人}/\text{平方千米}$$

强度相对指标的分子分母位置有些可以互换,因而有正指标、逆指标之分。实际应用时应注意与平均指标的区别。

问题讨论

> 强度相对数虽然带有平均的意思,但它不是统计平均数。两者区别有哪些?

5. 动态相对指标

动态相对指标是将同一现象不同时间的两个数值加以对比而确定的相对指标。作为比较标准的时期称为基期。与基期对比的时期称为报告期。动态相对指标表明现象随时间发展变化的程度,因此,也称为发展速度。其计算公式为:

$$\text{动态相对指标} = \frac{\text{某现象报告期数值}}{\text{同现象基期数值}} \times 100\%$$

例:2017年某地工业增加值为31 586万元,2016年为24 089万元,则发展速度为:
$\frac{31\ 586}{24\ 089} \times 100\% = 131\%$。

动态相对指标的作用是说明现象在时间上的发展变化,因此基期的选择要根据统计研究目的来确定。

6. 计划完成程度相对指标

计划完成程度相对指标是用来检查、监督计划执行情况的相对指标。它通过现象在某一段时间内的实际完成数与计划数对比,来观察计划完成程度。其计算公式为:

$$\text{计划完成程度相对指标} = \frac{\text{实际完成数}}{\text{计划数}}$$

此指标根据下达计划任务时期的长短和计划任务数值的表现形式不同而有多种计算方法,实际应用时需注意区别。公式中分子减分母的差额表示计划执行的绝对效果。

当计划数是以比上期增长或降低百分之几的形式出现时,在计算时不能用实际增长率或降低率除以计划增长率或降低率,而应包括原有基数100%在内。这里再一次表明对比基数的重要地位。

对计划完成程度的评价,要根据计划指标的性质和内容而定。反映工作成果的指标是作为最低限度提出的,如产量、产值、销售额等,等于或大于100%为完成或超额完成;而反映人、财、物消耗性指标以最高限额提出,如成本、费用、消耗类指标计划完成程度以等于或小于100%为好。

五、各相对指标的区别

比例相对指标和比较相对指标的区别是:① 子项与母项的内容不同。比例相对指标是同一总体内,不同组成部分的指标数值的对比;比较相对指标是同一时间同类指标在空间上的对比。② 说明问题不同。比例相对指标说明总体内部的比例关系;比较相对指标说明现象发展的不均衡程度。

强度相对指标与其他各种相对指标主要区别是:① 其他各种相对指标都属于同一总体内的数量进行对比,而强度相对指标除此之外,也可以是两种性质不同的但又有联系的属于不同总体的总量指标之间的对比。② 计算结果表现形式不同。其他相对指标用无名数表示,而强度相对指标主要是用有名数表示。③ 当计算强度相对指标的分子、分母的位置互换后,会产生正指标和逆指标,而其他相对指标不存在正、逆指标之分。

在明确六个相对数的概念、特点和计算方法后可用对比法进行小结,如表5.2-1所示。

表5.2-1　　　　　　　　　　不同相对指标的比较

分　类	指标名称	对比特点
同一总体内部之比	计划完成相对指标	实际与计划对比,子母项不可对调
	比例相对指标	总体内部分间对比,子母项可对调
	动态相对指标	同指标异时间对比,子母项不可对调
	结构相对指标	各部分与总体对比,子母项不可对调
两个总体之间对比	比较相对指标	同指标异空间对比,子母项可对调
	强度相对指标	异总体异指标对比,子母项有些可对调

任务实施

1. 计算该种产品2017年单位成本计划与实际的数值。

■ 实施过程:

以2016年的产品单位成本为基数,根据2017年的计划百分比和实际完成百分比可以计算出:

2017 年计划单位产品成本 = 800 × (100% − 8%) = 736(元)

2017 年实际单位产品成本 = 800 × (100% − 6%) = 752(元)

2. 计算 2017 年单位产品成本计划完成程度。

■ **实施过程**：

$$单位产品成本计划完成程度 = \frac{实际数}{计划数} \times 100\% = \frac{752}{736} \times 100\% = 102.17\%$$

3. 2017 年单位产品成本实际比计划多或少降低的百分点。

■ **实施过程**：

2017 年实际比计划少降低:6% − 8% = −2%,即实际比计划少降低 2 个百分点。

4. 2017 年产品销售计划完成程度。

■ **实施过程**：

$$2017 \ 年产品销售计划完成程度 = \frac{1.14}{1.08} \times 100\% = 105.56\%$$

能力测试

一、指出下面的统计计算错在哪里,并改正。

1. 本厂按计划规定,第一季度的单位产品成本应比去年同期降低 10%,实际执行结果是单位产品成本较去年同期降低 8%,仅完成产品成本计划的 80%(即 $\frac{8\%}{10\%} = 80\%$)。

2. 本厂的劳动生产率(按全部职工计算)计划在去年的基础上提高 8%,计划执行的结果仅提高 4%,劳动生产率的计划任务仅实现一半(即 $\frac{4\%}{8\%} = 50\%$)。

二、2017 年我国第一产业增加值 65 468 亿元,第二产业增加值 334 623 亿元,第三产业增加值 427 032 亿元。分别计算三个产业的结构相对指标并加以说明。

课后阅读与思考

资料一(表 5.2-2):

表 5.2-2   2021 年南京市三个产业增加值比重计算表

种 类	增加值/亿元	比重/%	比上年增长/%
第一产业	303.94	1.86	0.8
第二产业	5 902.65	36.09	7.6
第三产业	10 148.73	62.05	7.6
合 计	16 355.32	100.00	

(资料来源:南京市统计局网,http://tjj.nanjing.gov.cn/bmfw/njsj/202204/t20220421_3348138.html)

资料二(表5.2-3)：

表5.2-3　　　　　　　某商场百货组三类商品销售情况表

类别	第一季度实际		第二季度零售额/千元		计划完成/%	第二季度零售额为上季度零售额的/%
	零售额/千元	比重/%	计划	实际		
甲类	120		150	160		
乙类	150		180		106	
丙类	230			309.2	114.52	
合计	500					

思　考　1. 根据上述资料一，你能否分析当年南京市产业结构状况？

2. 结合上述资料二，你能否计算表5.2-3中的有关指标并说出指标种类？

任务三　平均指标分析

任务要求

1. 掌握平均指标的概念及简单算术平均数、加权算术平均数的计算方法。
2. 掌握简单调和平均数、加权调和平均数、中位数和众数的计算方法。

任务引入

某校高职财会0906班利用假期到某商场进行社会实践，同学们通过认真调查，获得有关资料如下：

1. 某商场某月员工工资总额为180 000元，员工总数为200人，则该月员工的平均工资就是算术平均数。

2. 某商场家电部门有10名员工，各员工月工资分别为：900、1 000、1 200、1 500、800、900、1 150、1 050、1 200、1 350元。

3. 某商场服装部门有20名员工，其日销售量资料如表5.3-1所示。

表 5.3-1　　　　　　　　　　某商场服装部门日销售量资料

日销售量 x/件	员工人数 f/人	总销售量 xf/件
13	2	26
14	5	70
15	8	120
16	3	48
17	2	34
合　计	20	298

再如，某商场员工每月工资分组资料如表 5.3-2 所示。

表 5.3-2　　　　　　　　　　某商场员工每月工资分组资料

月工资分组/元	组中值 x/元	员工人数 f/人	工资总额 xf/元
600~800	700	8	5 600
800~1 000	900	10	9 000
1 000~1 200	1 100	20	22 000
1 200~1 400	1 300	35	45 500
1 400~1 600	1 500	15	22 500
合　计	—	88	104 600

4. 计算中位数、众数。

（1）计算中位数例题。

已知：$L=1\,400$，$f_m=105$，$d=200$，$S_{m-1}=72$，$\sum f=300$，根据下限公式计算中位数。

已知：$U=1\,600$，$S_{m+1}=123$，根据上限公式计算中位数。

（2）根据单项变量数列计算众数例题。资料如表 5.3-3 所示。

表 5.3-3　　　　　　　　　　各号羊毛衫销售情况

羊毛衫型号/cm	销售量/件
85	6
90	18
95	30
100	48
105	12
110	6
115	4
120	2
合　计	126

任务描述

1. 计算算术平均数。
2. 计算简单算术平均数。
3. 计算加权算术平均数。
4. 计算中位数、众数。

相关知识

一、平均指标的概念、特点、种类和作用

（一）平均指标的概念

平均指标又称统计平均数，是反映社会经济现象总体各单位某一数量标志在一定时间、地点条件下所达到的一般水平的综合指标。

（二）平均指标的特点

平均指标有两个特点：
(1) 平均指标把总体各单位标志值的差异抽象化了。
(2) 平均指标是个代表值，代表总体各单位标志值的一般水平。

（三）平均指标的种类

平均指标的种类有：算术平均数、调和平均数、几何平均数、众数和中位数。前三种平均数是根据总体所有标志值计算的，所以称为数值平均数，后两种平均数是根据标志值所处的位置确定的，因此称为位置平均数。

（四）平均指标的作用

平均指标的作用主要表现在：
(1) 平均指标可以反映总体各单位变量分布的集中趋势。
(2) 平均指标可以用来比较同类现象在不同单位发展的一般水平。
(3) 平均指标可以用来比较同一单位的同类指标在不同时期的发展状况。
(4) 平均指标还可以用来分析现象之间的依存关系等。

二、强度相对指标与平均指标的区别

强度相对指标与平均指标的区别主要表现为以下两点：
(1) 指标的含义不同。强度相对指标说明的是某一现象在另一现象中发展的强度、密度或普遍程度；而平均指标说明的是现象发展的一般水平。

(2) 计算方法不同。强度相对指标与平均指标虽然都是两个有联系的总量指标之比，但是，强度相对指标分子与分母的联系，只表现为一种经济关系，而平均指标是在一个同质总体内标志总量和单位总量的比例关系，其分子与分母的联系是一种内在的联系，即分子是分母(总体单位)所具有的标志，对比结果是对总体各单位某一标志值的平均。

三、平均指标的计算

（一）算术平均数的计算

算术平均数是计算平均指标的最常用方法，它的基本公式形式是总体标志总量除以总体单位总量。在实际工作中，由于资料的不同，算术平均数有两种计算形式，即简单算术平均数和加权算术平均数。

1. 简单算术平均数

简单算术平均数适用于未分组的统计资料，如果已知各单位标志值和总体单位数，可采用简单算术平均数方法计算。简单算术平均数的计算公式为：

$$\bar{x} = \frac{\sum x}{n}$$

式中，$\bar{x}$ 为平均数，x 为标志值，$\sum x$ 为标志值总和，n 为标志值个数(或总体单位数)。

例如，某售货小组 5 个人，某天的销售额分别为 520、600、480、750、440 元，则平均每人日销售额为：

$$\bar{x} = \frac{\sum x}{N} = \frac{520 + 600 + 480 + 750 + 440}{5}$$

$$= \frac{2\,790}{5} = 558(元)$$

2. 加权算术平均数

加权算术平均数适用于分组的统计资料，如果已知各组的变量值和变量值出现的次数，则可采用加权算术平均数计算。加权算术平均数的计算公式为：

$$\bar{x} = \frac{\sum xf}{\sum f}$$

或 $$\bar{x} = \sum x \frac{f}{\sum f}$$

式中，$\bar{x}$ 为平均数，x 为标志值，f 为次数，$\sum f$ 为总次数。

例：已知某加工车间日产量资料如表 5.3-4 所示。

表 5.3-4　　　　　　　　　　某加工车间日产量及工人数

日产量/件	工人数 f/人
60～70	20
70～80	45
80～90	35
90 以上	10
合　计	110

要求：试以频数和频率为权数分别计算该车间日平均产量。

解：

根据表 5.3-4 制作表 5.3-5。

表 5.3-5　　　　　　以频数和频率为权数计算加权算术平均数

日产量/件	工人数 f/人	组中值 x	xf	比重 $f/\sum f$	$xf/\sum f$
60～70	20	65	1 300	0.18	11.82
70～80	45	75	3 375	0.41	30.68
80～90	35	85	2 975	0.32	27.04
90 以上	10	95	950	0.09	8.64
合计	110	—	8 600	1.00	78.18

以频数为权数：

$$平均日产量 = \bar{x} = \frac{\sum xf}{\sum f} = \frac{1\ 300 + 3\ 375 + 2\ 975 + 950}{20 + 45 + 35 + 10} = 78.2(件)$$

以频率为权数：

$$平均日产量 = \bar{x} = \sum x \frac{f}{\sum f} = 65 \times 0.18 + 75 \times 0.41 + 85 \times 0.32 + 95 \times 0.09 = 78.2(件)$$

在"加权算术平均数 $= \frac{\sum(各组变量值 \times 各组次数)}{\sum 各组次数}$"公式中，各组次数具有权衡各组变量值轻重的作用，某一组的次数越大，则该组的变量值对平均数的影响就越大，反之越小。加权算术平均数的大小受两个因素的影响，其一是变量值大小，其二是次数分配值，即各组次数占总次数的比重。加权算术平均数中的权数，指的就是标志值出现的次数或各组次数占总次数的比重。在计算平均数时，由于出现次数多的标志值对平均数的形成影响大些，出现次数少的标志值对平均数的形成影响小些，因此就把次数称为权数。在分组数列的条件下，当各组标志值出现的次数或各组次数所占比重均相等时，权数就失去了权衡轻重的作用，这时用加权算术平均数计算的结果与用简单算术平均数计算的结果相同。

（二）调和平均数的计算

在实际工作中，有时由于缺乏总体的单位数资料，而不能直接计算平均数，这时就可采用调和平均数计算。因此在统计工作中，调和平均数常常被作为算术平均数的变形来使用。调和平均数也有简单调和平均数和加权调和平均数两种形式。

简单调和平均数的计算公式为：

$$\overline{x_H} = \frac{n}{\frac{1}{x_1} + \frac{1}{x_2} + \frac{1}{x_3} + \cdots + \frac{1}{x_n}}$$

加权调和平均数的计算公式为：

$$\overline{x_H} = \frac{m_1 + m_2 + m_3 + \cdots + m_n}{\frac{m_1}{x_1} + \frac{m_2}{x_2} + \frac{m_3}{x_3} + \cdots + \frac{m_n}{x_n}} = \frac{\sum m}{\sum \frac{m}{x}} = \frac{\sum_{i=1}^{n} x_i f_i}{\sum_{i=1}^{n} f_i} = \bar{x}$$

例：某月某企业按工人劳动生产率高低分组的生产班组数和产量资料如表 5.3-6 所示。

表 5.3-6　　　　　　　　　　生产班组数和产量资料

按工人劳动生产率分组/(件/人)	生产班组数/个	产量/件
50~60	10	8 250
60~70	7	6 500
70~80	5	5 250
80~90	2	2 550
90 以上	1	1 520

试计算该企业工人平均劳动生产率。

解：列表计算，如表 5.3-7 所示。

表 5.3-7　　　　　　　　　企业工人平均劳动生产率计算表

按工人劳动生产率分组/(件/人)	组中值	产量/件	人数/人
50~60	55	8 250	150
60~70	65	6 500	100
70~80	75	5 250	70
80~90	85	2 550	30
90 以上	95	1 520	16
合　计	—	24 070	366

工人平均劳动生产率：

$$\bar{x} = \frac{\sum m}{\sum \frac{m}{x}} = \frac{24\ 070}{366} = 66(件)$$

注意本题计算中权数的选择。资料中"生产班组"可以是次数,但并不是合适的权数。因为本题中的工人劳动生产率是按"件/人"计算的,和生产班组没有直接关系,所以它不能作为权数进行平均数的计算。本题应以"产量"权数,进行加权调和平均数的计算。

加权算术平均数与加权调和平均数是计算平均指标时常常用到的两个指标。加权算术平均数中的权数一般情况下是资料已经分组得出分配数列的情况下标志值的次数。而加权调和平均数的权数是直接给定的标志总量。在经济统计中,经常因为无法直接得到被平均标志值的相应次数的资料而采用调和平均数形式来计算,使调和平均数的计算结果与加权算术平均数的计算结果相同,所以

$$\bar{x} = \frac{\sum m}{\sum \frac{m}{x}} = \frac{\sum xf}{\sum f}$$

式中,x 为变量值,$\bar{x}$ 为平均数,m 为标志值,f 为次数,$\sum f$ 为总次数。

在实际应用加权算术平均数时,需注意权数的选择。

应用平均指标必须注意的问题有:

(1) 计算和应用平均指标,必须注意现象总体的同质性。

(2) 用组平均数补充说明总平均数。

(3) 计算和运用平均数时,要注意极端数值的影响,因为算术平均数受极端数值的影响很明显。

(三) 中位数的计算

将总体单位的某一数量标志的各个标志值按照大小顺序排列,居于中间位置的那个标志值就是中位数。由于中位数的位置居中,在数列中,有一半单位的标志值小于它,有一半单位的标志值大于它,正离差和负离差相互抵消,因此,中位数也能反映总体的一般水平。在许多场合,用中位数来表示现象的一般水平,有其特殊的意义。例如,在研究社会居民收入水平时,居民收入的中位数比居民收入的算术平均数更能代表居民的收入水平。

中位数的计算,根据所掌握资料的不同,有三种方法,现分述如下:

1. 根据未分组资料计算

(1) 先把标志值按大小顺序排列。例如,某部门有 9 名员工,日销售量(单位:件)按大小顺序排列为:15、17、19、20、22、23、23、25、26。

(2) 求中点位置。中点位置 $=\frac{n+1}{2}$,n 代表标志值的个数(或总体单位数),中点位置 $=\frac{9+1}{2}=5$,则中位数是第 5 位上的标志值 22 件。

如果标志值的个数为偶数,则应取中点位置上、下两个标志值的算术平均数为中位数。例如,若上述部门为 10 人,还有 1 名员工的日销售量为 31 件,这时中点位置 $=\frac{(10+1)}{2}=5.5$,则中位数为第 5 名和第 6 名员工日销售量的算术平均数,即:$\frac{(22+23)}{2}=22.5$(件)。

2. 根据单项变量数列计算

(1) 先求出累计次数。累计次数可以按较小制累计,也可以按较大制累计,选择一种即可。例如,某部门员工销售某商品的有关资料如表5.3-8所示。

表5.3-8　　　　　　　　　　某部门员工按销售量分组表

按销售件数分组/件	员工数/人	次数累计	
		较小制累计	较大制累计
80	6	6	72
100	17	23	66
140	34	57	49
180	12	69	15
320	3	72	3
合　计	72	—	—

(2) 用 $\dfrac{\sum f+1}{2}$ 的公式,求出中位数的中点位置。中位数的中点位置 $=\dfrac{72+1}{2}=36.5$,即中位数在位置36.5上。

(3) 根据累计次数找出中位数。从累计次数栏里找出包括中点位置的累计次数,在表中较小制累计中是57,较大制累计中是49,则该累计次数所对应的标志值140件即为中位数。

3. 根据组距数列计算

(1) 确定中位数所在组。要确定中位数所在组,首先要计算累计次数,然后用 $\dfrac{\sum f}{2}$ 计算中点位置。它表明了在中点位置以左和以右所包括的单位数。先以某商场部门经理有关月收入的资料为例加以说明,如表5.3-9所示。

表5.3-9　　　　　　　　　　某商场部门经理按月收入分组表

经理按月收入分组/元	经理人数/人	较小制累计	较大制累计
1 000 ~ 1 200	24	24	300
1 200 ~ 1 400	48	72	276
1 400 ~ 1 600	105	177	228
1 600 ~ 1 800	60	237	123
1 800 ~ 2 000	27	264	63
2 000 ~ 2 200	21	285	36
2 200 ~ 2 400	12	297	15
2 400 ~ 2 600	3	300	3
合　计	300	—	—

在本例中,中点位置 $= \dfrac{\sum f}{2} = \dfrac{300}{2} = 150$,说明在中点位置以左和以右各有 150 个单位。最后,找出包括中点位置的累计次数所对应的组,该组即为中位数所在组。在本例中,累计次数 177 包括了中点位置 150,则 177 所对应的组 1 400~1 600 元就是中位数所在组。

(2)计算中位数的近似值。中位数的近似公式为:

下限公式:
$$M_e = L + \dfrac{\dfrac{\sum f}{2} - S_{m-1}}{f_m} \cdot d$$

上限公式:
$$M_e = U - \dfrac{\dfrac{\sum f}{2} - S_{m+1}}{f_m} \cdot d$$

式中,M_e 为中位数,L 为中位数所在组的下限,U 为中位数所在组的上限,f_m 为中位数所在组的次数,d 为中位数所在组的组距,$\sum f$ 为总次数,S_{m-1} 为较小制累计至中位数所在组前一组的次数,S_{m+1} 为较大制累计至中位数所在组后一组的次数。

可见,采用下限公式与上限计算中位数的结果是一致的,因此,选其中任何一个公式计算均可。

想一想

2023 年中国城市 GDP 排名前六的情况

排名	城市	生产总值/亿元	增长率/%
1	上海市	47 218.66	5.0(沪)
2	北京市	43 760.7	5.2(京)
3	深圳市	34 606.40	6.0(粤)
4	广州市	30 355.73	4.6(粤)
5	重庆市	30 145.79	6.1(渝)
6	苏州市	24 653.37	4.6(苏)

如何确定中位数?

(资料来源:根据各地统计公报整理)

(四)众数

众数是指总体中出现次数最多的标志值。有时我们可以利用众数来说明社会经济现象的一般水平。例如,为了掌握集市上某种商品的价格水平,不必全面登记该商品的成交量和成交额,只采用该种商品在市场上最普遍的成交价即可。在商业中,如服装、皮具销售量多的型号,就是该商品销售的众数,可作为这些商品的加工订货或进货的依据。

下面分别介绍在不同资料情况下众数的确定方法。

1. 根据单项变量数列计算

在单项变量数列条件下,确定众数比较简单。首先在次数栏里找到最大次数,然后找出最大次数这一组的标志值,这个标志值即为众数。

2. 根据组距数列计算

在组距数列条件下,众数的确定分两步进行:

第一步,找出众数所在组。最大次数所对应的组即为众数所在组。

第二步,根据公式计算众数。在众数所在组究竟哪个数值是众数,要根据众数的近似公式来计算。

众数的近似计算公式为:

$$M_o = L + \frac{\Delta_1}{\Delta_1 + \Delta_2} \times d$$

式中,M_o 为众数,L 为众数所在组的下限,Δ_1 为众数所在组的次数与前一组次数之差,Δ_2 为众数所在组的次数与后一组次数之差,d 为众数所在组的组距。

该公式表明,众数是在下限 L 的基础上加上一个数值。这个数值考虑了前后两组的次数大小,以 $\Delta_1 + \Delta_2$ 作为分摊比例的分母,假定 $\Delta_1 + \Delta_2$ 在组距 d 中均匀分配,用分摊比例 $\frac{\Delta_1}{\Delta_1 + \Delta_2}$ 乘以组距 d,即是所要加上的这个数值。

问题讨论

> 中位数能够把总体平分为两个部分。总体中有一半单位的标志值小于中位数,一半单位的标志值大于中位数。众数是指总体中出现次数最多的标志值。中位数与众数有什么不同?在无明显集中趋势的情况下,两者的计算有何特性?

任务实施

1. 计算算术平均数。

■ 实施过程:

该月员工的平均工资 $= \frac{180\,000}{200} = 900$(元),就是算术平均数。

2. 计算简单算术平均数。

■ 实施过程:

某商场家电部门的平均月工资按简单算术平均数计算如下:

$$\bar{x} = \frac{900 + 1\,000 + 1\,200 + 1\,500 + 800 + 900 + 1\,150 + 1\,050 + 1\,200 + 1\,350}{10} = 1\,105(元)$$

3. 计算加权算术平均数。

■ 实施过程:

根据所给资料,计算加权算术平均数为:$\bar{x} = \frac{\sum xf}{\sum f} = \frac{298}{20} = 14.9$(件)

以各组的组中值为标志值代入加权算术平均数的公式得:

$$\bar{x} = \frac{\sum xf}{\sum f} = \frac{104\,600}{88} = 1\,188.64(元)$$

4. 计算中位数、众数。

■ 实施过程：

（1）根据下限公式计算中位数：$M_e = 1\,400 + \dfrac{\dfrac{300}{2} - 72}{105} \times 200 = 1\,548.57$

根据上限公式计算中位数：$M_e = 1\,600 - \dfrac{\dfrac{300}{2} - 123}{105} \times 200 = 1\,548.57$

（2）从表 5.3-3 中的资料看出，最大次数 48 所对应的标志值为 100，则型号 100 cm 这一型号为销售众数。

  知识链接

中位数、众数、算术平均数的关系

中位数（M_e）、众数（M_o）与算术平均数（$\bar{x}$）都是说明同质总体某一标志值一般水平的统计指标，但三者在确定方法以及应用方面都不相同。算术平均数是根据总体的全部变量值计算的代表性数值，易受极端值的影响而降低其代表性；中位数和众数是根据总体某变值在变量数列中所处的特殊位置确定的，而不是根据全部变量值计算的，它不受极端值的影响。因此，在有极端值出现时，通常采用众数或中位数来说明事物的一般水平。根据同一资料计算出的算术平均数、中位数和众数其数值存在一定的关系，其关系取决于总体单位在各组间的分布状况。当总体的次数分布为对称分布时，则有 $\bar{x} = M_o = M_e$；当次数分布右偏时，则有 $M_o < M_e < \bar{x}$；当次数分布左偏时，则有 $\bar{x} < M_e < M_o$。

 能力测试

某公司下属三个工厂的全年销售额和利润率如表 5.3-10 所示。

表 5.3-10　　某公司下属三个工厂的全年销售额和利润率表

	销售额/万元	利润率/%
一厂	2 000	7.8
二厂	3 000	6.3
三厂	5 000	4.5

要求：（1）计算利润率的简单算术平均数；

（2）计算以销售额加权的平均利润率；

（3）判定综合利润率是简单算术平均数还是加权平均数，并说明理由。

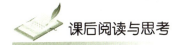

课后阅读与思考

中国经济向好为全球经济复苏贡献强大动能

近期,中国经济年中"成绩单"陆续公布,多项主要经济指标释放积极信号:生产供给逐步回升,居民消费持续升温,外贸进出口增速提升,物价总体稳定在合理区间,吸收外资延续两位数增长……随着中国疫情防控形势持续向好,稳经济政策措施加快落地生效,中国经济正在稳步恢复。

外媒认为,中国经济复苏强于预期。在全球经济形势复杂严峻背景下,中国已成为"投资者的避风港",将继续为全球经济复苏提供强大动能。

"令人惊讶的快速复苏"

据中国国家统计局日前发布的数据,2022年6月份,中国制造业采购经理指数(PMI)回升至50.2%,高于上月0.6个百分点,在连续3个月收缩后重返扩张区间。在调查的21个行业中,有13个行业PMI位于扩张区间,制造业景气面继续扩大,积极因素不断积累。

美国有线电视新闻网报道称,包括建筑业和服务业在内的中国非制造业采购经理人指数从5月的47.8%跃升至6月的54.7%。这是该指数4个月来首次回到扩张区域,也是自2021年5月以来的最强读数,表明"中国服务业活动出现了令人惊讶的快速复苏"。

"一切都表明中国的复苏强于预期。"西班牙《经济学家报》网站报道称,"最近公布的数据显示,6月份服务业经营活动激增,超出预期并跃升至近一年来的最高水平。"

"企业和工厂的经济活动近期有所扩张。这表明中国经济活动温和复苏。"《华尔街日报》网站报道称。

中国海关总署日前发布外贸数据,今年上半年,中国货物贸易进出口总值19.8万亿元人民币,连续8个季度实现同比正增长。

"中国6月出口额创5个月来最快增速,同比增长17.9%。"《日经亚洲》杂志网站报道称,汽车出货量提振了中国出口形势,约24.8万辆汽车在6月发往海外,同比增长超过30%。

"最新的官方数据表明中国作为贸易强国的地位并未减弱。"彭博社称,6月份,中国的出口贸易继续逆势而上,以1月份以来的最快速度增长,将中国的贸易顺差扩大到创纪录的近980亿美元。彭博经济学家分析,目前,中国国内生产和物流时效正在改善。

"中国是全球经济中的稀有案例。"日本野村证券日前发布最新预测称,随着摆脱疫情影响并得到扩张性政策的支持,中国经济正在复苏,而很多国家正在实施紧缩政策并出现经济放缓。野村证券经济学家预计,欧元区、美国、加拿大、澳大利亚等将在2022年至2023年间出现经济衰退,而中国的前景却大为不同。

"中国展现强劲经济韧性"

在全球通胀压力下,中国物价保持平稳运行,引发外媒点赞。

据中国国家统计局日前发布的数据,1—6月,全国居民消费价格指数(CPI)比上年同期上涨1.7%,6月单月CPI环比持平。上半年物价总体稳定在合理区间。

"与其他大国不同,通胀问题在中国不是人们最担心的问题。"新加坡银行首席投资官谢佩华日前在英国《金融时报》发文表示,今年6月份2.5%的CPI显示出中国在食品和能源方面的韧性,财政和货币刺激措施为实现国内生产总值目标提供了充足空间。中国央行是唯一一家没有加息抑制通胀压力的央行。人民币在美元走强的情况下保持稳定,中国有能力通过降低利率来放松信贷环境。

新加坡大华银行集团经济学家日前发布最新评论称,中国6月份核心CPI(不包括食品和能源)保持温和,同比仅增1.0%。预计中国央行将维持其宽松的货币政策以促进增长。

《华尔街日报》网站报道称,由于食品和燃料价格上涨,中国6月的通胀率略高于预期,但与欧洲和美国的高通胀相比,成本压力仍然较小。经济学家预计,随着中国经济复苏,中国通胀率很可能在9月前后见顶,在3%左右甚至更低。相比之下,美国5月CPI同比上涨8.6%,是1981年以来的最大涨幅。根据一项初步估算,欧元区19个国家6月年化CPI同样达到了8.6%。中国的表现甚至在亚洲也是不同寻常的。大多数亚洲国家的物价涨幅更大,各国央行纷纷给经济踩刹车进行回应。

"尽管CPI在猪肉和能源价格上涨的背景下上涨,但这不大可能成为中国央行面临的类似西方央行的危机。"彭博社称。

国际清算银行近日发布的年度经济报告显示,世界经济正面临进入新的高通胀期的风险。该行总经理阿古斯丁·卡斯滕斯近日接受媒体采访时表示,在全球高通胀形势下,中国展现出强劲的经济韧性,这为中国央行提供了建设性调整货币政策的空间。"中国将继续为世界经济增长贡献动能。"卡斯滕斯说。

"投资中国有独特价值"

外资,是观察一国经济吸引力的风向标。中国贸促会近期的调研结果显示,中国持续优化营商环境,提升了外资企业对中国市场的信心,也坚定了外商扩大在华投资的决心。

中国美国商会近期发布的《美国企业在中国白皮书》显示,有超过2/3的受访企业认为,中国仍是其在全球的前三大投资市场;83%的受访企业表示,他们没有考虑将生产或采购转移到中国以外的地区。白皮书称,中国仍然是美国企业的首选市场。在许多美国企业看来,要成为全球赢家,在中国市场保持竞争力至关重要。

6月19日,第三届跨国公司领导人青岛峰会开幕,476家世界500强企业和行业领军企业负责人通过线上线下方式赴会。99个重点外资项目集中签约,总投资额156亿美元。"我们对中国市场的承诺和信心从未改变。"美国化工巨头陶氏公司亚太区总裁彭睿思在参会期间表示,相比其他市场,中国有广阔的市场和发展空间、不断升级的消费需求、完整的工业体系和供应链生态,这些独特优势为跨国企业提供了宽广舞台。

与此同时,外资也在积极融入中国金融市场。万德数据显示,6月北向资金净买入超过729.6亿元,创2020年以来的新高,这也是北向资金连续第3个月呈现净流入。"北向资金"指香港向沪深两市流入的资金,一直被视为国际资本配置A股的风向标。6月以来,北向资金大量流向A股,表明越来越多国际投资机构看好中国。

"全球股市经历了1970年以来最糟糕的上半年。"谢佩华表示,对全球投资者来说,投资中国有独特价值。中国的能源转型和技术进步也提供了绿色基础设施领域的投资机会。

"中国及其市场已成为金融动荡的避难所和全球经济的巨大希望。"西班牙《经济学家报》网站发文称,自5月以来,中国股市上涨了约15%,而美国标准普尔500指数下跌了约8%。同时,尽管中美两国的货币政策路径不同,但人民币相对于美元的汇率仍较为稳定。

对西方经济来说,中国将越来越重要,因为它是一个功能齐全的生产和消费中心。在西方消费被通货膨胀扼杀之际,中国消费者的消费意愿将稳步回升。"由此,中国或将在全球迫在眉睫的经济衰退中成为一片绿洲,其市场也可以作为投资者的稳定避风港。"该报道称。

(资料来源:《人民日报(海外版)》,2022 年 7 月 18 日第 10 版)

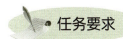

1. 请指出阅读材料中出现的静态指标及指标值。
2. 结合阅读材料,请你谈谈中国经济向好对世界经济发展的影响。

任务四 标志变异指标分析

任务要求

1. 理解标志变异指标的概念。
2. 掌握极差、平均差、标准差、标准差系数的计算方法。

任务引入

某工厂乙组工人日产量资料如表 5.4-1 所示。

表 5.4-1 　　　　　　某工厂乙组工人日产量

日产量/件	工人数/人
10~20	15
20~30	38
30~40	34
40~50	13
合　计	100

任务描述

1. 计算乙组平均每个工人的日产量。
2. 计算乙组工人日产量的标准差。

 集中趋势的计量指明了一个变量的典型的值,而离散程度的计量指出了数据的离散程度。只依赖集中趋势计量可能是危险的,这一点可从以下例子中看出来,该例假定在两个市场中进行调查啤酒日饮用数量,结果如表 5.4-2 所示。

表 5.4-2　　两市场啤酒日饮用数量离散程度计量和集中趋势计量

被调查者	啤酒日饮用数量/听、瓶、杯	
	市场一	市场二
1	2	1
2	2	1
3	3	1
4	4	1
5	5	1
6	1	1
7	2	1
8	2	3
9	6	10
10	3	10
算术平均值	3	3

虽然啤酒的日平均消费量在两个市场是相同的,然而,市场二与市场一的离散程度相同吗?

相关知识

一、标志变异指标的概念

标志变异指标又称标志变动度,它综合反映总体各个单位标志值的差异程度或离散程度。以平均指标为基础,结合运用变异指标是统计分析的一个重要方法。

标志变异指标的作用有:第一,反映现象总体总单位变量分布的离中趋势;第二,说明平均指标的代表性程度,标志变异指标愈大,其代表性越弱;第三,测定现象变动的均匀性或稳定性程度,如产品质量稳定性、投资的风险程度等。从以上三点作用可以看出,标志变异指标总是和平均指标相结合,从另一个侧面说明总体的特征。

想一想　标志变异指标在统计分析中具有重要作用,那么在统计实际工作中如何体现标志变异指标的作用呢?你能举出哪些相应实例?

二、标志变异指标的种类和计算

经常使用的反映离散程度的标志变异指标包括极差(全距)、平均差、方差和标准差等。

（一）极差（全距）

极差（全距）是指一个数列中两个极端值即最大值和最小值之差，用字母 R 表示。计算极差（全距）是测定标志变异程度最简单的方法，极差的大小能说明标志值变动范围的大小，其公式为：

$$极差（全距）= 最大标志值 - 最小标志值$$

例：甲数列：50、60、70、80、90，$R = 90 - 50 = 40$
乙数列：68、69、70、71、72，$R = 72 - 68 = 4$

计算结果表明甲数列的极差（全距）远远大于乙数列的极差（全距）。

根据组距数列求极差（全距）的计算公式为：

$$极差（全距）= 最高组上限 - 最低组下限$$

例：已知某加工车间日产量资料如表 5.4-3 所示。

表 5.4-3　　　　　　　　　某加工车间日产量及工人数

日产量/件	工人数/人
60 ~ 70	20
70 ~ 80	45
80 ~ 90	35
90 ~ 100	10
合　计	110

$$极差（全距）= 最高组上限 - 最低组下限 = 100 - 60 = 40（件）$$

用极差评价变量的离散状况：极差值越小表明变量值离散范围越小，离散程度越小，变量值越集中，平均数代表性越大；极差值越大，表明变量值离散范围越大，离散程度越大，变量值越分散，平均数代表性越小。极差值对极端值反应灵敏。

在实际工作中，极差（全距）可用来检查产品质量的稳定性和进行质量控制。因为在正常生产的条件下，产品质量比较稳定，极差（全距）在一定范围内波动。若极差（全距）超过给定的范围，就说明有不正常情况产生。所以，利用极差（全距）有助于及时发现问题，以便采取措施，保证产品质量。

（二）平均差

平均差是各单位标志值对平均数的离差绝对值的平均数。由于各个标志值对算术平均数的离差有正有负，其和为零，因此须采用离差的绝对值来计算平均数。平均差仅反映总体各单位标志值对其平均数的平均离差量。平均差愈大，表明标志变异程度愈大；反之，则表明标志变异程度愈小。

平均差通常用 $A.D.$ 表示，在资料未分组时，其计算公式为：

$$A.D. = \frac{\sum |x - \bar{x}|}{n}$$

式中,x 为标志值,$\bar{x}$ 为算术平均数,n 为标志值的个数。

在资料经过分组后,平均差的计算公式为:

$$A.D. = \frac{\sum |x - \bar{x}| f}{\sum f}$$

式中,x 为标志值,$\bar{x}$ 为算术平均数,n 为标志值的个数,f 为次数,$\sum f$ 为总次数。

例:某企业 64 名员工按日销售量编制成变量数列,如表 5.4-4 所示。

表 5.4-4　　　　　某企业员工的销售量平均差计算表

员工按日销售量分组/件	员工数 f	组中值 x	离差绝对值 $|x-\bar{x}|$	$|x-\bar{x}|f$
30~40	4	35	22.81	91.24
40~50	10	45	12.81	128.1
50~60	20	55	2.81	56.2
60~70	24	65	7.19	172.56
70~80	6	75	17.19	103.14
合　计	64	—	—	551.24

将表中的有关数据代入平均差计算公式,得:

$$A.D. = \frac{\sum |x - \bar{x}| f}{\sum f} = \frac{551.24}{64} = 8.61(\text{件})$$

(三) 方差和标准差

平均差对离差采用绝对值,避免了正负离差求和时相互抵消的问题,但绝对值不便于代数运算,而方差和标准差可弥补这一不足。

方差的计算公式为:

$$\delta^2 = \frac{\sum (x - \bar{x})^2}{n}$$

式中,δ^2 为方差,x 为变量值,$\bar{x}$ 为算术平均数,n 为总体单位数。

将方差开平方,得到的即为标准差,这是为了使变异量单位同数据单位一致。

标准差也称为均方差,其计算公式为:

$$\delta = \sqrt{\frac{\sum (x - \bar{x})^2}{n}}$$

式中,δ 为标准差。

当资料是分组数据时,方差和标准差的计算可采用加权形式,其计算公式分别为:

$$\delta^2 = \frac{\sum (x - \bar{x})^2 f}{\sum f}$$

$$\delta = \sqrt{\frac{\sum(x-\bar{x})^2 f}{\sum f}}$$

式中，x 为各组组中值，f 为各组次数，$\bar{x}$ 为加权算术平均数。

例：甲、乙两企业某年各月总销售额资料如表 5.4-5 所示。分别计算这两个企业的全年平均月销售额及月销售额分布的标准差。

表 5.4-5　　　　　　　　　两企业各月销售额资料对比分析计算表

甲企业 $\bar{x}=100$ 万元				乙企业 $\bar{x}=100$ 万元			
月 份	销售额 x/万元	离差 $x-\bar{x}$	离差平方 $(x-\bar{x})^2$	月 份	销售额 x/万元	离差 $x-\bar{x}$	离差平方 $(x-\bar{x})^2$
1	110	10	100	1	70	−30	900
2	98	−2	4	2	65	−35	1 225
3	95	−5	25	3	84	−16	256
4	99	−1	1	4	120	20	400
5	98	2	4	5	91	−9	81
6	100	0	0	6	100	0	0
7	97	−3	9	7	68	−32	1 024
8	98	−2	4	8	73	−27	729
9	102	2	4	9	140	40	1600
10	101	1	1	10	120	20	400
11	102	2	4	11	110	10	100
12	100	0	0	12	159	59	3 481
合 计	1 200	0	156	合 计	1 200	0	10 196

根据上述资料计算得到：

$$\delta_甲 = \sqrt{\frac{\sum(x-\bar{x})^2}{n}} = \sqrt{\frac{156}{12}} = 3.605\,6(万元)$$

$$\delta_甲^{\,2} = \frac{\sum(x-\bar{x})^2}{n} = \frac{156}{12} = 13(万元)$$

$$\delta_乙 = \sqrt{\frac{\sum(x-\bar{x})^2}{n}} = \sqrt{\frac{10\,196}{12}} = 29.149\,0(万元)$$

$$\delta_乙^{\,2} = \frac{\sum(x-\bar{x})^2}{n} = \frac{10\,196}{12} = 849.666\,7(万元)$$

虽然甲、乙两个企业年销售额均为 1 200 万元，月平均销售额也均为 100 万元，但乙企业的标准差高达 29.149 0 万元，远大于甲企业的标准差 3.605 6 万元，说明乙企业的月销售额平均 100 万元代表性差，各月销售额分布非常不均衡，有明显的前松后紧现象。

（四）离散系数

离散系数又称变异系数,是统计学中的常用指标,也是衡量资料中各观测值离散程度的一个统计量,主要用于比较不同水平的变量数列的离散程度及平均数的代表性。

当进行两个或多个资料离散程度的比较时,如果度量单位与平均数相同,可以直接利用标准差来比较。如果度量单位和(或)平均数不同时,比较其离散程度就不能采用标准差,而需采用标准差与平均数的比值(相对值)来比较,此时计算出来的离散系数也称为标准差系数。其计算公式为:

$$V = \frac{\delta}{\bar{x}}$$

式中,V 表示离散系数(标准差系数),其他符号同前。

离散系数通常可以进行多个总体的对比,通过离散系数大小的比较可以说明不同总体平均指标的代表性或稳定性大小。一般来说,离散系数越小,说明平均指标的代表性越好;离散系数越大,平均指标的代表性越差。

例:甲、乙两个工厂生产某产品的相关计算资料见表 5.4-6。

表 5.4-6　　　　　　　　甲、乙两个工厂某产品的生产情况

厂别	工人平均月产量/件	标准差/件	标准差系数/%
甲工厂	16 000	600	3.75
乙工厂	8 000	400	5.00

$$V_{甲} = \frac{\delta}{\bar{x}} \times 100\% = \frac{600}{16\,000} \times 100\% = 3.75\%$$

$$V_{乙} = \frac{\delta}{\bar{x}} \times 100\% = \frac{400}{8\,000} \times 100\% = 5\%$$

从上例看出,甲厂的标准差大于乙厂,但由于两个工厂的工人平均月产量水平不同,不能简单地用标准差的大小来判定乙厂工人平均月产量的代表性高于甲厂。只有计算出两厂的标准差系数,消除两个工厂工人平均月产量不同的影响,才能进行比较。从算出的标准差系数看,甲厂为 3.75%,乙厂为 5%,甲厂小于乙厂的,所以可准确地判定甲厂工人平均月产量的代表性高于乙厂的。

问题讨论

A、B 两组各有 6 位学生参加同一次语文测验,A 组的分数为 95、85、75、65、55、45,B 组的分数为 73、72、71、69、68、67。这两组的平均数都是 70,但 A 组的标准差为 17.08 分,B 组的标准差为 2.16 分,说明 A 组学生之间的差距要比 B 组学生之间的差距大得多。平均数与标准差的意义各有哪些?

项目五 静态分析技术

任务实施

1. 计算乙组平均每个工人的日产量。

■ 实施过程：

解：具体数据如表5.4-7所示。

表5.4-7　　　　　　　　计算乙组平均每个工人的日产量

日产量/件	工人数 f/人	组中值 x	xf	$x-\bar{x}$	$(x-\bar{x})^2$	$(x-\bar{x})f$
10～20	15	15	225	－14.5	210.25	3 153.75
20～30	38	25	950	－4.5	20.25	796.5
30～40	34	35	1 190	5.5	30.25	1 028.5
40～50	13	45	585	15.5	240.25	3 123.25
合　计	100	—	2 950	—	—	8 102

乙组平均每个工人的日产量 $\bar{x} = \dfrac{\sum xf}{\sum f} = \dfrac{2\ 950}{100} = 29.5$（件）

2. 计算乙组工人日产量的标准差。

■ 实施过程：

乙组工人日产量的标准差 $\delta = \sqrt{\dfrac{\sum(x-\bar{x})^2 f}{\sum f}} = \sqrt{\dfrac{8\ 102}{100}} = 9$（件）

能力测试

1. 某企业部门一和部门二各有10名员工，日销售量如表5.4-8所示，分别计算两部分的平均差并说明两部门平均数的代表性大小。

表5.4-8　　　　　　　某企业两部门员工日销售量平均差计算表

第一部门（$\bar{x}$=8件）			第二部门（$\bar{x}$=8件）		
日销售量 x/件	离差 $x-\bar{x}$	离差绝对值 $\|x-\bar{x}\|$	日销售量 x/件	离差 $x-\bar{x}$	离差绝对值 $\|x-\bar{x}\|$
7	－1	1	1	－7	7
7	－1	1	2	－6	6
8	0	0	4	－4	4
8	0	0	7	－1	1
8	0	0	8	0	0

续表

第一部门($\bar{x}=8$件)			第二部门($\bar{x}=8$件)		
日销售量 x/件	离差 $x-\bar{x}$	离差绝对值 $|x-\bar{x}|$	日销售量 x/件	离差 $x-\bar{x}$	离差绝对值 $|x-\bar{x}|$
8	0	0	9	1	1
8	0	0	10	2	2
8	0	0	12	4	4
9	1	1	12	4	4
9	1	1	15	7	7
合计80	0	4	合计80	0	36

2. 某企业员工月工资分组资料如表5.4-9所示。试计算方差和标准差。

表5.4-9　　　　　某企业员工月工资方差和标准差计算表

经理按月收入分组/元	组中值 x/元	经理人数 f/人	离差 $x-\bar{x}$	离差平方 $(x-\bar{x})^2$	$(x-\bar{x})^2 f$
1 000 ~ 1 200	1 100	24	−496	246 016	5 904 384
1 200 ~ 1 400	1 300	48	−296	87 616	4 205 568
1 400 ~ 1 600	1 500	105	96	9 216	967 680
1 600 ~ 1 800	1 700	60	104	10 816	648 960
1 800 ~ 2 000	1 900	27	304	92 416	2 495 232
2 000 ~ 2 200	2 100	21	504	254 016	5 334 336
2 200 ~ 2 400	2 300	12	704	495 616	5 947 392
2 400 ~ 2 600	2 500	3	904	817 216	2 451 648
合　计	—	300	—	—	27 955 200

课后阅读与思考

标准差——选基金

标准差是一种表示分散程度的统计观念。标准差已广泛应用在股票以及共同基金投资风险的衡量上,主要是根据基金净值在一段时间内波动的情况计算而来的。一般而言,标准差越大,表示净值的涨跌越剧烈,风险程度也越大。实务的运作上,可进一步运用单位风险报酬率的概念,同时将报酬率的风险因素考虑在内。所谓单位风险报酬率是指衡量投资人每承担一单位的风险,所能得到的报酬,以夏普指数最常为投资人运用。

在投资基金上,一般人比较重视的是业绩,但往往买进了近期业绩表现最佳的基金之后,基金表现反而不如预期,这是因为所选基金波动度太大,没有稳定的表现。衡量基金波动程度的工具就是标准差。标准差是指基金可能的变动程度。标准差越大,基金未来净值可能变动的程度就越大,稳定度就越小,风险就越高。

比方说,一年期标准差是30%的基金,表示这类基金的净值在一年内可能上涨30%,但也可能下跌30%。因此,如果有两只收益率相同的基金,投资人应该选择标准差较小的基金(承受较小的风险得到相同的收益),如果有两只相同标准差的基金,则应该选择收益较高的基金(承受相同的风险,但是收益更高)。建议投资人同时将收益和风险计入,以此来判断基金的业绩表现。例如,A 基金两年期的收益率为 36%,标准差为 18%;B 基金两年期收益率为 24%,标准差为 8%。从数据上看,A 基金的收益高于 B 基金,但同时风险也大于 B 基金。A 基金的"每单位风险收益率"为 $2\left(\dfrac{0.36}{0.18}\right)$,而 B 基金为 $3\left(\dfrac{0.24}{0.08}\right)$。因此,原先仅仅以收益评价是 A 基金较优,但是经过标准差即风险因素调整后,B 基金反而更为优异。

另外,标准差也可以用来判断基金属性。据晨星统计,今年以来股票基金的平均标准差为 5.14,积配型基金的平均标准差为 5.04,保守配置型基金的平均标准差为 4.86,普通债券基金平均标准差为 2.91,货币基金平均标准差则为 0.19。由此可见,越是积极型的基金,标准差越大;而如果投资人持有的基金标准差高于平均值,则表示风险较高。投资人不妨参照以上分析检视一下手中的基金。

(资料来源:科技百科网,http:∥www.techcn.com.cn/index.php? edition – view – 64249 – 1)

思 考 如何根据标准差规避基金投资风险?

统计活动——扫码学习

静态分析技术

项目六

动态分析技术

 学习目标

1. 理解动态数列的概念、种类和编制原则。
2. 掌握动态数列水平指标的计算方法,理解水平指标的含义。
3. 能熟练进行动态数列的速度指标的计算,知悉水平法和累计法的区别。

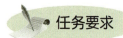 任务一 编制动态数列

 任务要求

1. 理解动态的概念及编制原则,了解动态数列的作用。
2. 能说出动态数列的不同种类和特点。

任务引入

我国 2015—2020 年职工人数及工资额的变化如表 6.1-1 所示。表中的各行数列就是比较典型的动态数列。

表 6.1-1　　　　　2015—2020 年职工人数及工资额的变化

年　份	2015	2016	2017	2018	2019	2020
年末职工人数/万人	18 062	17 888	17 644	17 258	17 162	17 039
职工工资总额/亿元	112 007.8	120 074.8	129 889.1	141 480.0	154 296.1	164 126.9

续表

年 份	2015	2016	2017	2018	2019	2020
其中：国有经济单位/亿元	40 387.9	44 462.9	48 884.1	51 126.6	53 743.7	59 628.1
占工资总额的比重/%	36.06	37.03	37.64	36.14	34.83	36.33
职工年平均货币工资/元	62 029	67 569	74 318	82 413	90 501	97 379

（资料来源：根据中国国家统计局公布的统计数据资料整理）

任务描述

1. 请根据上表的格式，列出你身边发生的动态数列。
2. 请总结出动态数列的含义。
3. 上表中不同的行表示的数列是否有区别，你能否总结出来？
4. 编制动态数列时应遵循的原则或者说应注意的问题有哪些？

议一议 表6.1-1中列示的各种动态数列，你能看出它们的作用吗？能判断出它们之间的区别吗？

相关知识

一、动态数列的概念

动态数列也称时间数列，是按时间先后顺序排列的一列数。

表6.1-1中的每一行有序数值就是一个动态数列，表中共有5个动态数列，由此可见，动态数列具有两个基本要素：一是时间；二是各时间指标值。

要研究和分析现象的发展变化，就必须编制动态数列，编制动态数列及在此基础上的计算、分析、研究，在经济活动和统计工作中都有着重要作用：第一，动态数列可以描述社会经济现象的量变过程；第二，通过动态数列可以研究现象的发展程度和发展趋势，探索其变化的规律性；第三，通过动态数列有关统计数据的计算、研究，可以对所研究的现象作趋势预测；第四，利用动态数列可以将不同国家或地区的同类现象进行对比。

二、动态数列的种类

从表6.1-1中的每一行所表示的动态数列可以看出，动态数列可分为总量指标动态数列、相对指标动态数列和平均指标动态数列三种，其中总量指标动态数列是基本数列，其余两种是派生数列。

（一）总量指标动态数列

把一系列总量指标（统计绝对数）按时间先后顺序排列起来所形成的动态数列称为总

量指标动态数列。如果按其所反映的社会经济现象所属的时间不同,总量指标动态数列又可分为时期数列和时点数列。

1. 时期数列

时期数列的各项指标反映某现象在一段时期内发展过程的总量,表 6.1-1 中第二个和第三个动态数列就是时期数列。

时期数列有如下特点:

(1) 各项数值是可加的;

(2) 指标值大小与时期长短有关,时期数列中的每个指标数值反映现象所在时间的长短,称为时期;

(3) 每个指标数值通过连续登记而得。

2. 时点数列

时点数列的各项指标反映某现象在某一时点上所达到的水平,表 6.1-1 中第一个动态数列就是时点数列。时点数列没有时期,只有间隔,该时点数列的间隔为一年。

时点数列有如下特点:

(1) 各项数值是不可加的;

(2) 指标值大小与时期长短无关;

(3) 每个指标数值通过一定时期登记一次而得。

(二) 相对数动态数列

把一系列同类相对指标按时间先后顺序排列起来所形成的动态数列称为相对数动态数列,表 6.1-1 中第四个动态数列就是相对数动态数列。

(三) 平均数动态数列

把一系列同类的平均指标按时间先后顺序排列起来所形成的动态数列称为平均数动态数列,表 6.1-1 中第五个数列就是平均数动态数列。

三、编制动态数列的原则

编制动态数列应遵循以下原则:

(1) 总体范围(通常是指现象的空间范围)应该一致;

(2) 指标的经济内容应该相同;

(3) 时期数列的时期长短应该一致,时期数列和时点数列的间隔应该一致;

(4) 计算口径(计算方法、计量单位)应该统一。

上述可比性原则在实践中不能绝对化,要看研究的具体目的,只要比得合理,能说明问题,也是可以变通的。

1. 请根据上表的格式,列示你身边发生的动态数列。

■ 实施过程：

某市区 2 月上旬最高气温的变化如表 6.1-2 所示。

表 6.1-2　　　　　　　　　某市区 2 月上旬最高气温的变化

日　期	1日	2日	3日	4日	5日	6日	7日	8日	9日	10日
最高气温/℃	5	6	2	3	4	5	7	6	8	6

2. 请总结出动态数列的含义。

■ 实施过程：

动态数列是按时间先后顺序排列的一列数。

3. 上表中不同的行表示的数列是否有区别，你能否总结出来？

■ 实施过程：

有区别，第二行是时点数列，第三行、第四行是时期数列，第五行是相对数数列，第六行是平均数动态数列。

4. 编制动态数列时应遵循的原则或者应注意的问题有哪些？

■ 实施过程：

(1) 总体范围应该一致；
(2) 指标的经济内容应该相同；
(3) 时期数列的时期长短应该一致，时期数列和时间数列的间隔应该一致；
(4) 计算口径应该统一。

能力测试

某电脑公司 6 月 6 日至 25 日的电脑销售量(台)如下：

6 至 15 日：　159　　160　　163　　161　　158　　162　　160　　163　　166　　165
16 至 25 日：　163　　161　　158　　166　　169　　170　　168　　172　　175　　177

要求：编制该电脑公司 6 月 6 日—25 日电脑销售量的动态数列。

课后阅读与思考

江苏省 2014—2020 年人口自然变动情况如表 6.1-3 所示。

表 6.1-3　　　　　　　　江苏省 2014—2020 年人口自然变动情况

年　份	出　生		死　亡		自然增长	
	人数/万人	出生率/‰	人数/万人	死亡率/‰	人数/万人	自然增长率/‰
2014	75.13	9.12	54.20	6.58	20.93	2.54
2015	72.11	8.69	54.27	6.54	17.84	2.15

续表

年 份	出 生		死 亡		自然增长	
	人数/万人	出生率/‰	人数/万人	死亡率/‰	人数/万人	自然增长率/‰
2016	77.96	9.34	54.35	6.51	23.61	2.83
2017	77.82	9.26	54.45	6.48	23.37	2.78
2018	74.93	8.88	54.57	6.47	20.36	2.41
2019	73.51	8.69	54.81	6.48	18.70	2.21
2020	56.43	6.66	54.99	6.49	1.44	0.17

(资料来源:《江苏统计年鉴2021》,中国统计出版社,2021年11月)

思 考 根据江苏省2014—2020年人口自然变动情况,你能区分出不同的数列类型吗?

任务二 发展水平分析

1. 理解发展水平的含义。
2. 理解基期水平、中间水平及报告期水平的含义。

江苏省2014—2020年地区生产总值如表6.2-1所示。

表6.2-1　　　　　江苏省2014—2020年地区生产总值

年 份	2014	2015	2016	2017	2018	2019	2020
地区生产总值/亿元	64 830.51	71 255.93	77 350.85	85 869.76	93 207.55	98 656.82	102 718.98

(资料来源:《江苏统计年鉴2021》,中国统计出版社,2021年11月)

1. 总结表6.2-1中地区生产总值的变化。
2. 理解基期水平和报告期水平的含义。

议一议 表6.2-1中列示的动态数列,你能看出它们的作用吗?

 相关知识

一、发展水平的含义

发展水平,又称发展量,是指时间数列中的每一项具体指标数值,反映的是经济现象在各个时期所达到的规模和发展的程度。发展水平是动态分析的基础指标。

二、发展水平的分析

发展水平指标可以表现为总量指标,也可以表现为相对指标和平均指标。

发展水平根据作用的不同,分为基期水平和报告期水平。基期水平是指作为对比基础时期的水平;报告期水平也称计算期水平,是指作为研究时期的指标水平。

如果用符号 $a_0, a_1, a_2, a_3, \cdots, a_{n-1}, a_n$ 代表数列中各个发展水平,则在表 6.2-1 中,如果以 2010 年作为基期水平,记为 a_0,则 2011 年、2012 年、2013 年……2016 年地区生产总值分别用 $a_1, a_2, a_3, \cdots, a_6$ 表示,称为报告期水平或计算期水平。a_0 又称为最初水平;$a_1, a_2, a_3, \cdots, a_5$ 又称为中间水平;$a_6(a_n)$ 又称为最末水平。

 任务实施

1. 总结表 6.2-1 中地区生产总值的变化。

■ 实施过程:

表 6.2-1 中江苏省 2014—2020 年的地区生产总值是不断增加的。

2. 理解基期和报告期水平的含义。

■ 实施过程:

基期水平和报告期水平是相对的,在上例中,如果以 2014 年作为基期水平,记为 a_0,则 2015 年、2016 年、2017 年……2020 年地区生产总值分别用 $a_1, a_2, a_3, \cdots, a_6$ 表示,称为报告期水平或计算期水平。为了研究的需要,也可以把 2015 年或者 2016 年的水平作为基期水平,则以后各年份的水平就是报告期水平。

 能力测试

江苏省 2014—2020 年第一产业地区生产总值如表 6.2-2 所示。

表 6.2-2　　江苏省 2014—2020 年第一产业地区生产总值

年　份	2014	2015	2016	2017	2018	2019	2020
地区生产总值/亿元	3 607.40	3 952.47	4 039.75	4 045.16	4 141.71	4 297.24	4 536.72

（资料来源：《江苏统计年鉴 2021》，中国统计出版社，2021 年 11 月）

要求：根据表 6.2-2 理解发展水平指标的含义，并指出基期水平和报告期水平。

课后阅读与思考

江苏省主要年份一天的情况如表 6.2-3 所示。

表 6.2-3　　江苏省主要年份一天的情况

指　标	1978	2000	2005	2010	2015	2020
地区生产总值/亿元	0.68	23.43	49.65	113.38	195.22	280.65
社会消费品零售总额/亿元	0.23	7.97	15.71	37.28	70.90	101.33
出生人数/人	2 483	1 808	1 886	2 079	1 976	1 542
死亡人数/人	968	1 299	1 436	1 470	1 535	1 502

（资料来源：《江苏统计年鉴 2021》，中国统计出版社，2021 年 11 月）

思　考　根据江苏省主要年份一天的情况，理解基期水平和报告期水平的含义。

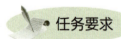

任务三　平均发展水平分析

任务要求

1. 理解平均发展水平的含义。
2. 掌握不同类型的动态数列的平均发展水平的计算方法。

任务引入

仍以表 6.2-1 中的资料为例。

任务描述

如果想了解江苏省 2016—2020 年这五年的平均地区总产值，应该怎样计算？

议一议 根据表 6.2-1 中列示的动态数列,你能提出哪些问题?

相关知识

一、平均发展水平的含义

平均发展水平是不同时期发展水平的平均数,又称序时平均数或动态平均数,它反映在一段时期内发展过程所达到的一般水平。

平均发展水平和前面讲的一般平均数既有相同又有不同。相同点是两种平均数都是所有变量值的代表值,表现的都是现象的一般水平。不同点是平均发展水平平均的是现象在不同时间上指标数值的差别,是从动态上说明现象的一般水平,是根据时间数列计算的;而一般平均数平均的是现象在同一时间上的数量差别,是从静态上说明现象的一般水平,是根据变量数列计算的。

在动态分析中,利用平均发展水平分析社会经济现象的动态变化有很重要的作用:一是用它可以反映社会经济现象在一段时间内所达到的一般水平,并对其做出概括的说明;二是利用它可以消除现象在短期内波动的影响,便于观察现象的发展趋势和规律;三是利用它还可以对不同单位、不同地区等在某一段时间内,某一事项的一般水平进行比较。

二、平均发展水平的计算

平均发展水平既可以在总量指标数列中计算,也可以在相对数列和平均数列中计算。由于时间数列中指标的性质不同,计算方法也不同。因此计算平均发展水平的基本思路是:首先要判断时间数列的类型,不同类型的时间数列,平均发展水平的计算方法也不同;然后就是选择具体的计算公式。下面分别讲述各种不同时间数列的平均发展水平的计算方法。

(一)总量指标时间数列中平均发展水平的计算

总量指标时间数列又分为时期数列和时点数列,二者计算平均发展水平的方法是不同的,下面就这两种情况分别介绍。

1. 由时期数列计算平均发展水平

由时期数列计算平均发展水平采用简单算术平均法,用时期数列中各个指数数值之和除以时期项数即可。其计算公式为:

$$\bar{a} = \frac{a_1 + a_2 + \cdots\cdots + a_n}{n} = \frac{\sum a}{n}$$

式中,$\bar{a}$ 为序时平均数,a_n 为数列中各期发展水平,n 为时间项数。

例如,某企业 2017 年下半年各月利润如表 6.3-1 所示。

表 6.3-1　　　　　　　　　　某企业 2017 年下半年各月利润

时间	7月	8月	9月	10月	11月	12月
利润/万元	22.4	17.6	22.5	40.2	35.7	28.2

计算月平均利润：

$$\bar{a} = \frac{\sum a}{n} = \frac{22.4 + 17.6 + 22.5 + 40.2 + 35.7 + 28.2}{6} = \frac{166.6}{6} = 27.8(万元)$$

2. 由时点数列计算平均发展水平

根据时间点数列的特点，时点数列可以分为连续的时点数列、间断的间隔相等的时点数列和间断的间隔不等的时点数列三种。不同种类的时点数列计算平均发展水平的方法是不一样的。下面分别予以说明。

（1）由连续的时点数列资料计算平均发展水平。

这种时点数列资料是逐日登记并逐日排列的，用简单算术平均数计算平均发展水平，即以各个时点指标数值之和除以时点项数。其计算公式与时期数列计算公式相同。

例如，某企业 2018 年一周内每天的职工的出勤人数如表 6.3-2 所示。

表 6.3-2　　　　　　　某企业 2018 年一周内的职工的出勤人数情况

时间	星期一	星期二	星期三	星期四	星期五	星期六
出勤人数/人	2004	2009	2016	2004	2015	2018

计算平均每天职工人数：

$$\bar{a} = \frac{\sum a}{n} = \frac{2004 + 2009 + 2016 + 2004 + 2015 + 2018}{6} = 2011(人)$$

（2）由间断的间隔相等的时点数列资料计算平均发展水平。

这种性质的时点数列资料计算平均发展水平，要求假定各指标数值在相邻两个时点之间的变动是均匀的，但是实际上并不完全如此，所以计算的序时平均数只能是近似值，采用首末折半法，计算公式如下：

$$\bar{a} = \frac{\frac{a_1}{2} + a_2 + a_3 + \cdots a_{n-1} + \frac{a_n}{2}}{n-1}$$

式中各符号含义同前。

例如，某企业 2017 年第二季度商品库存额如表 6.3-3 所示。

表 6.3-3　　　　　　　　某企业 2017 年第二季度商品库存额

日期	4月1日	5月1日	6月1日	7月1日
月初库存额/万元	2 200	2 276	2 282	2 250

计算该企业 2017 年第二季度平均商品库存额：

$$\bar{a} = \frac{\frac{2\,200}{2} + 2\,276 + 2\,282 + \frac{2\,250}{2}}{4-1} = 2\,261(万元)$$

(3) 由间断的间隔不等的时点数列资料计算平均发展水平。

由间断的间隔不等的时点数列资料计算平均发展水平，同样要假定各指标数值在相邻两个时点之间的变动是均匀的，先计算两个时点指标数值的简单算术平均数，然后再根据这些平均数以时间间隔为权数计算加权算术平均数。其计算公式为：

$$\bar{a} = \frac{\sum af}{\sum f}$$

式中，f 为各指标数值之间的时间间隔，其余符号含义同前。

例如，某企业9月1日职工有300人，9月11日新进厂9人，9月16日离厂4人，则该企业9月份平均职工人数为：

$$\bar{a} = \frac{\sum af}{\sum f} = \frac{300 \times 10 + 309 \times 5 + 305 \times 15}{10 + 5 + 15} = 304(人)$$

（二）相对指标时间数列中平均发展水平的计算

相对数和平均数时间数列的平均发展水平，是由两个总量指标时间数列对比形成的。由于各相对数和平均数的分母不同，所以不能直接将不同时间的相对数或平均数相加来计算平均发展水平，而应是根据时期数列和时点数列平均发展水平的求法，分别求出构成相对数和平均数时间数列的分子项和分母项的平均发展水平，然后将它们对比求出相对数和平均数时间数列的平均发展水平。其计算的过程是：首先判断分子、分母是什么类型的时间数列；然后根据时间数列的类型分别求出分子和分母的平均数；最后将分子和分母对比求得平均发展水平。其计算公式为：

$$\bar{c} = \frac{\bar{a}}{\bar{b}}$$

式中，$\bar{a}$ 为分子的平均发展水平，$\bar{b}$ 为分母的平均发展水平，$\bar{c}$ 为相对指标数列的平均发展水平。

例如，某企业2017年第二季度月产值和职工人数如表6.3-4所示。

表6.3-4　　某企业2017年第二季度月产值和职工人数

月份	3月	4月	5月	6月
产值/万元	—	1 400	1 600	2 000
月末职工人数/人	1 200	1 100	1 320	1 110

劳动生产率是由产值指标与职工人数指标对比得到的比值，分子是时期指标，分母是间隔相等的间断时点指标，因而该企业第二季度平均劳动生产率为：

$$\bar{c} = \frac{\bar{a}}{\bar{b}} = \frac{\dfrac{1\,400 + 1\,600 + 2\,000}{3}}{\dfrac{\dfrac{1\,200}{2} + 1\,100 + 1\,320 + \dfrac{1\,110}{2}}{4-1}} = 13\,986(元/人)$$

注意：在相对数列中计算平均发展水平，一定要判断清楚其分子数列和分母数列的时间属性。从这个意义上讲，不论是相对数列还是平均数列，计算序时平均数都是以绝对数列计算平均发展水平为基础的。

（三）平均数列中平均发展水平的计算

平均数列按指标性质可分为静态平均数列和动态平均数列两种。由于两种时间数列的性质不同，其计算平均发展水平的方法也不同。

1. 由静态平均数列计算平均发展水平

静态平均数列的平均发展水平的计算与相对数列类似，先求出分子数列的平均发展水平和分母数列的平均发展水平，再将两者进行对比求出静态平均数列的平均发展水平。

例如，某地区 2012—2017 年粮食产量与播种面积资料如表 6.3-5 所示。

表 6.3-5　　　　某地区 2012—2017 年粮食产量与播种面积

时间	2012 年	2013 年	2014 年	2015 年	2016 年	2017 年
总产量/万吨	—	158	174	180	192	190
播种面积/万亩	500	490	510	480	504	490

试求粮食的平均亩产量。

总产量指标是时期数列，播种面积是时点数列。计算结果如下：

$$\bar{c}=\frac{\bar{a}}{\bar{b}}=\frac{\dfrac{158+174+180+192+190}{5}}{\dfrac{\dfrac{500}{2}+490+510+480+504+\dfrac{490}{2}}{6-1}}=360.63（千克/亩）$$

2. 由动态平均数列计算平均发展水平

对动态平均数列，因其时点已由端点移至中点，理论上说不再存在是否连续的问题，故可按时点数列间隔相等或不相等的方法计算。间隔相等的时点数列用简单平均法计算，间隔不相等的时点数列用加权平均法计算。

例如，某企业 2017 年第四季度平均职工人数资料如表 6.3-6 所示。

表 6.3-6　　　　某企业 2017 年第四季度平均职工人数

时间	10 月	11 月	12 月
月平均职工人数/人	3 400	3 412	3 418

计算第四季度平均每月职工人数：

$$\bar{a}=\frac{3\,400+3\,412+3\,418}{3}=3\,410（人）$$

任务实施

如果想了解江苏省 2016—2020 年这五年的平均地区总产值，应该怎样计算？

■ 实施过程:

$$\bar{a} = \frac{77\,350.85 + 85\,869.76 + 93\,207.55 + 98\,656.82 + 102\,718.98}{5} = 91\,560.792(亿元)$$

能力测试

我国 2015—2020 年国内生产总值、财政收入及年末国内外汇储备如表 6.3-7 所示。

表 6.3-7　　我国 2015—2020 年国内生产总值、财政收入及年末国内外汇储备

年　份	2015	2016	2017	2018	2019	2020
国内生产总值/亿元	688 858.2	746 395.1	832 035.9	919 281.1	986 515.2	1 015 986.2
财政收入/亿元	152 269.23	159 604.97	172 592.77	183 359.84	190 390.08	182913.88
年末国内外汇储备/亿美元	33 303.62	30 105.17	31 399.49	30 727.12	31 079.24	32 165.22

(资料来源:《中国统计年鉴 2021》,中国统计出版社,2021 年 9 月)

要求:计算我国 2015—2020 年平均年国内生产总值、平均年财政收入及平均年末国内外汇储备情况。

课后阅读与思考

上海市 2015—2020 年生产总值情况为:26 887.02 亿元、29 887.02 亿元、32 925.01 亿元、36 011.82 亿元、37 987.55 亿元、38 700.58 亿元,其中:2015—2020 年第三产业地区生产总值情况为:18 352.84 亿元、21 202.44 亿元、23 288.34 亿元、25 546.26 亿元、27 686.89 亿元、28 307.54 亿元。主要年份的年末常住人口情况为:2000 年 1 608.60 万人、2010 年 2 302.66 万人、2019 年? 2 428.14 万人、2020 年 2 488.36 万人。

思　考　1. 请根据上面的资料,计算上海市 2015—2020 年的平均生产总值、平均第三产业地区生产总值、平均年末常住人口。

2. 通过计算,请你说说时期数列与时点数列在计算平均发展水平的不同点。

任务四　增长量和平均增长量分析

任务要求

1. 理解增长量、逐期增长量、累计增长量和平均增长量的含义。
2. 掌握不同类型的动态数列的增长量和平均增长量的计算方法。

任务引入

江苏省2014—2020年地区生产总值及其增长量如表6.4-1所示。

表6.4-1　　　　江苏省2014—2020年地区生产总值及其增长量

年　份	2014	2015	2016	2017	2018	2019	2020
地区生产总值/亿元	64 830.51	71 255.93	77 350.85	85 869.76	93 207.55	98 656.82	102 718.98
逐期增长量/亿元	—	6 425.42	6 094.92	8 518.91	7 337.79	5 449.27	4 062.16
累计增长量/亿元	—	6 425.42	12 520.34	21 039.25	28 377.04	33 826.31	37 888.47

（资料来源：根据江苏省统计局网公布的数据整理计算）

 任务描述

1. 从表6.4-1中,你能了解增长量和累计增长量的含义吗?
2. 计算江苏省2014—2020年地区生产总值的平均增长量。

议一议　根据表6.4-1中列示的动态数列,你能提出哪些问题?

 相关知识

一、增长量

增长量是时间数列中报告期发展水平与相比较的基期发展水平之差,反映社会经济现象报告期比基期增加或减少的数量,即:

$$增长量 = 报告期发展水平 - 基期发展水平$$

一般而言,分析的目的不同,选择的基期就不同。因此,根据对比的基期不同,可将增长量分为逐期增长量和累计增长量。

增长量的数值大于零为增加的绝对数量,称为增加量或增长量;增长量的数值小于零为减少的绝对数量,称为减少量或降低量。

（一）逐期增长量

逐期增长量是指时间序列中报告期发展水平与其前期发展水平之差,表示现象逐期增减的数量。设时间数列为 $a_0, a_1, a_2, \cdots, a_{n-1}, a_n$,逐期增长量的计算公式为:

$$逐期增长量 = 报告期发展水平 - 前期发展水平$$
$$= a_i - a_{i-1} \ (i=0,1,2,\cdots,n)$$

（二）累计增长量

累计增长量是指报告期水平与某一固定基期水平之差,表示现象在一段时期内总的增

减量,其计算公式为:

$$累计增长量 = 报告期水平 - 固定基期水平$$
$$= a_i - a_0 (i = 0, 1, 2, \cdots, n)$$

逐期增长量与累计增长量的关系是:逐期增长量之和等于累计增长量,即:累计增长量 = ∑各逐期增长量,用公式表示为:

$$(a_n - a_0) = (a_n - a_{n-1}) + \cdots + (a_3 - a_2) + (a_2 - a_1) + (a_1 - a_0)$$

二、平均增长量

平均增长量是指时间数列中各逐期增长量的平均发展水平,说明某社会经济现象在一段时期内平均每期增加或减少的数量。平均增长量一般用简单算术平均法计算,其计算公式为:

$$平均增长量 = \frac{(a_n - a_{n-1}) + \cdots + (a_3 - a_2) + (a_2 - a_1) + (a_1 - a_0)}{n} = \frac{a_n - a_0}{n}$$

注意:增长量虽然有累计增长量和逐期增长量两类,但由于累计增长量在不同时间上不具有可加性,即将累计增长量再累计没有什么经济意义,因此,所谓平均增长量就是指逐期增长量的平均发展水平。

任务实施

1. 从表 6.4-1 中,你能了解增长量和累计增长量的含义吗?
■ 实施过程:

$$增长量 = 报告期发展水平 - 基期发展水平$$
$$累计增长量 = 报告期水平 - 固定基期水平$$

2. 计算江苏省 2014—2020 年地区生产总值的平均增长量。
■ 实施过程:

$$平均增长量 = \frac{6\,425.42 + 6\,094.92 + 8\,518.91 + 7\,337.79 + 5\,449.27 + 4\,062.16}{6}$$

$$= \frac{37\,888.47}{6} = 6\,314.745(亿元)$$

能力测试

要求:根据项目六任务三"能力测试"中的资料计算我国 2015—2020 年国内生产总值、财政收入及年末国内外汇储备的逐期增长量、累计增长量和年平均增长量。

课后阅读与思考

2023 年我国全部工业增加值 399 103 亿元,比上年增长 4.2%。规模以上工业增加值增长4.6%。在规模以上工业中,分经济类型看,国有控股企业增加值增长5.0%;股份制企业增长5.3%,外商及港澳台商投资企业增长1.4%;私营企业增长3.1%。分门类看,采矿业增长2.3%,制造业增长5.0%,电力、热力、燃气及水生产和供应业增长4.3%。具体资料如图6.4-1所示。

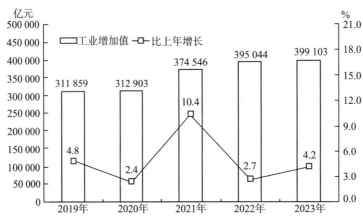

图6.4-1 2019—2023年全部工业增加值及其增长速度

思 考 根据我国2019—2023年工业增加值情况,计算逐期增长量、累计增长量和年平均增长量。

任务五 发展速度分析

任务要求

1. 理解发展速度、环比发展速度、定基发展速度的含义。
2. 掌握动态数列环比发展速度与定基发展速度的计算方法。

任务引入

江苏省2015—2021年地区生产总值及其增长量和发展速度如表6.5-1所示。

表6.5-1 江苏省2015—2021年地区生产总值及其增长量和发展速度

年 份	2015	2016	2017	2018	2019	2020	2021
地区生产总值/亿元	71 255.93	77 350.85	85 869.76	93 207.55	98 656.82	102 718.98	116 364.20
逐期增长量/亿元	—	6 094.92	8 518.91	7 337.79	5 449.27	4 062.16	13 645.22

续表

年 份	2015	2016	2017	2018	2019	2020	2021
累计增长量/亿元	—	6 094.92	14 613.83	21 951.62	27 400.89	31 463.05	45 108.27
环比发展速度/%	—	108.55	111.01	108.55	105.85	104.12	113.28
定基发展速度/%	—	108.55	120.51	130.81	138.45	144.15	163.30

(资料来源:根据江苏省统计局网公布的数据整理计算)

任务描述

1. 从表6.5-1中,你能了解环比发展速度与定基发展速度的含义吗?
2. 你能看出环比发展速度与定基发展速度之间的关系吗?

议一议 根据表6.5-1中列示的动态数列,你能提出哪些问题?

相关知识

一、发展速度的概念

发展速度是反映社会经济现象发展变化快慢程度的动态相对指标,它是根据两个不同时期的发展水平对比求得的。其计算结果一般用倍数或百分数表示,用公式表示为:

$$发展速度 = \frac{报告期发展水平}{基期发展水平} \times 100\%$$

二、发展速度的种类

发展速度根据对比的基期不同,可分为环比发展速度和定基发展速度两种。

1. 环比发展速度

环比发展速度是时间数列中报告期发展水平与前期发展水平之比,说明某种社会经济现象的逐期发展方向和速度,即报告期发展水平是上一期发展水平的多少倍或百分之多少,用公式表示为:

$$环比发展速度 = \frac{报告期发展水平}{报告期前一期发展水平} \times 100\%$$

设有时间数列:$a_0, a_1, a_2, \cdots, a_{n-1}, a_n$,则环比发展速度为:$\frac{a_i}{a_{i-1}}(i=0,1,2,\cdots,n)$。

2. 定基发展速度

定基发展速度是时间数列中报告期发展水平与固定基期发展水平对比所得到的相对数,说明某种社会经济现象在较长时期内总的发展方向和速度,所以也叫总速度,即报告期发展水平是固定基期发展水平的多少倍或百分之多少,用公式表示为:

$$定基发展速度 = \frac{报告期发展水平}{固定基期发展水平} \times 100\%$$

设有时间数列：$a_0, a_1, a_2, \cdots, a_{n-1}, a_n$，则定基发展速度为：$\frac{a_i}{a_0}(i=0,1,2,\cdots,n)$。

3．环比发展速度与定基发展速度之间的数量关系

（1）各环比发展速度的连乘积等于定基发展速度，即：

$$\frac{a_1}{a_0} \times \frac{a_2}{a_1} \times \cdots \times \frac{a_n}{a_{n-1}} = \frac{a_n}{a_0}$$

（2）相邻两个定基发展速度之商等于相应的环比发展速度，即：

$$\frac{a_i}{a_0} \div \frac{a_{i-1}}{a_0} = \frac{a_i}{a_{i-1}}(i=0,1,2,\cdots,n)$$

 软件操作

要求：根据表 6.5-1 中江苏省 2015—2021 年地区生产总值，利用 Excel 计算逐期增长量、累计增长量、环比发展速度和定基发展速度。

具体操作如下：

第一步　求逐期增长量：

在 C4 处输入公式"=C3－B3"，求出 2016 年逐期增长量为 6 094.92 亿元，如图 6.5-1 所示。

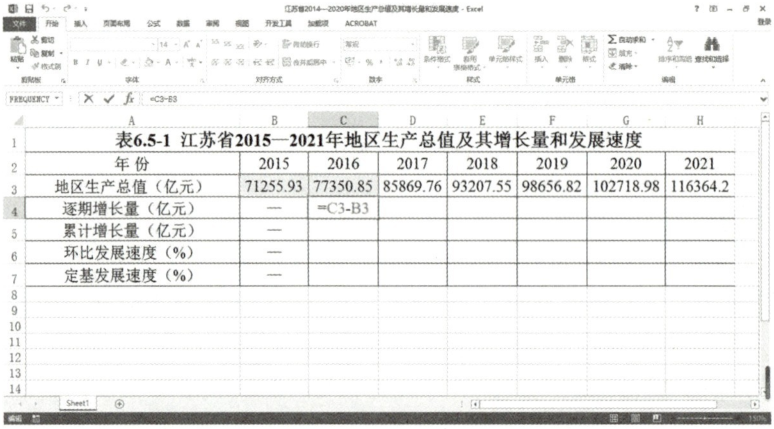

图 6.5-1　输入公式求出 2016 年逐期增长量

将光标移至 C4 右下角，在出现十字之后点击鼠标左键并向后拖动，从而求出 2017—2021 年的逐期增长量，如图 6.5-2 所示。

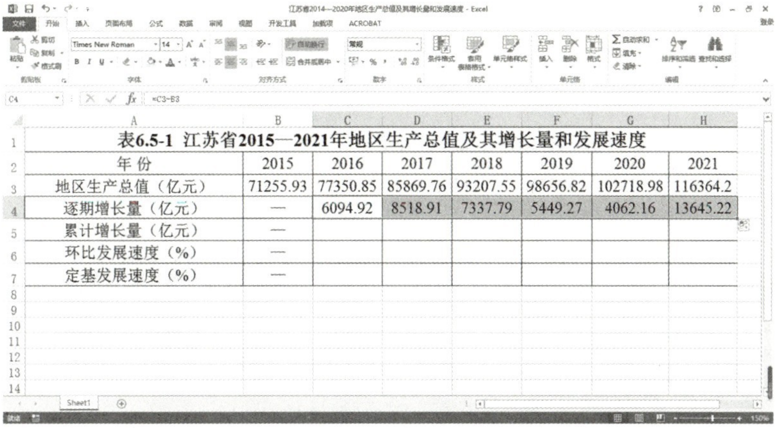

项目六 动态分析技术

图 6.5-2　拖动鼠标求出 2017—2021 年逐期增长量

第二步　求累计增长量:

在 C5 处输入"= C3 – $B $3",求出 2016 年累计增长量为 6 094.92 亿元,如图 6.5-3 所示。

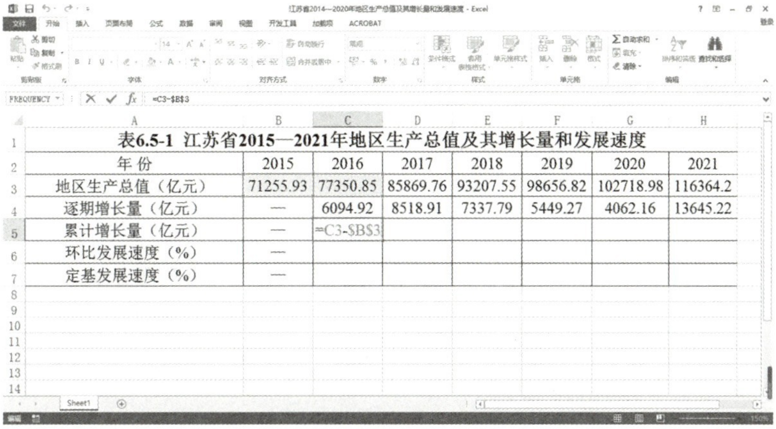

图 6.5-3　输入公式求出 2016 年累计增长量

将光标移至 C5 右下角,在出现十字之后点击鼠标左键并向后拖动,从而求出 2017—2021 年的累计增长量,如图 6.5-4 所示。

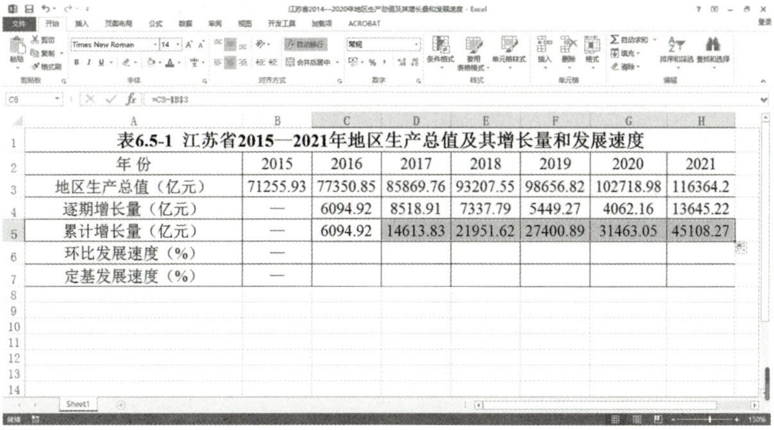

图 6.5-4　拖动鼠标求出 2017—2021 年累计增长量

223

第三步　求环比发展速度：

在 C6 处输入公式"=C3/B3*100",求出 2016 年环比发展速度为 108.55%,如图 6.5-5 所示。

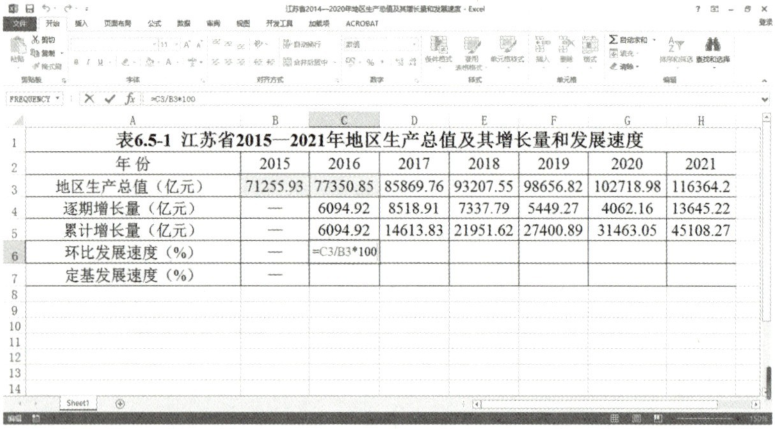

图 6.5-5　输入公式求出 2016 年环比发展速度

将光标移至 C6 右下角,在出现十字之后点击鼠标左键并向后拖动,从而求出 2017—2021 年的环比发展速度,如图 6.5-6 所示。

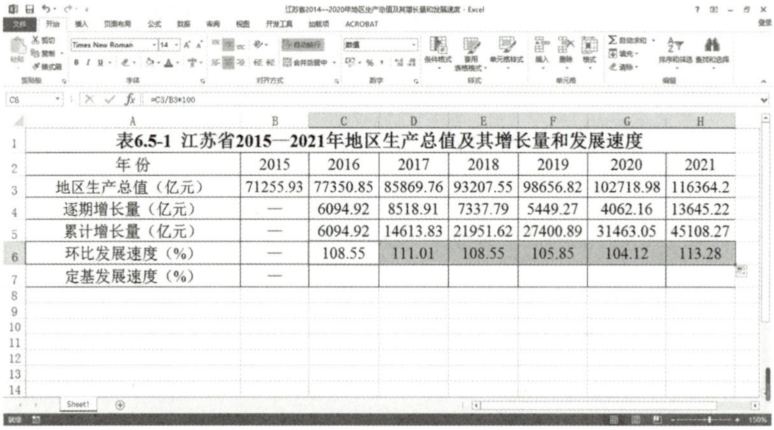

图 6.5-6　拖动鼠标求出 2017—2021 年环比发展速度

第四步　求定基发展速度：

在 C7 处输入"=C3/\$B\$3*100",求出 2016 年定基发展速度为 108.55%,如图 6.5-7 所示。

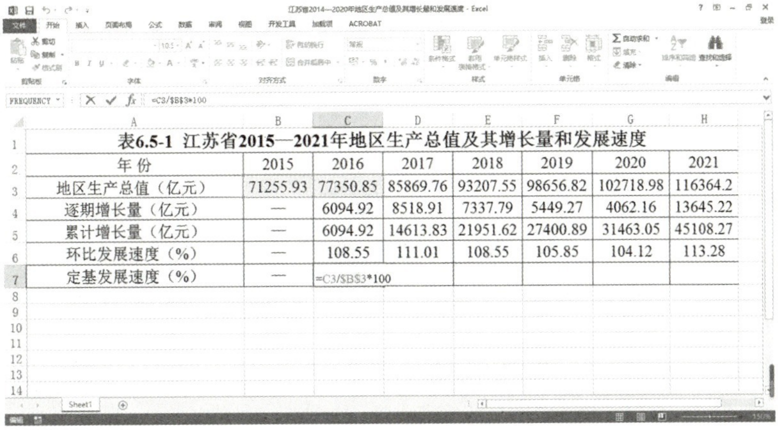

表6.5-1 江苏省2015—2021年地区生产总值及其增长量和发展速度							
年 份	2015	2016	2017	2018	2019	2020	2021
地区生产总值（亿元）	71255.93	77350.85	85869.76	93207.55	98656.82	102718.98	116364.2
逐期增长量（亿元）	—	6094.92	8518.91	7337.79	5449.27	4062.16	13645.22
累计增长量（亿元）	—	6094.92	14613.83	21951.62	27400.89	31463.05	45108.27
环比发展速度（%）	—	108.55	111.01	108.55	105.85	104.12	113.28
定基发展速度（%）	—	=C3/B3*100					

图 6.5-7 输入公式求出 2016 年定基发展速度

将光标移至 C7 右下角，在出现十字之后点击鼠标左键并向后拖动，从而求出 2017—2021 年的定基发展速度，如图 6.5-8 所示。

表6.5-1 江苏省2015—2021年地区生产总值及其增长量和发展速度							
年 份	2015	2016	2017	2018	2019	2020	2021
地区生产总值（亿元）	71255.93	77350.85	85869.76	93207.55	98656.82	102718.98	116364.2
逐期增长量（亿元）	—	6094.92	8518.91	7337.79	5449.27	4062.16	13645.22
累计增长量（亿元）	—	6094.92	14613.83	21951.62	27400.89	31463.05	45108.27
环比发展速度（%）	—	108.55	111.01	108.55	105.85	104.12	113.28
定基发展速度（%）	—	108.55	120.51	130.81	138.45	144.15	163.30

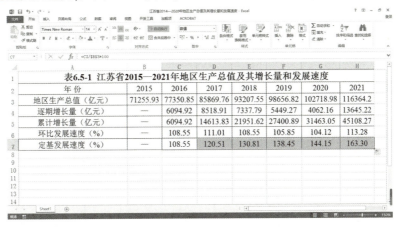

图 6.5-8 拖动鼠标求出 2017—2021 年定基发展速度

任务实施

1. 从表 6.5-1 中，你能了解环比发展速度与定基发展速度的含义吗？

■ **实施过程：**

环比发展速度是时间数列中报告期发展水平与前期发展水平之比，说明某种社会经济现象的逐期发展方向和速度，即报告期发展水平是上一期发展水平的多少倍或百分之多少。定基发展速度是时间数列中报告期发展水平与固定基期发展水平对比所得到的相对数，说明某种社会经济现象在较长时期内总的发展方向和速度，所以也叫总速度，即报告期的发展水平是固定基期发展水平的多少倍或百分之多少。

2. 你能看出环比发展速度与定基发展速度之间的关系吗？

■ **实施过程：**

（1）各环比发展速度的连乘积等于定基发展速度；

（2）相邻两个定基发展速度之商等于相应的环比发展速度。

能力测试

我国2017—2023年国内生产总值如表6.5-2所示。

表6.5-2　　　　　　我国2017—2023年国内生产总值

年　份	2017	2018	2019	2020	2021	2022	2023
国内生产总值/亿元	832 035.9	919 281.1	986 515.2	1 013 567.0	1 149 237.0	1 204 724.0	1 260 582.1

（资料来源：中国国家统计局网，https://data.stats.gov.cn/easyquery.htm? cn = C01）

要求：计算我国2017—2023年国内生产总值的环比发展速度与定基发展速度。

课后阅读与思考

2023年我国完成邮政行业寄递业务总量1 625亿件，比上年增长16.8%。邮政业完成邮政函件业务9.7亿件，包裹业务0.2亿件，快递业务量1 320.7亿件，快递业务收入12 074亿元。具体资料如图6.5-9所示。

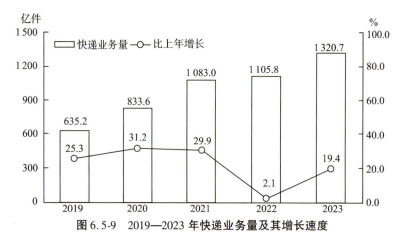

图6.5-9　2019—2023年快递业务量及其增长速度

（资料来源：中国国家统计局网，https://www.stats.gov.cn/sj/zxfb/202402/t20240228_1947915.html）

思　考　根据我国2019—2023年快递业务量，计算环比发展速度与定基发展速度。

任务六 增长速度分析

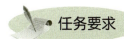

任务要求

1. 理解增长速度、环比增长速度、定基增长速度的含义。
2. 掌握动态数列环比增长速度与定基增长速度的计算方法。

任务引入

江苏省2015—2021年地区生产总值及其增长量、发展速度和增长速度如表6.6-1所示。

表6.6-1　江苏省2015—2021年地区生产总值及其增长量、发展速度和增长速度

年 份	2015	2016	2017	2018	2019	2020	2021
地区生产总值/亿元	71 255.93	77 350.85	85 869.76	93 207.55	98 656.82	102 718.98	116 364.20
逐期增长量/亿元	—	6 094.92	8 518.91	7 337.79	5 449.27	4 062.16	13 645.22
累计增长量/亿元	—	6 094.92	14 613.83	21 951.62	27 400.89	31 463.05	45 108.27
环比发展速度/%	—	108.55	111.01	108.55	105.85	104.12	113.28
定基发展速度/%	—	108.55	120.51	130.81	138.45	144.15	163.30
环比增长速度/%	—	8.55	11.01	8.55	5.85	4.12	13.28
定基增长速度/%	—	8.55	20.51	30.81	38.45	44.15	63.30

(资料来源：根据江苏省统计局网公布的数据整理计算)

任务描述

1. 从表6.6-1中，你能了解环比增长速度与定基增长速度的含义吗？
2. 你能看出环比增长速度与环比发展速度、定基增长速度与定基发展速度之间的关系吗？

议一议　根据表6.6-1中列示的动态数列，你能提出哪些问题？

相关知识

一、增长速度的概念

增长速度是表明社会经济现象增长程度的动态相对指标,它是根据增长量与基期发展水平对比求得的,用以说明报告期发展水平比基期发展水平增加了多少倍(或百分之几),其计算结果一般用倍数或百分数表示,用公式表示为:

$$增长速度 = \frac{增长量}{基期发展水平} = \frac{报告期发展水平 - 基期发展水平}{基期发展水平} \times 100\%$$

二、增长速度的种类

增长速度根据对比的基础不同,分为环比增长速度和定基增长速度两种。

1. 环比增长速度

环比增长速度是逐期增长量与其前一期水平之比,表明现象的逐期增减程度,其计算公式为:

$$环比增长速度 = 环比发展速度 - 1$$

2. 定基增长速度

定基增长速度是累计增长量与某一固定时期的发展水平之比,表明现象在较长时期内总的增减程度,其计算公式为:

$$定基增长速度 = 定基发展速度 - 1$$

定基增长速度和环比增长速度都是发展速度的派生指标,它只反映增减部分的相对程度,所以,环比增长速度的连乘积不等于定基增长速度。如果要由环比增长速度计算定基增长速度,必须将环比增长速度加 1 再连乘,然后将所得结果减 1 才能得到。

 软件操作

接任务五"发展速度分析"中的软件操作:
要求:利用 Excel 计算环比增长速度、定基增长速度。
第五步 求环比增长速度:
在 C8 处输入" = C6 - 100",求出 2016 年环比增长速度为 8.55%,如图 6.6-1 所示。

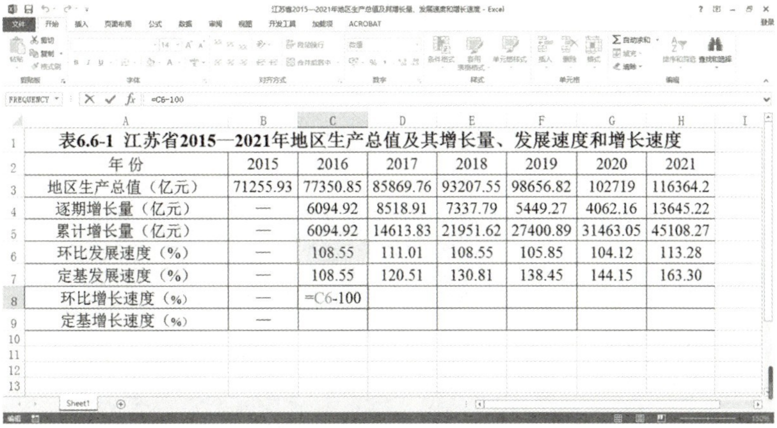

项目六 动态分析技术

图 6.6-1　输入公式求出 2016 年环比增长速度

将光标移至 C8 右下角,在出现十字之后点击鼠标左键并向后拖动,从而求出 2017—2021 年的环比增长速度,如图 6.6-2 所示。

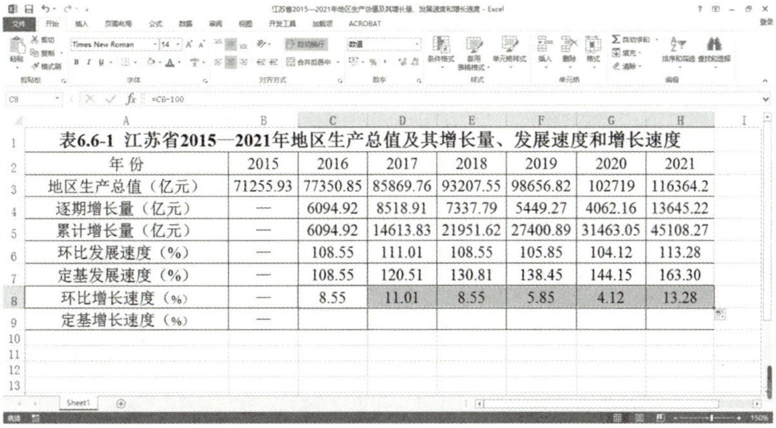

图 6.6-2　拖动鼠标求出 2017—2021 年环比增长速度

第六步　求定基增长速度:

在 C9 处输入"=C7−100",求出 2016 年定基增长速度为 8.55%,如图 6.6-3 所示。

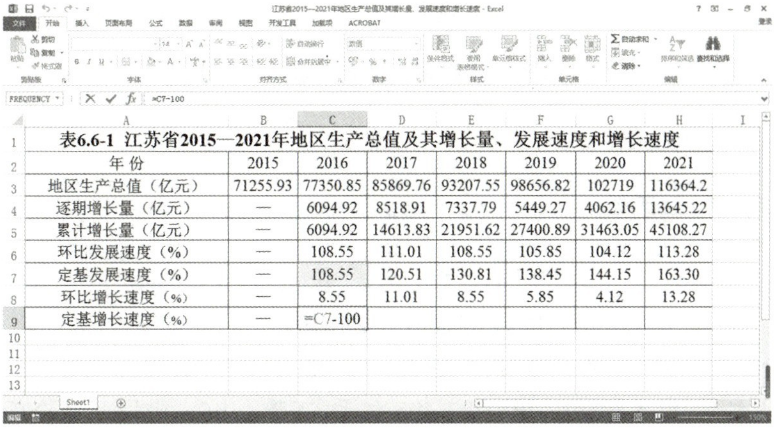

图 6.6-3　输入公式求出 2016 年定基增长速度

229

将光标移至 C9 右下角，在出现十字之后点击鼠标左键并向后拖动，从而求出 2017—2021 年的定基增长速度，如图 6.6-4 所示。

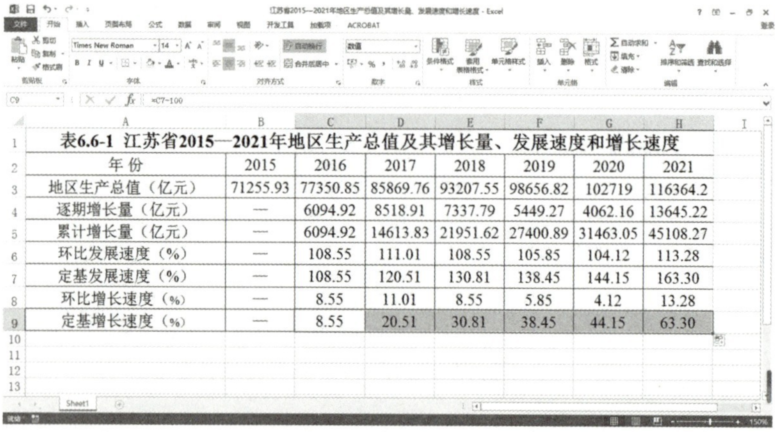

表6.6-1 江苏省2015—2021年地区生产总值及其增长量、发展速度和增长速度

年份	2015	2016	2017	2018	2019	2020	2021
地区生产总值（亿元）	71255.93	77350.85	85869.76	93207.55	98656.82	102719	116364.2
逐期增长量（亿元）	—	6094.92	8518.91	7337.79	5449.27	4062.16	13645.22
累计增长量（亿元）	—	6094.92	14613.83	21951.62	27400.89	31463.05	45108.27
环比发展速度（%）	—	108.55	111.01	108.55	105.85	104.12	113.28
定基发展速度（%）	—	108.55	120.51	130.81	138.45	144.15	163.30
环比增长速度（%）	—	8.55	11.01	8.55	5.85	4.12	13.28
定基增长速度（%）	—	8.55	20.51	30.81	38.45	44.15	63.30

图 6.6-4　拖动鼠标求出 2017—2021 年定基增长速度

任务实施

1. 从表 6.6-1 中，你能了解环比增长速度与定基增长速度的含义吗？

■ **实施过程：**

环比增长速度是逐期增长量与其前一期水平之比，表明现象的逐期增减程度。定基增长速度是累计增长量与某一固定时期的发展水平之比，表明现象在较长时期内总的增减程度。

2. 你能看出环比增长速度与环比发展速度、定基增长速度与定基发展速度之间的关系吗？

■ **实施过程：**

环比增长速度 = 环比发展速度 − 1，定基增长速度 = 定期发展速度 − 1。

能力测试

要求：根据表 6.5-2 中的资料计算我国 2018—2023 年国内生产总值的环比增长速度与定基增长速度。

课后阅读与思考

2023 年我国货物进出口总额 417 568 亿元，比上年增长 0.2%。其中，出口 237 726 亿元，增长 0.6%；进口 179 842 亿元，下降 0.3%。货物进出口顺差 57 883 亿元，比上年增加 1 938 亿元。对共建“一带一路”国家进出口额 194 719 亿元，比上年增长 2.8%。其中，出口 107 314 亿元，增长 6.9%；进口 87 405 亿元，下降 1.9%。对《区域全面经济伙伴关系协定》（RCEP）其他成员国进出口额 125 967 亿元，比上年下降 1.6%。民营企业进出口额 223 601 亿元,比上年增长 6.3%,占进出口总额比重为 53.5%。具体资料如图 6.6-5 所示。

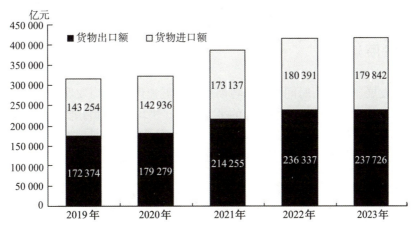

图 6.6-5　2019—2023 年货物进出口总额

(资料来源:中国国家统计局网,https://www.stats.gov.cn/sj/zxfb/202402/t20240228_1947915.html)

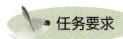 根据 2019—2023 年我国货物进出口总额,计算我国货物进口、出口及进出口总额环比增长速度与定基增长速度。

任务七　平均发展速度和平均增长速度分析

 任务要求

1. 理解平均发展速度、平均增长速度的含义。
2. 掌握动态数列平均发展速度与平均增长速度的计算方法。

 任务引入

仍以表 6.6-1 中的资料为例。

任务描述

1. 根据表 6.6-1 中的数据计算江苏省 2015—2021 年地区生产总值的平均发展速度。
2. 根据表 6.6-1 中的数据计算江苏省 2015—2021 年地区生产总值的平均增长速度。

 相关知识

一、平均发展速度

所谓平均发展速度是指时间数列中各期环比发展速度的平均发展水平,它表明社会经济现象在一个较长时期内逐期发展变化的平均程度。平均发展速度指标在经济分析中具有广泛的应用,特别是对观测现象的发展趋势和编制长远规划具有非常重要的作用。

平均发展速度的计算方法通常有两种:水平法与方程法。水平法是应用比较广泛的一种。

水平法又称几何平均法,是利用各期的环比发展速度连乘积再开相应的方根而得。

其计算公式如下:

$$\bar{a} = \sqrt[n]{\frac{a_1}{a_0} \times \frac{a_2}{a_1} \times \cdots \times \frac{a_n}{a_{n-1}}}$$

或 $\bar{a} = \sqrt[n]{\dfrac{a_n}{a_0}}$

式中,$\bar{a}$ 为平均发展速度。

二、平均增长速度

所谓平均增长速度是指时间数列中各期环比增长速度的平均发展水平,它表明社会经济现象在一个较长时期内逐期增长的平均程度。但是,从计算平均速度的方法看,平均增长速度并不能根据各期环比增长速度直接计算,而是先计算平均发展速度,然后,根据平均发展速度与平均增长速度的关系来计算平均增长速度,即:

平均增长速度 = 平均发展速度 − 1

平均增长速度为正值叫递增率,平均增长速度为负值叫递减率。

 任务实施

1. 根据表 6.6-1 中的数据计算江苏省 2015—2021 年地区生产总值的平均发展速度。
■ 实施过程:

$$\text{平均发展速度} = \sqrt[6]{\frac{116\,364.2}{71\,255.93}} = \sqrt[6]{1.633\,045\,839} = 108.52\%$$

2. 根据表 6.6-1 中的数据计算江苏省 2015—2021 年地区生产总值的平均增长速度。
■ 实施过程:

平均增长速度 = 平均发展速度 − 1 = 108.52% − 1 = 8.52%

能力测试

我国2017—2023年国民总收入如表6.7-1所示。

表6.7-1　　　　　　　　我国2017—2023年国民总收入

年 份	2017	2018	2019	2020	2021	2022	2023
国民总收入/亿元	830 945.7	915 243.5	983 751.2	1 005 451.3	1 141 230.8	1 194 401.4	1 249 990.6

（资料来源：中国国家统计局网，https://data.stats.gov.cn/easyquery.htm？cn＝C01）

要求：计算我国2017—2023年国民总收入的平均发展速度与平均增长速度。

 课后阅读与思考

2023年江苏省国民经济和社会发展统计公报（节选）

2023年，全省上下坚持以习近平新时代中国特色社会主义思想为指导，全面贯彻党的二十大、二十届二中全会精神和习近平总书记对江苏工作重要讲话重要指示精神，认真落实党中央、国务院部署决策，按照省委、省政府工作安排，坚决扛起"走在前、挑大梁、多作贡献"的责任担当，全面落实"四个走在前""四个新"重大任务，面对复杂多变的外部环境和经济恢复进程中的矛盾问题，千方百计强信心、稳预期、促发展，全省经济运行率先整体好转，内生动力显著增强，质量效益持续提升，民生保障有力有效，高质量发展迈出坚实步伐。

一、综合

经济总量稳步增长。初步核算，2023年全省地区生产总值128 222.2亿元，按不变价格计算，比上年增长5.8%。其中，第一产业增加值5 075.8亿元，增长3.5%；第二产业增加值56 909.7亿元，增长6.7%；第三产业增加值66 236.7亿元，增长5.1%。全年三次产业结构比例为4∶44.4∶51.6。全省人均地区生产总值150 487元，比上年增长5.6%。

经济活力有效释放。全年非公有制经济增加值96 551.3亿元，占GDP比重为75.3%；民营经济增加值占GDP比重为57.9%。年末市场监管部门登记的私营企业397.6万户，全年新登记私营企业53.1万户；年末个体经营户998.9万户，全年新登记个体经营户116.9万户。扬子江城市群、沿海经济带对全省经济增长的贡献率分别为71.4%、20.3%。

新兴产业发展壮大。全年工业战略性新兴产业、高新技术产业产值占规模以上工业比重分别达41.3%、49.9%，比上年分别提高0.5个、1.4个百分点。全年规模以上战略性新兴服务业营业收入比上年增长9.4%，互联网和相关服务业营业收入增长18%。全年数字经济核心产业增加值占GDP比重达11.4%。

就业创业有力保障。全年城镇新增就业138.29万人，同比增长5.1%。全年城镇调查失业率均值为4.6%，低于5.2%的全国平均水平。落实社保降费、稳岗返还、扩岗补助等政策231亿元；重点群体就业保障有力，帮扶20.52万名就业困难人员实现就业；累计开展政府补贴性技能培训118.66万人次；支持成功自主创业30.77万人。

居民消费价格小幅上涨。全年居民消费价格比上年上涨0.4%。分城乡看,城市上涨0.5%,农村上涨0.3%。分类别看,食品烟酒价格上涨1.0%,衣着价格上涨1.4%,生活用品及服务价格上涨0.6%,教育文化娱乐价格上涨1.8%,医疗保健价格上涨3.2%,其他用品及服务价格上涨3.9%,交通通信价格下降3.3%,居住价格与上年持平。食品中,粮食、食用油、鲜奶、鲜果、鲜菌价格分别上涨1.8%、2.1%、1.0%、5.6%、1.6%;猪肉、鸡蛋、鲜菜价格分别下降10.6%、0.1%、0.8%。如表1所示。

表1 2023年居民消费价格指数及其构成情况(以上年为100)

指　　标	全省	城市	农村
居民消费价格	100.4	100.5	100.3
食品烟酒	101.0	100.9	101.1
衣着	101.4	101.6	100.3
居住	100.0	100.1	99.7
生活用品及服务	100.6	100.6	100.6
交通通信	96.7	96.8	96.5
教育文化娱乐	101.8	101.7	101.8
医疗保健	103.2	103.0	103.7
其他用品及服务	103.9	104.1	103.2

工业生产者价格同比下降。全年工业生产者出厂价格比上年下降3.3%,其中生产资料出厂价格下降3.9%,生活资料出厂价格下降0.8%。全年工业生产者购进价格比上年下降3.6%,其中燃料动力类购进价格下降5.5%,农副产品类购进价格下降6.9%。

(资料来源:江苏省统计局网,http://tj.jiangsu.gov.cn/art/2024/3/5/art_87595_11165526.html)

思　考　1. 在2023年江苏省国民经济和社会发展统计公报(节选)中,请指出哪些是发展水平、平均发展水平、增长量、平均增长量。

2. 在2023年江苏省国民经济和社会发展统计公报(节选)中,请指出哪些是发展速度、平均发展速度、增长速度、平均增长速度。

3. 通过这篇统计公报,请你说说江苏在当年取得的经济社会发展成效及未来奋进方向。

动态分析技术

项目七

统计指数分析技术

 学习目标

1. 认知统计指数的含义和分类。
2. 熟练掌握综合指数和平均指数的形式及编制方法。
3. 掌握综合指数和平均数指数的计算公式,并能对计算结果做出简单分析。
4. 熟练掌握利用 Excel 软件计算统计指数的操作方法。

任务一 认知统计指数

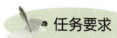 任务要求

1. 能用自己的语言正确表达统计指数的含义。
2. 能从不同的角度认知和理解统计指数,能读懂网络和报刊媒体报道的常见统计指数信息。

 任务引入

1. 2021 年,初步核算,全年国内生产总值 1 143 670 亿元。分季度看,一季度同比增长 20.82%,二季度同比增长 13.36%,三季度同比增长 9.67%,四季度同比增长 9.68%。分产业看,第一产业增加值 83 086 亿元,比上年增长 7.1%;第二产业增加值 450 904 亿元,增长 8.2%;第三产业增加值 609 680 亿元,增长 8.2%。

(资料来源:中国国家统计局网,https://data.stats.gov.cn/easyquery.htm?cn=B01)

2. 据农业农村部监测,2022 年 8 月 26 日"农产品批发价格 200 指数"为 124.83,比昨天上升 0.37 个点。(注:关于"农产品批发价格 200 指数"的解读,可参看中国农业农村部

网,http://zdscxx.moa.gov.cn:8080/misportal/public/agriculture200Helper.jsp)

(资料来源:中国农业农村部网,http://www.moa.gov.cn/xw/zxfb/202208/t20220826_6407903.htm)

任务描述

1. 结合上述资料,分析哪些是广义的指数,哪些是狭义的指数。
2. 根据上述资料中出现的数据,说说这份资料告诉你什么信息。

相关知识

一、认识统计指数

统计指数(Index number)简称指数,从 1650 年英国人赖斯·沃汉(Rice Youghan)首创物价指数,用于度量物价的变化状况以后,其应用范围不断扩大,发展到今天,已成为统计工作中最常见的数字之一,比如我们常常听到的零售物价指数(RPI)、居民消费价格指数(CPI)、股票价格指数(SPI)等等。

下面给出两个统计指数资料的例子,让大家对指数有一个直观的了解。

【例1】 我国 2018—2023 年粮食产量及其增长速度如图 7.1-1 所示。

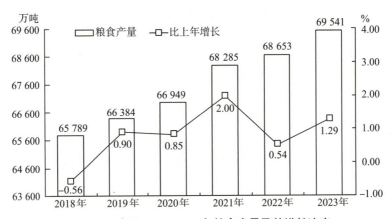

图 7.1-1 我国 2018—2023 年粮食产量及其增长速度

(资料来源:根据中国国家统计局网公布的年度统计公报整理绘制)

【例2】 2023 年全年,全国居民消费价格(CPI)比上年上涨 0.2%。2023 年 12 月份,全国居民消费价格同比下降 0.3%。其中,城市下降 0.3%,农村下降 0.5%;食品价格下降 3.7%,非食品价格上涨 0.5%;消费品价格下降 1.1%,服务价格上涨 1.0%。12 月份,全国居民消费价格环比上涨 0.1%。其中,城市上涨 0.1%,农村上涨 0.1%;食品价格上涨 0.9%,非食品价格下降 0.1%;消费品价格上涨 0.1%,服务价格上涨 0.1%。2023 年全年,工业生产者出厂价格比上年下降 3.0%,工业生产者购进价格下降 3.6%。2023 年 12 月份,全国工业生产者出厂价格同比下降 2.7%,环比下降 0.3%;工业生产者购进价格同比下降

3.8%，环比下降 0.2%。

(资料来源：根据中国国家统计局网发布资料整理)

议一议 计算居民消费价格，是将与居民生活有关的产品及劳务价格加总后，再求其平均数得出来的吗？

目前人们对于指数概念的认识，一般有以下两种理解，即广义指数与狭义指数。广义指数是指用来表明同类现象在不同空间、不同时间、实际与计划对比变动情况的相对数，例如，前面我们学过的比较相对数、动态相对数、计划完成程度相对数等等；狭义指数是指反映不能直接加总与对比的复杂社会经济现象数量综合变动的相对数，例如，居民消费价格指数。不同的商品有不同的使用价值和计量单位，不同商品的价格也以不同的使用价值和计量单位为基础，都是不同度量的事物，是不能直接相加的，例如，我们消费商品时，购买洗衣机用台这个计量单位，购买轿车时用辆这个计量单位，但我们要把它们当作一个总体来反映它们的价格变动或差异的程度时，是不能用洗衣机的价格与轿车的价格相加计算的，因为它们的产品类型、计量单位有差异。本项目所要研究的统计指数主要是指狭义的指数。

想一想 阅读这些数据：① 全年规模以上工业分地区看，东部地区增长 14.9%，中部地区增长 18.4%，西部地区增长 15.5%。② 某企业全年销售收入计划完成 108%。③ 中央国际商场 12 月份比 11 月份销售量增长了 10%。④ 江苏 4 月份的 CPI 达到 3.2%。

思考：请指出哪些是广义指数，哪些是狭义指数，并说明理由。

二、统计指数的作用

(一) 运用统计指数可以反映现象总体的变动方向和变动程度

这是编制统计指数的根本目的。在统计实践中，经常要研究多种商品或产品的价格综合变动情况，多种商品的销售量或产品产量的总变动，多种产品的成本总变动，多种股票价格综合变动等。这类问题由于各种商品或产品的使用价值不同、各种股票价格涨跌幅度和成交量不同，所研究总体中的各个个体不能直接相加。通过编制指数可以把不能直接相加总的现象过渡到可以加总对比，从而反映复杂经济现象的总变动方向及变动幅度。

(二) 运用统计指数可以分析现象总变动中各因素变动的影响方向及影响程度

复杂现象总体的变动是各种因素综合影响的结果，而各种因素自身变动的幅度和变动方向常常是不一致的，因而对总体变动的影响也不同。如某商场 2017 年 10 月的商品销售额对比 2017 年 9 月为 130%，说明 2017 年 10 月该商场的商品销售额的增长幅度为 30%。商品销售额的变动，取决于很多因素(经济、政治、社会文化、消费心理等)，从可以测度的因素来考察，这个变动是销售量与价格两个因素共同作用的结果，通过编制指数，可以深入分析这两个因素的变动及其对销售额变动所带来的影响。

(三) 运用统计指数可以反映现象的变动趋势

编制一系列反映同类现象变动情况的指数形成指数数列,可以反映被研究现象的变动趋势。

 问题讨论

> 2024年3月份,全国居民消费价格同比上涨0.1%。但是分类别看,3月份,食品烟酒类价格同比下降1.4%,其他用品及服务、教育文化娱乐、衣着价格分别上涨2.7%、1.8%和1.6%,医疗保健、生活用品及服务、居住价格分别上涨1.5%、1.0%和0.2%;交通通信价格下降1.3%。在食品烟酒类价格中,蛋类价格下降8.9%,鲜果价格下降8.5%,畜肉类价格下降4.3%,鲜菜价格下降1.3%,水产品价格上涨1.2%,粮食价格上涨0.5%。如何理解3月份居民消费价格同比上涨0.1%呢?
> (资料来源:中国国家统计局网,https://www.stats.gov.cn/sj/zxfb/202404/t20240411_1948448.html)

三、统计指数的分类

指数的种类很多,可以按不同的标志作不同的分类,其中最主要的有以下两种分类:

(一) 按所反映现象的范围不同,分为个体指数和总指数

个体指数是说明个别事物(即简单现象总体)数量变动的相对数。例如,个别产品产量指数、个别产品的物价指数等。个体指数的计算,一般是用同一种现象的报告期指标数值与基期指标数值进行对比,通常将个体指数记作 K,用 q 表示产量,用 p 表示商品或产品的单价;用下标1表示报告期,用下标0表示基期,如:

$$个体数量指标指数:K_q = \frac{q_1}{q_0}$$

$$个体质量指标指数:K_p = \frac{p_1}{p_0}$$

总指数是说明度量单位不相同的多种事物数量综合变动的相对指数,例如几种产品综合的产量指数、全部商品的物价指数等等。总指数按其计算方法和计算公式不同,分为综合指数和平均指数,总指数可记为 $\overline{K}$。

(二) 按所反映的社会经济现象特征不同,分为数量指标指数和质量指标指数

数量指标指数,简称数量指数,是反映现象总体数量的规模、水平变化的指数,例如商品销售量指数、工业产品产量指数等等。

质量指标指数,简称质量指数,是反映现象内在数量即质量变动的相对数,是用来反映总体质量、内涵变动情况的指数,例如物价指数、单位产品成本指数等。

想一想 数量指标指数是由数量指标计算的,质量指标指数是由质量指标计算的。这句话对吗?

除此之外,指数还可以进行其他分类。例如,根据对比场合不同,分为动态指数和静态指数;根据比较所采用的基期不同,分为定基指数和环比指数;根据计算时采用权数与否,分为简单指数和加权指数。

任务实施

1. 结合上述资料,分析哪些是广义的指数,哪些是狭义的指数。

■ 实施过程:

(1) 要正确理解什么是广义指数,什么是狭义指数。广义指数是指用来表明同类现象在不同空间、不同时间、实际与计划对比变动情况的相对数;狭义指数是指反映不能直接加总与对比的复杂社会经济现象数量综合变动的相对数,它是一种特殊的相对数。

(2) 根据以上理论,结合上述两个例子,可知:

① 第一个例子中,"分季度看,一季度同比增长 20.82%,二季度同比增长 13.36%,三季度同比增长 9.67%,四季度同比增长 9.68%。"这些相对数数据反映的是同类现象在不同时间的同比增长,因此,是广义指数。"分产业看,第一产业增加值 83 086 亿元,比上年增长 7.1%;第二产业增加值 450 904 亿元,增长 8.2%;第三产业增加值 609 680 亿元,增长 8.2%。"这些相对数数据反映的是同类现象在不同空间的同比增长,因此,也是广义指数。

② 第二个例子中,"2022 年 8 月 26 日"农产品批发价格 200 指数"为 124.83,比昨天上升 0.37 个点。"因为价格是不能直接加总的,这种反映不能直接加总与对比的复杂社会经济现象数量综合变动的相对数是狭义指数。

2. 根据上述资料中出现的数据,说说这份资料告诉你什么信息。

■ 实施过程:

(1) 仔细阅读上述两个例子中出现的数据。

(2) 根据自己对统计指数的常识,可得知:

① 第一个例子中,各统计数据说明 2021 年全年国内生产总值的增长呈上升趋势,国民经济运行态势总体良好。

② 第二个例子中,各统计数据说明 2022 年 8 月 22 日全国农产品批发价格呈上升的趋势,价格有所调整。

能力测试

指数,生活的数字管家

GDP、CPI、股指、期指等等一些从最初不被普通市民认知的数字,到如今人们不仅耳熟能详,更是为生活提供不少便利的好帮手,如今各行各业的指数,正成为普通百姓的生活数字管家,让人们的生活更加科学、更富规律性。

价格指数,让消费更加理性

居民消费,不仅关系到市民钱包的充盈程度,更关系到人们生活的质量。如果你面对市场上不断走高的商品价格举棋不定,你大可不必为此烦恼,有统计局发布的居民消费价格指数帮你,如果你还觉得不放心,那么你可以参考我们潍坊的特色数字——蔬菜价格指数。可以说,这些数字的出现,正指引着我们的消费轨迹,使得老百姓在数字的起起伏伏间,合理地进行消费。

"俗话说,你不理财,财不理你。咱们老百姓过日子就得省着点,现在市场变化这么快,不关心点价格变化,确实会花冤枉钱。就比如最近大城市出现的房价变动,可能一夜间就是几十上百万的差价,所以关心价格指数还是很有必要的。"在我市一家设计院工作的刘女士对记者说。

为什么价格指数能够给我们带来帮助呢?因为指数利用中介平台采集供需双方数据,且经过多次大范围的采样,数据反映事实较为准确。普通民众就可以根据这一指数来权衡商品的价值所在。从而,让我们的钱花对地方,也就是所谓的理性消费。

生活指数,让生活更健康

清晨,出门之前我们最关心天气指数、可吸入颗粒物指数、穿衣指数,这些指数决定你是否带雨具、戴口罩及穿衣的厚重轻薄。女士们更关注紫外线防晒指数,以此决定选用何种化妆品。有车族关心交通拥堵指数来决定走哪条路、关心洗车指数来决定是否清洗爱车。这些渗透进生活方方面面的指数,也悄悄改变着人们的生活方式。

"了解了气象指数,你至少知道今天是冷是热,就不会因为出门后担心孩子穿衣服太少而感冒"。市民吴女士花三元钱订了一份手机气象信息,每天早上她会准时收到一份温馨提示,大大减少了她对孩子健康的担心。"其实,生活中类似的生活指数还有很多,电视、报纸、网络都有,我想它的作用不仅仅是给人们一个小提示,更多的还是帮助人们养成一种科学、健康的生活方式"。吴女士深有体会地说。

而对于喜好钓鱼的刘先生来说,每日必看的钓鱼网站上,不仅有钓友们的心得交流,小小的钓鱼指数,更让他受益匪浅。"钓鱼不仅需要技术,天气等因素的影响也非常重要,网站上这个提示不仅让不少钓友少跑冤枉路,还能多钓鱼,一举多得"。

可见,对于日渐增多的各种指数,人们正经历着从起初的熟视无睹到逐步接受和关心的转变,按照指数去生活,也逐渐成为都市百姓的一种生活方式。

(资料来源:《潍坊日报》,2011年11月9日第7版)

要求:(1)请你指出上述资料中提到了哪些指数,各属于哪一类指数。
(2)请你说出上述资料中提到的那些指数在我们的日常生活中有何作用。

课后阅读与思考

居民消费价格指数重回"1时代"

国家统计局2018年5月10日发布的2018年4月份全国居民消费价格指数(CPI)显示,CPI环比下降0.2%,同比上涨1.8%,CPI重回"1时代"。

从环比看,CPI略有下降,降幅比上月收窄0.9个百分点。国家统计局城市司高级统计师绳国庆分析,"食品价格下降1.9%,影响CPI下降约0.38个百分点,是CPI下降的主要因素。"

4月,生鲜食品价格继续下降,鲜菜和鲜果价格分别下降5.5%和1.2%;猪肉、鸡蛋和水产品价格分别下降6.6%、3.4%和1.2%。上述五类合计影响CPI下降约0.35个百分点。非食品价格上涨0.2%,影响CPI上涨约0.20个百分点。受清明节和劳动节假期影响,飞机票、宾馆住宿和旅游价格分别上涨9.4%、2.7%和1.0%,合计影响CPI上涨约0.04个百分点。

"据测算,在4月份1.8%的同比涨幅中,去年价格变动的翘尾影响约为1.3个百分点,新涨价影响约为0.5个百分点。"绳国庆说。

4月份工业生产者出厂价格指数(PPI)数据显示,PPI环比下降,降幅与上月相同。生产资料价格下降0.2%,生活资料价格下降0.1%。在调查的40个工业大类行业中,16个行业产品价格下降,比上月减少1个。在主要行业中,降幅收窄的有燃气生产和供应业,下降1.2%,比上月收窄0.5个百分点;有色金属冶炼和压延加工业,下降0.2%,收窄0.5个百分点。

据测算,在4月份3.4%的同比涨幅中,去年价格变动的翘尾影响约为3.6个百分点,新涨价影响约为-0.2个百分点。

(资料来源:《人民日报》,2018年5月11日第10版)

思 考 1. CPI重回"1时代",意味着什么?对老百姓的生活有哪些影响?

2. 结合上述资料,你认为应该从哪些方面采取措施抑制CPI的过快增长?

任务二　计算综合法总指数

任务要求

1. 能用自己的语言正确表达综合指数的含义及其编制特点。
2. 能根据给定的数据资料,正确编制数量指标指数和质量指标指数。

任务引入

某市场上三种商品的销售量和销售价格如表7.2-1所示。

表 7.2-1　　　　　　　　　　三种商品的销售情况资料

商品类别	计量单位	销售量		商品价格/元	
		基期 q_0	报告期 q_1	基期 p_0	报告期 p_1
甲	台	600	540	40.00	45.00
乙	件	400	600	12.00	10.00
丙	千克	750	800	6.00	5.60

任务描述

1. 试编制这三种商品的销售量综合指数和销售价格综合指数。
2. 根据上述计算的数据,分析这两个指数综合变动的方向和程度。

相关知识

总指数的编制计算方法有两种:一是综合法总指数(简称综合指数);二是平均法总指数(简称平均数指数)。本任务主要介绍综合法总指数,平均法总指数将在本项目任务三中介绍。

一、综合指数

(一) 综合指数的概念

综合指数是编制和计算总指数的一种基本形式,它是由两个总量指标对比而形成的指数。在所研究的总量指标中,包含两个或两个以上的因素,将其中一个或一个以上的因素指标固定下来,仅观察其中一个因素的变动,这样编制出来的总指数就是综合指数。

(二) 综合指数的特点

综合指数从编制方法来看,具有以下特点:

(1) 先综合后对比。即先解决总体中各个个体由于使用价值、经济用途、计量单位、规格、型号等不同不能直接简单相加对比的问题。为此,需要引入一个媒介因素(权数),使不能直接相加、不能直接对比的现象变成能够直接相加、能够直接对比的现象,这个因素称之为同度量因素。

(2) 把总量指标中的同度量因素加以固定,以测定所要研究的因素,即指数化指标的影响程度。一般地,在计算数量指标指数时,应采用基期质量指标作为同度量因素;在计算质量指标指数时,应采用报告期的数量指标作为同度量因素。

【重点提示】 编制综合指数必须明确两个问题：一是指数化指标，二是同度量因素。指数化指标就是编制综合指数所要测定的因素，如商品销售量指数所要测定的因素是商品销售量总的变动情况，所以销售量就是其指数化指标；同度量因素是指媒介因素，将这个媒介因素与指数化指标相乘，得到一个价值指标，使得不能直接加总的因素过渡到可以加总。如，在分析各种商品销售量的总变动中，可以把各种商品价格乘上相应的销售量来计算商品销售额，这样就可以从两个时期的商品销售额的对比中进行分析。加入的"商品价格"就是同度量因素。

（3）分子与分母所研究对象的范围原则上必须一致。
（4）综合指数的计算对资料要求较高，需要使用全面资料。

综合指数表现有两种形式：数量指标综合指数与质量指标综合指数。下面分别介绍这两种综合指数的编制。

二、数量指标综合指数的编制

数量指标指数是指反映多种现象数量指标综合变化程度的指数，如产品产量指数、商品销售量指数等。根据编制综合指数的一般原则，应采用基期质量指标作为同度量因素。其计算公式为：

$$\overline{K_q} = \frac{\sum q_1 p_0}{\sum q_0 p_0}$$

式中，q、p 分别表示数量指标和质量指标；0、1 分别表示基期和报告期；$\overline{K_q}$ 表示数量指标的总指数；$\sum q_1 p_0$ 表示报告期数量指标与基期质量指标相乘得到的假定价值指标；$\sum q_0 p_0$ 表示基期的价值指标。

此公式的计算结果说明复杂现象总体数量指标综合变动的方向和程度。（$\sum q_1 p_0 - \sum q_0 p_0$）说明数量指标的变动对价值指标的影响。

现以商品销售量指标为例，说明数量指标指数的编制方法。

【例1】 某粮油连锁店销售情况如表 7.2-2 所示，根据资料计算三种商品销售量指数。

表 7.2-2　　　　某粮油连锁店三种商品的价格和销售量资料

商品名称	计量单位	销售量		价格/元	
		基期 q_0	报告期 q_1	基期 p_0	报告期 p_1
大米	千克	1 200	1 500	1.2	1.3
面粉	千克	1 500	2 000	1.0	1.1
色拉油	千克	500	600	3.2	3.5

分析：从表 7.2-2 可以看出，三种商品销售量的变化各不相同，要考察三种商品销售量总的变化情况，必须计算综合指数。由于这三种商品的使用价值不同，所以我们不能将它们

的销售量简单加总计算综合指数,而应以价格作为同度量因素,将不能直接加总的销售量指标过渡到可以加总的销售额指标,即

$$\sum (商品价格 \times 商品销售量) = \sum 商品销售额$$

$$\sum q \times p = \sum qp$$

根据综合指数的编制原则,要计算数量指标指数,应采用基期质量指标作为同度量因素。所以三种商品销售量综合指数的计算过程如表 7.2-3 所示。

表7.2-3　　　　　　　　　三种商品销售量综合指数计算表

商品名称	计量单位	销售量		单价/元		销售额/元	
		q_0	q_1	p_0	p_1	$q_1 p_0$	$q_0 p_0$
大米	千克	1 200	1 500	1.2	1.3	1 800	1 440
面粉	千克	1 500	2 000	1.0	1.1	2 000	1 500
色拉油	千克	500	600	3.2	3.5	1 920	1 600
合　计	—	—	—	—	—	5 720	4 540

解：三种商品销售量综合指数为：

$$\overline{K_q} = \frac{\sum q_1 p_0}{\sum q_0 p_0} = \frac{5\ 720}{4\ 540} = 125.99\%$$

计算结果表明：

（1）三种商品的报告期销售量比基期销售量综合或平均提高了 25.99%。

（2）商品销售量的提高使商品销售额也提高了 25.99%。

（3）$\sum q_1 p_0 - \sum q_0 p_0 = 5\ 720 - 4\ 540 = 1\ 180$(元),说明商品销售量的增长使报告期销售额比基期销售额增加了 1 180 元。

问题讨论

如果把价格因素固定在报告期,销售量综合指数会发生怎样的变化?哪个计算公式更具有实际经济意义,为什么?

三、质量指标综合指数的编制

质量指标指数是反映多种现象质量指标综合变化程度的指数,如价格指数,产品成本指数等。根据编制综合指数的一般原则,应采用报告期数量指标作为同度量因素。其计算公式为：

$$\overline{K_p} = \frac{\sum q_1 p_1}{\sum q_1 p_0}$$

式中，$\overline{K_p}$ 表示质量指标的总指数；$\sum q_1p_1$ 表示报告期的价值指标；$\sum q_1p_0$ 表示报告期数量指标与基期质量指标相乘得到的假定价值指标。

此公式的计算结果说明复杂现象总体质量指标综合变动的方向和程度。($\sum q_1p_1 - \sum q_1p_0$) 说明质量指标的变动对价值指标的影响。

现以商品销售价格指标为例，说明质量指标综合指数的编制方法。

【例2】 仍以表7.2-2资料为例，计算三种商品销售价格综合指数。

根据综合指数的编制原则，要计算质量指标指数，应采用报告期数量指标作为同度量因素。所以三种商品价格综合指数的计算过程如表7.2-4所示。

表7.2-4　　　　　　　　三种商品销售价格综合指数计算表

商品名称	计量单位	销售量		单价/元		销售额/元	
		q_0	q_1	p_0	p_1	q_1p_1	q_1p_0
大米	千克	1 200	1 500	1.2	1.3	1 950	1 800
面粉	千克	1 500	2 000	1.0	1.1	2 200	2 000
色拉油	千克	500	600	3.2	3.5	2 100	1 920
合计	—	—	—	—	—	6 250	5 720

解：三种商品销售价格综合指数为：

$$\overline{K_p} = \frac{\sum q_1p_1}{\sum q_1p_0} = \frac{6\ 250}{5\ 720} = 109.27\%$$

$$\sum q_1p_1 - \sum q_1p_0 = 6\ 250 - 5\ 720 = 530(元)$$

计算结果表明：

(1) 三种商品的报告期价格比基期价格平均上升了9.27%。

(2) 商品价格的上升使报告期销售额比基期销售额上升了9.27%。

(3) 商品价格的上升使报告期销售额比基期销售额增加了530元。

想一想　　如果把销售量因素固定在基期，价格的综合指数会发生怎样的变化？哪个计算公式更具有实际经济意义，为什么？

知识链接

同度量因素的选择

无论是数量指标综合指数还是质量指标综合指数，其编制的关键是合理确定同度量因素。在确定同度量因素时，应特别注意两点：一是同度量因素的确定要符合指标之间的经济联系；二是计算某一综合指数时分子和分母的同度量因素必须固定在同一时期。一般地，在计算数量指标指数时，应采用基期质量指标作为同度量因素；在计算质量指标指数时，应采用报告期的数量指标作为同度量因素。

任务实施

1. 试编制这三种商品的销售量综合指数和销售价格综合指数。

■ 实施过程：

（1）由于这三种商品的使用价值和计量单位不同，所以我们不能将它们的销售量和销售价格简单加总计算综合指数，而应引入同度量因素，将不能直接加总的销售量和销售价格指标过渡到可以加总的销售额指标，即

$$\sum q \times p = \sum qp$$

（2）根据编制综合指数的一般原则，在计算数量指标指数时，应采用基期质量指标作为同度量因素；在计算质量指标指数时，应采用报告期的数量指标作为同度量因素。

所以三种商品销售量综合指数和商品价格综合指数的计算过程如表 7.2-5 所示。

表 7.2-5　　　　　三种商品的销售量和销售价格综合指数计算表

商品类别	计量单位	销售量		商品价格/元		销售额/元		
		基期 q_0	报告期 q_1	基期 p_0	报告期 p_1	$q_0 p_0$	$q_1 p_0$	$q_1 p_1$
甲	台	600	540	40.00	45.00	24 000	21 600	24 300
乙	件	400	600	12.00	10.00	4 800	7 200	6 000
丙	千克	750	800	6.00	5.60	4 500	4 800	4 480
合计	—	—	—	—	—	33 300	33 600	34 780

解：三种商品销售量综合指数为：

$$\overline{K_q} = \frac{\sum q_1 p_0}{\sum q_0 p_0} = \frac{33\ 600}{33\ 300} = 100.9\%$$

三种商品销售价格综合指数为：

$$\overline{K_p} = \frac{\sum q_1 p_1}{\sum q_1 p_0} = \frac{34\ 780}{33\ 600} = 103.51\%$$

2. 根据上述计算的数据，分析这两个指数综合变动的方向和程度。

■ 实施过程：

（1）数量指标综合指数或质量指标综合指数，不仅可以综合反映复杂总体的数量或质量变动的相对程度，还可以从绝对量上分析由于数量指标或质量指标变动所引起的绝对效果。

（2）三种商品销售量综合指数为 100.9%，说明：

① 三种商品的报告期销售量比基期销售量综合或平均提高了 0.9%。

② 商品销售量的提高使商品销售额也提高了 0.9%。

③ $\sum q_1 p_0 - \sum q_0 p_0 = 33\ 600 - 33\ 300 = 300$（元），说明商品销售量的增长使报告期销售额比基期销售额增加了 300 元。

（3）三种商品销售价格综合指数为 103.51%，说明：

① 三种商品的报告期价格比基期价格平均上升了 3.51%。

② 价格的上升使报告期销售额比基期销售额上升了 3.51%。

③ $\sum q_1p_1 - \sum q_1p_0 = 34\,780 - 33\,600 = 1\,180$(元)，说明价格的上升使报告期销售额比基期销售额增加了 1 180 元。

能力测试

某工业企业三种产品的产量及出厂价格如表 7.2-6 所示。

表 7.2-6　　　　　　　某企业三种产品的产量及出厂价格

产品名称	计量单位	产 量		出产价格/元	
		基期 q_0	报告期 q_1	基期 p_0	报告期 p_1
甲	吨	5 000	5 500	20	21
乙	台	3 000	3 600	25	28
丙	件	4 000	3 500	40	45

试计算：
(1) 产量个体指数和出厂价格个体指数。
(2) 产量综合指数及由于产量增长(或降低)而增加(或减少)的产值。
(3) 出厂价格综合指数及由于出厂价格提高(或降低)而增加(或减少)的产值。

课后阅读与思考

综合指数的其他编制方法

在指数理论的发展与完善过程中，还先后产生了一些编制综合指数的其他方法，这些方法直接影响了现代指数，对指数的编制仍有重要的借鉴意义。常用的方法有拉氏指数、费暄指数等。

（一）拉氏指数

拉氏指数是德国经济学家拉斯贝尔（Laspeyre）于 1864 年首先提出的，其计算公式称为拉斯贝尔公式。拉斯贝尔主张不论是数量指标指数还是质量指标指数，都把同度量因素（权数）固定在基期来编制指数。其价格指数和物量指数的计算公式如下：

$$\text{价格指数}\quad \overline{K_p} = \frac{\sum p_1 q_0}{\sum p_0 q_0} = \frac{\sum \dfrac{p_1}{p_0} p_0 q_0}{\sum p_0 q_0}$$

$$\text{物量指数}\quad \overline{K_q} = \frac{\sum q_1 p_0}{\sum q_0 p_0} = \frac{\sum \dfrac{q_1}{q_0} q_0 p_0}{\sum q_0 p_0}$$

（二）派氏指数

派氏指数是德国经济学家派舍（Paasche）于 1874 年首创的，其计算公式称为派舍公式。派舍主张不论是数量指标指数还是质量指标指数，都把同度量因素（权数）固定在报告期来编制指数。其价格指数和物量指数的计算公式如下：

价格指数　$\overline{K_p} = \dfrac{\sum p_1 q_1}{\sum p_0 q_1} = \dfrac{\sum p_1 q_1}{\sum \dfrac{p_0}{p_1} p_1 q_1}$

物量指数　$\overline{K_q} = \dfrac{\sum q_1 p_1}{\sum q_0 p_1} = \dfrac{q_1 p_1}{\sum \dfrac{q_0}{q_1} q_1 p_1}$

应用拉氏指数和派氏指数对同一资料计算的结果不同,拉氏指数主要受基期产品结构的影响,派氏指数主要受报告期产品结构的影响。在实际应用中,由于派氏指数要求每期更换权数资料,计算比较麻烦,而拉氏指数的同度量因素固定在基期,在编制长期连续性的指数数列时比较方便,因此,拉氏指数得到更为普遍的应用。

(三) 费暄指数

费暄指数是美国统计学家费暄(Irving Fisher)于1911年提出的。费暄指数是指拉氏指数和派氏指数的几何平均数,主要用于对指数公式的测验,以及调和拉氏与派氏两种指数的矛盾。其价格指数和物量指数的计算公式如下:

价格指数　$\overline{K} = \sqrt{\dfrac{\sum p_1 q_1}{\sum p_0 q_0} \times \dfrac{\sum p_1 q_2}{\sum p_0 q_0}}$

物量指数　$\overline{K} = \sqrt{\dfrac{\sum q_1 p_0}{\sum q_0 p_0} \times \dfrac{\sum q_1 p_2}{\sum q_0 p_0}}$

费暄的价格指数在一些国际对比中应用较多。例如不少国家的人均国民生产总值,就是借用价格指数,运用货币购买力平价指数法计算的;又如联合国编制的地域差别生活费指数,也采用了价格指数公式。但由于费暄指数是拉氏和派氏指数的一种折中方法,其计算结果往往缺乏明确的经济意义。

(资料来源:教育部高等教育司组编,《统计学》,高等教育出版社,1998年)

思　考　1. 根据所学的指数知识,分析拉氏指数和派氏指数的优势。

2. 举一个例子,说说拉斯贝尔公式在实践中的应用。

  软件操作

要求:根据某企业甲、乙、丙三种产品的生产情况(表7.2-7),借助 Excel 软件用综合指数法计算生产量总指数和价格总指数。

表7.2-7　　　　　　　　某企业三种产品的生产情况资料

产品名称	计量单位	产量		价格/元	
		基期 q_0	报告期 q_1	基期 p_0	报告期 p_1
甲	件	1 000	1 150	100	100
乙	千克	2 000	2 100	55	50
丙	台	400	500	200	250

具体操作如下:

1. 将表 7.2-7 中的相关资料输入到 Excel 工作表中,如图 7.2-1 所示。

2. 计算各个 q_0p_0。在 G4 中输入公式"= C4 * E4",并用鼠标拖曳填充柄将公式复制到 G5:G6 区域。

3. 计算各个 q_1p_0。在 H4 中输入公式"= D4 * E4",并用鼠标拖曳填充柄将公式复制到 H5:H6 区域。

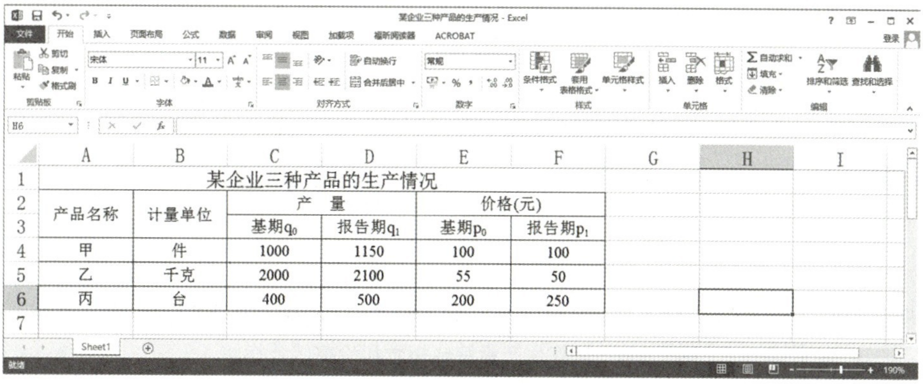

图 7.2-1 输入资料

4. 计算各个 q_1p_1。在 I4 中输入公式"= D4 * F4",并用鼠标拖曳填充柄将公式复制到 I5:I6 区域。

5. 计算 $\sum q_0p_0$、$\sum q_1p_0$ 和 $\sum q_1p_1$。选定 G4:G6 区域,单击"开始"菜单栏上的"∑自动求和"按钮,在 G7 中出现该列的求和值,得 $\sum q_0p_0$。选定 H4:H6 区域,单击"开始"菜单栏上的"∑自动求和"按钮,在 H7 中出现该列的求和值,得 $\sum q_1p_0$。选定 I4:I6 区域,单击"开始"菜单栏上的"∑自动求和"按钮,在 I7 中出现该列的求和值,得 $\sum q_1p_1$。如图 7.2-2 所示。

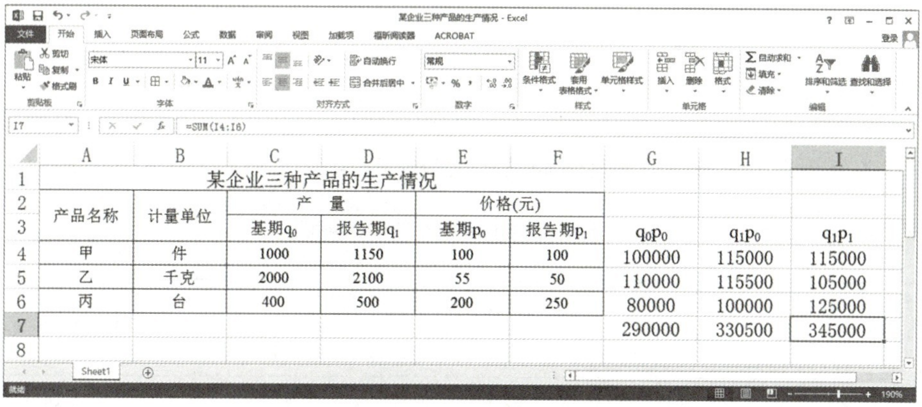

图 7.2-2 计算 $\sum q_0p_0$、$\sum q_1p_0$ 和 $\sum q_1p_1$

6. 计算生产量综合指数 $\overline{K_q} \dfrac{\sum q_1p_0}{\sum q_0p_0}$。在 C8 中输入"= H7/G7",便可得到生产量综合

指数值。计算价格综合指数 $\overline{K_p} \dfrac{\sum q_1 p_1}{\sum q_1 p_0}$。在 F8 中输入"= I7/H7",便可得到价格综合指数值。如图 7.2-3 所示。

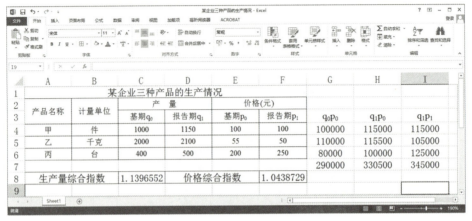

图 7.2-3　计算生产量综合指数和价格综合指数

任务三　计算平均法总指数

任务要求

1. 能用自己的语言正确表达平均指数的含义及其编制特点。
2. 能根据给定的数据资料,正确编制平均指数。

任务引入

假定某市场上三种商品的销售量和销售额如表 7.3-1 所示。

表 7.3-1　　　　　　　三种商品的销售量与销售额资料

商品名称	计量单位	销售量		一季度销售额/万元
		一季度	二季度	
甲	件	160	180	1 500
乙	盒	250	290	1 800
丙	套	500	540	2 200
合　计	—	—	—	5 500

任务描述

1. 试编制这三种商品的销售量平均指数。
2. 根据上述计算的结果,做出简单分析。

 相关知识

一、平均法总指数

(一) 平均法总指数的概念

平均法总指数是计算总指数的另一种形式。它是以某一时期的总量指标为权数对个体指数加权平均计算出来的总指数,又称为平均指数。平均指数之所以被称为平均指数,是因为它利用了加权算术平均数 $\bar{x} = \dfrac{\sum xf}{\sum f}$ 和加权调和平均数 $\bar{x} = \dfrac{\sum m}{\sum \dfrac{m}{x}}$ 的计算形式。

(二) 平均法总指数的特点

平均指数从编制方法来看,具有以下特点:

(1) 先对比,后平均。即先通过对比计算出各个单项事物的个体指数,然后再对这些个体指数赋予适当的权数,加以平均以求得总指数。

(2) 由于受所掌握资料不全面的限制,当我们无法直接运用综合指数的计算公式来计算时,可以使用平均指数来测定复杂现象的综合或平均变动的方向和程度。所以说,在一定的权数下,综合指数和平均指数存在着某种计算上的变形关系。

 问题讨论

> 平均指数和综合指数之间有什么联系和区别?

平均指数表现为两种基本形式:一种是加权算术平均指数;另一种是加权调和平均指数。下面分别阐述这两种平均指数的编制。

二、加权算术平均指数

加权算术平均指数是按照加权算术平均数方法计算的总指数。一般地,数量指标综合指数可以改变为加权算术平均形式计算指数,即以个体物量指数为变量值,以数量指标综合

指数相对应的分母指标(基期的总量指标)为权数,对个体指数运用加权算术平均数公式计算总指数。其计算公式为:

$$\overline{K_q} = \frac{\sum q_1 p_0}{\sum q_0 p_0} = \frac{\sum \frac{q_1}{q_0} q_0 p_0}{\sum q_0 p_0} = \frac{\sum K_q q_0 p_0}{\sum q_0 p_0}$$

式中,$\overline{K_q}$ 表示加权算术平均指数;$K_q = \frac{q_1}{q_0}$ 表示个体物量指数;$q_0 p_0$ 表示基期总量指标。

下面举例说明加权算术平均数指数的计算和分析。

【例1】 已知两种商品的销售资料如表 7.3-2 所示,要求计算这两种商品销售量的平均指数。

表 7.3-2   两种商品的销售资料(一)

商品名称	计量单位	销售额/万元		报告期比基期销售量增长/%
		基 期	报告期	
电视机	台	5 000	8 880	23
洗衣机	台	4 500	4 200	−7
合 计	—	9 500	13 080	—

分析:由于受所掌握资料不全面的限制,我们无法直接运用综合指数的计算公式来计算销售量总指数,而适合采用加权算术平均指数。首先根据资料求出各种商品销售量的个体指数 K_q,然后以基期的实际销售额作为权数计算加权算术平均指数。

解:个体销售量指数:电视机 $K_q = 100\% + 23\% = 123\%$

洗衣机 $K_q = 100\% - 7\% = 93\%$

销售量总指数:

$$\overline{K_q} = \frac{\sum q_1 p_0}{\sum q_0 p_0} = \frac{\sum K_q q_0 p_0}{\sum q_0 p_0} = \frac{123\% \times 5\,000 + 93\% \times 4\,500}{5\,000 + 4\,500} = \frac{10\,335}{9\,500} \approx 108.79\%$$

$$\sum K_q q_0 p_0 - \sum q_0 p_0 = 10\,335 - 9\,500 = 835(万元)$$

计算结果说明:

(1)两种商品的报告期销售量比基期销售量平均增长 8.79%。

(2)由于销售量的增长而增加的销售额为 835 万元。

三、加权调和平均指数

加权调和平均指数是按照加权调和平均数方法计算的总指数。一般地,质量指标综合指数可以改变为加权调和平均形式计算指数,即以个体质量指数为变量值,以质量指标综合指数相对应的分子指标(报告期的总量指标)为权数,对个体指数运用加权调和平均数公式计算总指数。其计算公式为:

由 $K_p = \dfrac{p_1}{p_0}$ 得 $p_0 = \dfrac{p_1}{K_p}$

将 $p_0 = \dfrac{p_1}{K_p}$ 代入综合指数公式可得质量指标的加权调和平均指数的计算公式为：

$$\overline{K_p} = \frac{\sum q_1 p_1}{\sum q_1 p_0} = \frac{\sum q_1 p_1}{\sum q_1 \dfrac{p_1}{K_p}} = \frac{\sum q_1 p_1}{\sum \dfrac{1}{K_p} q_1 p_1}$$

式中，$\overline{K_p}$ 表示加权调和平均指数；$K_p = \dfrac{p_1}{p_0}$ 表示个体质量指标指数；$q_1 p_1$ 表示报告期总量指标。

下面举例说明加权调和平均指数的计算和分析。

【例 2】 已知两种商品的销售资料如表 7.3-3 所示，要求计算这两种商品价格的平均指数。

表 7.3-3　　　　　　　　　　两种商品的销售资料（二）

商品名称	计量单位	销售额/万元		第二季度价格比第一季度价格增长/%
		第一季度	第二季度	
电视机	台	150	204	2
洗衣机	台	250	300	0
合　计	—	400	504	—

解：价格指数为 $\overline{K_p} = \dfrac{\sum q_1 p_1}{\sum q_1 p_0} = \dfrac{\sum q_1 p_1}{\sum \dfrac{1}{K_p} q_1 p_1} = \dfrac{204 + 300}{\dfrac{204}{1.02} + \dfrac{300}{1}} = \dfrac{504}{500} = 100.8\%$

$$\sum q_1 p_1 - \sum \dfrac{1}{K_p} q_1 p_1 = 504 - 500 = 4（万元）$$

计算结果说明：

（1）两种商品第二季度价格比第一季度价格平均增长 0.8%。

（2）由于价格的增长而增加的销售额为 4 万元。

想一想　某企业生产三种产品，其报告期销售量比基期销售量分别增长 10%、8%、5%，报告期价格比基期价格分别上涨 8%、6%、4%，三种产品销售额基期分别为 560 万元、780 万元、450 万元，报告期分别为 640 万元、845 万元、510 万元。如何综合反映三种产品销售量和价格的变动？

任务实施

1. 试编制这三种商品的销售量平均指数。

■ 实施过程：

（1）由于受所掌握资料的限制，我们无法直接运用综合指数的计算公式来计算销售量总指数,而适合采用加权算术平均指数。首先根据资料求出各种商品销售量的个体指数 K_q,然后以基期的实际销售额作为权数计算加权算术平均指数。

(2) 计算个体销售量指数 K_q,如表 7.3-4 所示。

表 7.3-4 三种商品的销售量与销售额计算表

商品名称	计量单位	销售量		一季度销售额/万元	销售量个体指数 K_q/%
		一季度	二季度		
甲	件	160	180	1 500	112.5
乙	盒	250	290	1 800	116
丙	套	500	540	2 200	108
合 计	—	—	—	5 500	—

三种商品的平均指数:

$$\overline{K_q} = \frac{\sum K_q q_0 p_0}{\sum q_0 p_0} = \frac{112.5\% \times 1\ 500 + 116\% \times 1\ 800 + 108\% \times 2\ 200}{1\ 500 + 1\ 800 + 2\ 200}$$

$$= \frac{6\ 151.5}{5\ 500} \approx 111.85\%$$

2. 根据上述计算的结果,做出简单分析。

■ 实施过程:

(1) $\sum K_q q_0 p_0 - \sum q_0 p_0 = 6\ 151.5 - 5\ 500 = 651.5$(万元)

(2) 计算结果说明:

① 三种商品二季度销售量比一季度销售量平均增长 11.85%。

② 由于销售量的增长而增加的销售额为 651.5 万元。

 能力测试

某公司三种商品的销售额及价格变动资料如表 7.3-5 所示。

表 7.3-5 某公司三种商品的销售额及价格变动资料

商品名称	商品销售额/万元		价格变动率/%
	基期	报告期	
甲	500	650	2
乙	200	200	-5
丙	1 000	1 200	10

要求:计算三种商品的价格总指数,并做简单分析。

平均指数的应用

1. 我国商品零售物价指数的编制

物价指数反映物价水平的变动。我国现行编制的物价指数有农副产品收购价格指数、国营商业零售价格指数、集市贸易价格指数、工农业产品综合比价指数、职工生活费用价格指数和全社会零售物价总指数等，均采用平均数指数进行编制。其中，与人民生活关系最为密切的，是全社会零售物价总指数。

零售物价总指数全面反映城乡市场零售物价总水平的变动情况。它反映国营商业牌价、议价和集市贸易价格的总变动，反映国家计划价格和自由市场价格的总升降水平及其对城乡人民生活水平支出和国家财政收入总的影响程度。它是编制财政计划和价格计划，制定物价政策和工资政策的重要依据。

我国现行的零售物价指数的编制要点有：

(1) 指数的分类。全部零售商品分为食品(粮食、副食品、烟茶酒,其他食品)、衣着、日用杂品、文化用品、医药、燃料等六大类。大类以下分小类，小类以下分若干细类(或商品集团)。例如，在食品这一大类中，分为粮食、副食品、烟茶酒、其他食品等四小类。在粮食这一小类中，分有细粮、粗粮两个细类。在细粮这一细类中，再分有大米、面粉两个商品集团。可想而知，全社会零售商品种类成千上万，分类只能适可而止。例如，大米作为商品集团，其中包括糯米、粳米、籼米等，各种米还有质量等级之分，等等，不一而足。因此，在编制指数时，只能在商品集团中选取一种或数种代表规格品作为代表。

(2) 代表品的选择。代表规格品的选择，各地可以根据当地情况参考中央规定的《商品目录》酌情增减确定。但是应选择那些价格变动能够反映该商品集团价格变动趋势的商品作为代表品。例如规定以标准面粉作为面粉这一商品集团的代表品，大米则以中等白米为代表品。目前，物价统计报表制度的商品目录中，计算国营零售牌价指数的商品达511种之多。

(3) 典型地区的选择。零售物价总指数反映的是全国平均价格水平，它既包括价格上涨较多的地区，也包括上涨不多甚至下降的地区。分地区来看，大中城市、东南沿海地区及东北部分地区平均物价上涨幅度较大。因此，选择具有代表性的典型地区作为物价调查点是很重要的。据1985年的资料显示，国家统计局在全国抽选具有代表性的106个城市和77个县城作为调查点，并选择340种主要商品作为代表商品，派人到上述调查点里的6 000多个各种类型的商店和典型市场，直接调查登记城乡的实际价格，取得大量的商品价格资料。

(4) 商品价格的确定。计算国营商业零售牌价指数采用的商品价格，是按月、季、年编制的平均价格。月平均价格是将本月变价前后的价格以调价前后的天数加权算术平均计算。例如，某市6月11日某商品价格由130元降为100元，则：

$$月平均价格 = \frac{130 \times 10 + 100 \times 20}{30} = 110(元)$$

年平均价格是将12个月的平均价格简单算术平均计算。例如，某商品1—6月每月平

均价格为12元,而7—12月每月平均价格为14元,则:

$$年平均价格 = \frac{12 \times 6 + 14 \times 6}{12} = 13(元)$$

(5) 固定权数的确定。零售物价总指数是长期连续不断地进行编制和计算的。因此,其所采用的权数必须是固定权数。零售物价指数的权数,一般根据上年1—3季度消费的实际零售额和第4季度预计零售额(不包括对社会集团的消费品零售额),并参考本年度市场变化情况加以确定。各大类的权数基本上应符合当地人民的消费构成。在确定权数时,首先确定大类的权数,其次确定小类的权数,最后确定商品的权数。各大、小类的零售额除包括指数中所选商品的零售额外,还包括未选商品的零售额。大类权数之和,大类中小类权数之和,小类中各商品集团的权数之和,均应等于100。权数一律采用整数,不用小数。每年确定一次权数,年内不变。

(6) 基期的选择。物价指数是报告期与基期对比而得的相对数,这种对比,只有在条件相同的情况下,才能说明物价水平的变化。用来作为对比基准的时期应是经济和生产比较稳定的时期,不宜选用那些非正常因素(如战争、自然灾害等)影响较大的时期为基期。若1年度不足以作为代表,也可用几年的平均数作为基期。同时,以选择晚近时期作基期为宜,因为基期相隔太远,就难以保证指数所包含项目的同质性。时间跨度过大的指数,往往夸大(偏高或偏低)价格变动的幅度。

2. 农副产品收购价格指数的编制方法

(1) 计算方法。农副产品收购价格指数采用加权调和平均法计算。其计算公式为:

$$\overline{K} = \frac{\sum P_1 Q_1}{\sum \frac{1}{K} P_1 Q_1} \left(式中 K = \frac{P_1}{P_0}, \sum P_1 Q_1 表示报告期商品的收购额 \right)$$

通过编制农副产品收购价格指数,可以观察分析农副产品收购价格水平的变动对农民货币收入和国家财政支出的影响,为计算和研究农产品与工业品交换的综合比价指数提供资料,为国家制定价格政策提供依据。

(2) 资料的搜集。农副产品收购价格指数以省(市、区)为单位编制。调查范围包括各种经济类型的商业企业及其他单位向农村乡(镇)、村集体农业生产单位或农民个体以各种价格形式(国家定价、指导价和市场调节价)收购的粮食、经济作物、竹木材料、干鲜水果、土畜水产、药材等农副产品的价格、数量、金额等。价格资料采用分级汇总的方式,先由各调查县市将调查点的价格资料整理计算出不同价格形式的平均价格,连同其收购量和收购额报省(市、区)有关部门,再由省(市、区)整理计算出全省(市、区)的不同价格形式的平均价格和综合平均价格。

(3) 计算步骤。

第一步,计算单项商品个体价格指数。整理计算出报告期全省(市、区)各种商品(或代表规格品)的综合平均价格,与基期各种商品(或代表规格品)相应的综合平均价格对比,求出该种商品(或代表规格品)的个体价格指数。

第二步,计算小类商品收购价格指数。采用加权调和平均指数公式计算。先综合汇总报告期本小类商品的收购额 $\sum P_1 Q_1$。以报告期各种商品的收购额 $P_1 Q_1$ 除以其相应的个体价格指数 K,计算各种商品按基期(或上年)价格计算的假定收购额,加总求得按基期价格计算的小类商品假定的收购额 $\sum \frac{1}{K}P_1Q_1$，然后再与报告期小类商品收购额 $\sum P_1Q_1$ 对比，求得小类商品价格指数 $\dfrac{\sum P_1Q_1}{\frac{1}{K}P_1Q_1}$。

第三步，计算大类商品收购额价格指数。先综合汇总报告期本大类中各小类商品收购额 $\sum P_1Q_1$，以各小类的商品收购额 P_1Q_1 除以相应的小类商品价格指数 K，加总求得按基期价格计算的假定收购额 $\sum \frac{1}{K}P_1Q_1$，对比计算大类商品收购价格指数。

第四步，按上述方法计算出农副产品收购价格总指数。

（资料来源：MBA 智库百科网，http://wiki.mbalib.com/wiki/%E5%B9%B3%E5%9D%87%E6%8C%87%E6%95%B0）

思 考 1. 简要说说我国现行的零售物价指数的编制要点。

2. 谈谈农副产品收购价格指数的编制方法与平均指数的编制方法之间有什么联系与区别。

软件操作

要求：根据图 7.3-1 中 A1:F6 区域内某企业生产情况的统计资料，借助 Excel 软件用平均指数法计算生产量总指数和价格总指数。

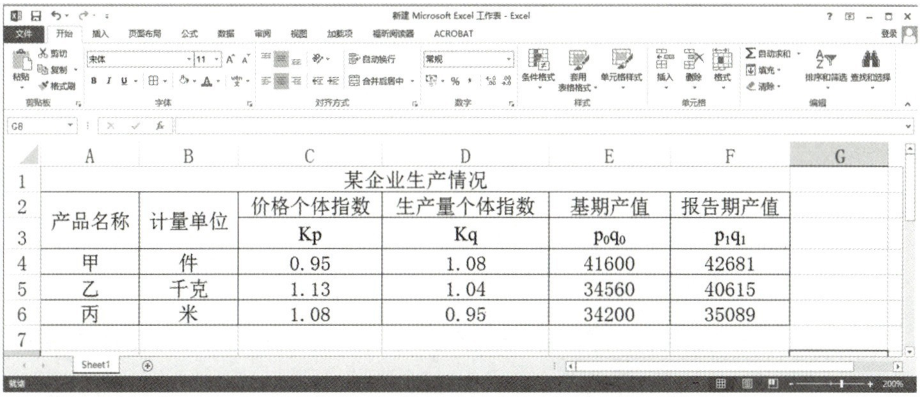

某企业生产情况					
产品名称	计量单位	价格个体指数 Kp	生产量个体指数 Kq	基期产值 p_0q_0	报告期产值 p_1q_1
甲	件	0.95	1.08	41600	42681
乙	千克	1.13	1.04	34560	40615
丙	米	1.08	0.95	34200	35089

图 7.3-1 某企业生产情况的统计资料

具体操作如下：

1. 计算各个 p_0q_1。在 G4 中输入“=F4/C4”，并用鼠标拖曳将公式复制到 G5:G6 区域。

2. 计算 $\sum p_0q_0$、$\sum p_1q_1$ 和 $\sum p_0q_1$。选定 E4:E6 区域，单击“开始”菜单栏上的“$\sum$ 自动求和”按钮，在 E7 中出现该列的求和值，得 $\sum p_0q_0$。选定 F4:F6 区域，单击“开始”菜单栏上的“$\sum$ 自动求和”按钮，在 F7 中出现该列的求和值，得 $\sum p_1q_1$。选定 G4:G6 区域，单击“开始”菜单栏上的“$\sum$ 自动求和”按钮，在 G7 中出现该列的求和值，得 $\sum p_0q_1$。

3. 计算生产量总指数。在 C9 中输入“ = G7/E7”即得到所求的值。

4. 计算价格总指数。在 F9 中输入“ = F7/G7”即得到所求的值。

具体计算结果如图 7. 3-2 所示。

	A	B	C	D	E	F	G
1	某企业生产情况						
2	产品名称	计量单位	价格个体指数	生产量个体指数	基期产值	报告期产值	
3			Kp	Kq	p_0q_0	p_1q_1	p_0q_1
4	甲	件	0. 95	1. 08	41600	42681	44927. 37
5	乙	千克	1. 13	1. 04	34560	40615	35942. 48
6	丙	米	1. 08	0. 95	34200	35089	32489. 81
7					110360	118385	113359. 66
8							
9	生产量总指数		1. 027180691	价格总指数		1. 044330927	
10							

图 7. 3-2　用 Excel 计算平均指数的结果

统计活动——扫码学习

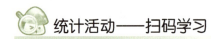

统计指数分析技术

项目八

统计分析报告技术

 学习目标

1. 能辨认统计分析报告。
2. 能说出统计分析报告的概念、特点、作用、种类和类型。
3. 能说出统计分析报告的基本构成。
4. 能正确进行统计分析报告的选题。
5. 能辨析统计分析报告中的常见错误。
6. 能说出统计分析报告的撰写程序和评价标准。
7. 能够撰写简单的统计分析报告。

任务一　认知统计分析报告

 任务要求

1. 能辨认统计分析报告。
2. 能说出统计分析报告的概念、特点和作用。
3. 能说出统计分析报告的种类和类型。
4. 能指出统计分析报告的基本组成部分。

任务引入

"共享"单车:"共享"还须"共管"

——申城共享单车调查报告

共享单车出现以来,市民对共享单车"爱恨交加",市民赞成共享单车出现吗?共享单车为市民的生活带来了哪些好处,哪些不便?近日,国家统计局上海调查总队专项调查处就此进行了一次市民对共享单车意见的调查,调查采取拦截调查的方式,成功访问了1002位市民(文中简称"调查对象")

一、共享单车深受市民欢迎

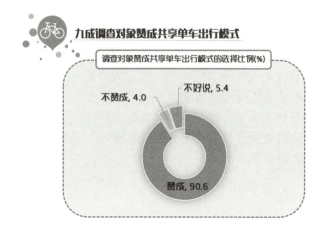

调查显示,90.6%的调查对象对共享单车的出行模式表示赞成,仅有4.0%不赞成。分年龄看,调查对象年龄越小对共享单车的支持度越高,12~18周岁的调查对象中,95.7%对共享单车表示赞成,高于19~30周岁(赞成人数占比92.1%)、31~45周岁(赞成人数占比90.2%)和46周岁以上(赞成人数占比82.8%)的调查对象。

1. 共享单车有效解决了最后一公里问题

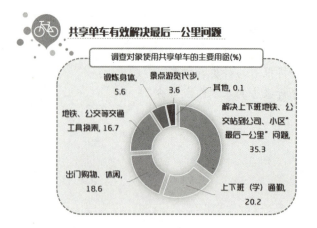

解决最后一公里、上下班(学)通勤和出门购物、休闲是共享单车三大用途。调查显示，35.3%的调查对象使用共享单车主要解决上下班地铁、公交站到公司、小区"最后一公里"的问题；20.1%解决上下班(学)通勤；18.6%是为了出门购物和休闲。

2. 共享单车体现的优势：节能、省时、方便

72.5%的调查对象认为"绿色出行，节约能源"是共享单车出行的好处，占比最高，有68.8%认为"短途旅行可以节省时间"，62.5%认为可以"随骑随走随停"。此外，锻炼身体(33.3%)、省钱(24.7%)也是居民选择共享单车作为出行方式的优势。

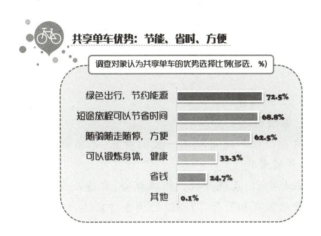

二、共享单车带来管理难点

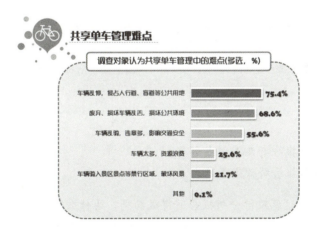

共享单车在为出行带来方便的同时，也带来了一些公共管理和社会治理上的难题。

1. 单车随便停放，侵占公共用地

调查显示，81.0%的调查对象表示遇到过乱停乱放车辆的不文明现象。根据调查，当共享单车使用完准备停放时，遇到停放点停满车的情况，只有37.9%的调查对象选择了"再骑一段时间，找到停车空位时再停"，符合交通法规。41.1%的调查对象选择了"时间紧张，把车放在停车点周围"，21.0%选择了"随便找个地方停"。

2. 旧车处理随意，破坏公共环境

调查显示，68.6%的调查对象认为共享单车"废弃、损坏车辆乱丢，破坏公共环境"，

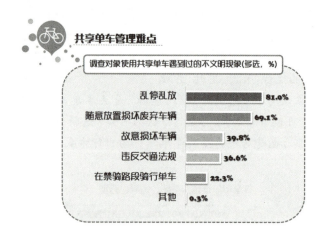

21.7%表示"车辆太多,资源浪费"。

3. 车辆乱骑违章,影响交通安全

共享单车由于其自身产权和使用权不一致的特点,车辆使用人所受约束少,交通违章多,对车辆的管理提出严峻考验。

一是违法行为越来越突出,表现任性。根据调查,在违反交规被交警拦下时,92.2%的调查对象愿意接受交警的教育和处罚。7.8%的调查对象认为反正车子不是自己的,交警无法通过车辆找到自己,把车子随手放在路边就走。

二是车辆骑入禁行区域,带来交通难题,尤其在景区更为凸显。调查显示,对共享单车禁行路段,82.0%的调查对象选择"不骑车了,走过去",符合交通法规,但仍有6.9%的调查对象选择了"先骑上单车,被拦下了再说",11.1%选择了"看其他游客是否骑行,其他人骑的话,自己也骑"。

(资料来源:上海统计网,http:∥www.stats‑sh.gov.cn/html/fxbg/201801/1001478.html)

 任务描述

1. 这篇统计分析报告有几个组成部分?
2. 这篇统计分析报告给你带来什么启示?

议一议 你觉得这篇统计分析报告写得成功吗?为什么?

 相关知识

一、统计分析报告的概念和特点

(一)统计分析报告的概念

统计分析报告是指运用统计资料和统计分析方法,以独特的表达方法和结构特点,表现所研究事物本质和规律性的一种应用文章。

我们可以从以下三个方面来理解这个概念：

（1）统计分析报告是统计分析研究过程中所形成的论点、论据、结论的集中表现。它不同于一般的总结报告、议论文、叙述文和说明文；更不同于小说、诗歌和散文；它是运用统计资料和统计方法、数字与文字相结合，对客观事物进行分析研究结果的表现。

（2）统计分析结果可以通过表格式、图形式和文章式等多种形式表现出来，而文章式的主要形式是统计分析报告，它是统计分析结果的所有表现形式中最完善的形式。

（3）统计分析报告这种形式可以综合而灵活地运用表格、图形等形式；可以表现出表格式、图形式难以充分表现的活情况；可以使分析结果鲜明、生动、具体；可以进行深刻的定性分析。

（二）统计分析报告的特点

统计分析报告不是一般的文字资料，也不是统计数字的文字化，而是一种特殊的统计分析文章，因此，它与一般的文章相比具有以下特点：

（1）统计分析报告以统计数据为主体。统计分析报告主要以统计数字语言来直观地反映事物之间各种复杂的联系，以确凿的数据来说明具体时间、地点、条件下社会经济领域的成就和经验、问题与教训、各种矛盾及其解决办法。

（2）统计分析报告以科学的统计指标体系和统计方法来进行分析、研究和说明。统计分析报告是通过一整套科学的统计指标体系进行数量分析、研究，进而说明事物的现象和本质。但它又不同于数学分析，数学分析方法撇开事物的质量，只分析抽象的数量关系和空间的形式，而统计分析报告是在质与量的辩证统一中研究量的方面基础上，研究说明事物质的规定性。

（3）统计分析报告具有独特的表达方式和结构特点。统计分析报告属于应用文体，基本表达方式是以事实来叙述，让数字说话，在阐述中议论，在议论中分析。在结构上的突出特点是脉络清晰、层次分明。一般是先摆数据、事实，进行各种科学的分析，进而揭示问题，亮出观点，最后有针对性地提出建议、办法和措施。

二、统计分析报告的作用

统计分析报告是一种特殊的文章式报告。通常，它具有以下几个方面的作用：

（一）统计分析报告是衡量统计工作水平的综合标准

统计分析报告是统计工作过程的最终成果，在一定意义上，它是全部统计工作水平的综合。一般来说，高质量的统计分析报告，来自高质量的统计设计、统计调查、统计整理、统计分析和统计分析写作。统计分析报告需要具备较强的观察能力、思维能力、创新能力、组织能力等，统计分析报告的质量如何，也就反映了统计工作水平如何。

（二）统计分析报告是传播统计信息的有效工具

现代社会是信息的时代，信息已成为重要资源。统计信息又是社会信息的主体，而且是最全面、最稳定、较准确的信息。统计信息要通过载体传播,而统计分析报告是主要载体之一,适合在报纸杂志上发表,传播条件比较简便,具有较大的信息覆盖面,是传播统计信息的有效工具。

(三) 统计分析报告是发挥统计整体功能的重要手段

统计分析报告把数据、情况、问题、建议等融为一体,既有定量分析,又有定性分析,比一般统计数据更集中、更系统、更鲜明地反映客观实际,又便于人们阅读、理解和利用,因而是发挥统计信息、咨询、监督职能的重要手段。

(四) 统计分析报告是增进社会了解统计的重要窗口

由于统计分析报告可以综合表现和传播多种统计信息,因而它可以成为充分展示各种统计成果的重要窗口。通过这个窗口,既可以向社会各界传递统计信息,也可以使他们增进对统计工作的了解,进而认识统计工作的重要性。

(五) 统计分析报告是有利于促进统计工作自身发展的有效方式

统计分析报告的质量,反映了统计工作的水平。在统计分析报告的写作过程中,能有效地检验统计工作各个环节的工作质量,发现问题,及时改进,使统计工作得到改善、加强和提高。另外,经常撰写统计分析报告,能综合锻炼写作人员的素质,全面提高统计人员的理论水平、业务水平和分析问题的能力。

三、统计分析报告的种类

(一) 根据内容和作用分类

统计分析报告根据其内容和作用的不同,分为下列几种主要类型:

1. 统计公报

统计公报是政府统计机构通过报刊向社会公众公布一个年度国民经济和社会发展情况的统计分析报告,一般是由国家、省一级以及计划单列的省辖市一级的统计局发布的,如《2017 年常州市国民经济和社会发展统计公报》。统计公报的特点是:① 政治性、政策性和权威性较强。② 主要用统计数字直接反映方针政策的贯彻执行所取得的成就和问题,一般不做统计分析。③ 标题和结构比较固定。④ 写作严肃认真,用语郑重,概括性强,语言简练。

2. 进度统计分析报告

进度统计分析报告主要以定期报表为依据,反映社会经济的发展情况,分析其影响和形成的原因,可以是月度分析、季度分析和年度分析等,例如《某厂第 1 季度工业生产计划完成情况分析》。从时间上看,它可分为定期分析报告和不定期分析报告、期中分析报告和期末分析报告。进度统计分析报告必须讲究时效,力求内容短小精悍,结构简单规范,一目了然。

3. 综合统计分析报告

综合统计分析报告是从客观的角度,利用大量丰富的统计资料,对国民经济和社会发展的规模、水平、结构和比例关系、经济效益以及发展变化状况进行综合分析研究所形成的一种统计分析报告。它的主要特点是:① 内容上具有全面性、系统性、客观性。② 使用大量丰富而广泛的统计资料。③ 统计分析方法运用灵活。

4. 专题统计分析报告

专题统计分析报告是对社会经济现象的某一方面或某一问题进行专门的、深入研究的一种分析报告。它的目标集中,内容单一,不像综合分析报告那样要反映事物的全貌。正因为如此,专题统计分析报告更要求突破时间和空间的限制,根据领导和社会公众的需要灵活选题,做到重点突出,认识深刻。

5. 典型调查报告

典型调查报告是根据调查的目的、要求,有意识地选择少数有代表性的单位进行深入实际调查后所写成的报告。其特点是:① 内容上只反映少数单位的具体情况,不直接反映总体的全部情况,也不用这些单位的情况去推断总体的情况。② 直接取材,编写统计分析报告所使用的材料主要是典型调查所收集的第一手资料。因此,它比其他分析报告更具体、细致和生动。

> **知识链接**
>
> 统计分析报告实例资料可登录中国国家统计局网 http://www.stats.gov.cn/tjsj/ 查看有关统计公报、数据解读等,作为参考学习范文。

(二) 根据写作类型分类

统计分析报告按写作类型分,可分为说明型、计划型、总结型、公报型、调查型、分析型、研究型、预测型等。

1. 说明型统计分析报告

这是对统计报表进行说明的统计分析报告,亦称为"文字说明",也就是我们通常所说的报表说明。这种说明,主要是对报表的数据作文字的补充叙述,配合报表进一步反映社会经济情况。它可以帮助本单位领导审查报表,以保证数据的质量。

2. 计划型统计分析报告

这是检查计划执行情况的统计分析报告,按月、季、半年和年度检查计划执行情况的定期统计分析报告,都属于这种类型。

3. 总结型统计分析报告

这是对一定时期社会经济发展情况进行总结分析的统计分析报告。通过分析总结,可以全面认识一个地区、部门或单位的社会经济形势,或某个方面的情况,以便发扬成绩,总结经验教训,制订新的措施,为今后工作创造更好的条件。

4. 公报型统计分析报告

这是政府统计机关向社会公告重大社会经济情况的统计分析报告。统计公报是政府的一种文件,一般应由级别较高的统计机关发布。级别较低的统计机关不宜发表公报,但是可以采用统计公报的写作形式公布本地的社会经济发展情况,这样的统计分析报告也应列入公报型。

5. 调查型统计分析报告

这是通过非全面的专门调查来反映部分单位社会经济情况的统计分析报告。其基本特点是:只反映部分单位的社会经济情况,一般不直接反映和推论总体情况;它的资料和情况来源于非全面调查,并不主要来自全面统计。

6. 分析型统计分析报告

这是通过分析着重反映社会经济现象具体状态的统计分析报告。它同调查型统计分析报告的主要区别是:① 它既反映部分单位的情况,也反映总体的情况,并以总体情况为主。② 它的资料和情况来源是多方面的,可以是部分单位的调查资料,也可以是全面统计报表资料、历史资料等,其中又以全面统计报表资料居多。

7. 研究型统计分析报告

这是着重研究解决问题办法和进行理论探讨的统计分析报告。它同分析型统计分析报告的主要区别是:分析型统计分析报告对社会现象的认识仍停留在具体状态,而研究型统计分析报告则是从具体的状态上升到理论的高度,提出理论性的见解或新的观点。所以,研究型统计分析报告比分析型统计分析报告的意义又进一步,是一种高层次的统计分析报告。

8. 预测型统计分析报告

这是估量社会经济发展前景的统计分析报告。它与研究型统计分析报告的主要区别:研究型统计分析报告着重对趋势性、规律性进行定性研究,而预测型统计分析报告是在认识趋势及规律的基础上,着重对前景进行具体的定向和定量的研究。通过预测,人们可以超前认识社会经济发展前景,对制定方针、发展策略、编制计划、搞好管理等都具有很大的帮助。因此,预测型统计分析报告的作用很大,也属于高层次的统计分析报告。

想一想 现实生活中的统计分析报告是怎样发挥具体作用的呢?请说说你可以从哪些渠道获得统计分析报告。

四、统计分析报告的结构

一篇完整的统计分析报告,其结构格式一般包括标题、导语、正文、结尾四个部分。

(一)标题

标题也称为题目。有的标题既有正标题,又有副标题。正标题也叫主题或大标题;副标题也叫次题或提要题,是正标题的辅助标题,用于进一步补充和说明正标题,使正标题的意思更完整。例如,"回顾 展望 奋斗——我厂全年生产经营情况总结"。拟定标题,要力求确切、新颖、有吸引力。一篇统计分析报告有了好的标题,就可以对读者产生强烈的吸引力,使统计分析报告增色;相反,统计分析报告也会因标题较差而逊色。

(二)导语

导语就是统计分析报告的开头。文章开头的好坏,是关系全篇报告成败的一个重要因素。因此,好的导语一是要能够抓住读者,引起读者的注意和兴趣;二是要为全文的展开理清脉络,做好铺垫,确定好文章的格局;三是要短、精、新。

(三) 正文

正文是统计分析报告的主体。正文要求结构严谨、层次分明、条理清晰。这就要求对内容的先后次序、展开的步骤、详略的安排等从全局出发进行合理的组织。一般地,统计分析报告的正文有序时结构、序事结构、总分结构、并列结构等形式。

(四) 结尾

结尾就是统计分析报告的结束语。好的结尾,可以帮助读者明确题旨、加深认识,又可引起读者的联想和思考。

试一试 下面的统计分析报告节选自《2020 中国笔记本电脑市场研究年度报告》部分内容:

"……

四、价格走势分析

(一) 价格指数走势

笔记本电脑市场价格指数在波动中下滑。

受寒暑假、"十一"黄金周、新品上市等诸多因素的影响,2020 年笔记本电脑市场价格指数有所波动,但整体保持下滑趋势。以 2020 年 1 月 1 日的价格水平为 100.00 作为基准,笔记本电脑市场价格指数之后均保持在 100 点以下,并于 10 月出现接近 88.00 的最低值。2020 年底,笔记本电脑市场价格指数以 91.46 点收尾(图 8.1-1)。

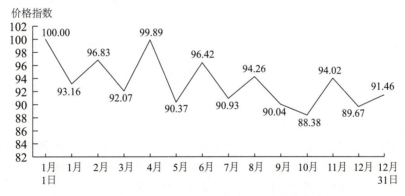

图 8.1-1　2020 年中国笔记本电脑市场价格指数走势

(二) 市场均价走势

1. 整体笔记本电脑市场均价走势

笔记本电脑产品均价小幅下降。

2020 年,中国笔记本电脑市场产品均价与价格指数走势保持一致,虽然每个月有所波动,但整体仍以下降为主。4 月,笔记本电脑均价达到 5 078 元的峰值;9 月,笔记本电脑均价降至 4 729 元的最低值。12 月笔记本电脑产品均价为 4 851 元,较 1 月有 28 元的小幅下滑(图 8.1-2)。

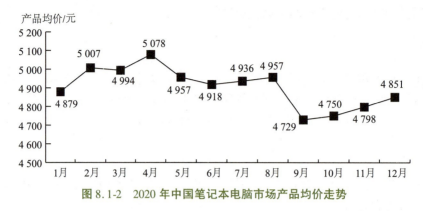

图 8.1-2　2020 年中国笔记本电脑市场产品均价走势

2. 家用笔记本电脑市场均价走势

家用产品均价走势与整体市场基本一致。

虽然家用笔记本电脑产品定位多样,能满足各个不同阶层的用户需求,但其中以高性价比产品为主。2020 年,中国家用笔记本电脑产品均价走势与整体市场基本保持一致,但价格水平始终低于整体市场 100—300 元左右。12 月,家用笔记本电脑市场产品均价为 4 546 元,较 1 月水平下降了 224 元,降幅较整体市场更为显著达 4.7%(图 8.1-3)。

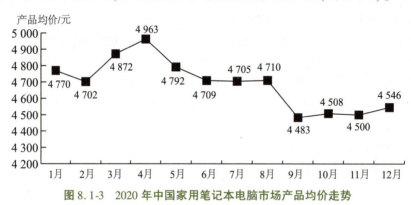

图 8.1-3　2020 年中国家用笔记本电脑市场产品均价走势

3. 商用笔记本电脑市场均价走势

商用产品均价在波动中上升。

在整体市场和家用市场产品均价水平都出现下滑的情况下,商用笔记本电脑产品均价反而在波动中上升。2020 年,中国商用笔记本电脑产品均价保持在 5 600 元以上,其中 3 月达到最低值 5 630 元,但 7 月、8 月产品均价突破 6 000 元大关。年底商用笔记本电脑价格水平再度回升,最终以 5 878 元的均价收尾,较 1 月的市场均价上涨了 94 元,涨幅为 1.6%(图 8.1-4)。

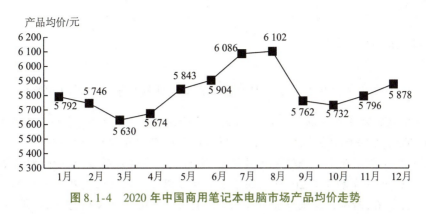

图8.1-4 2020年中国商用笔记本电脑市场产品均价走势

……"

(资料来源:根据ZDC互联网消费调研中心公布资料整理)

要求:请你指出上述分析报告的类型,并根据统计分析资料,从市场竞争看,对未来中国笔记本电脑市场发展趋势做出简要的判断和预测。

任务实施

1. 这篇统计分析报告有几个组成部分?

■ **实施过程:**

除标题外,有三个部分。第一部分是报告的开头部分,即调查项目概况;第二部分是共享单车深受市民欢迎的调查分析,具体讲了共享单车的两个优点;第三部分指出了共享单车带来的管理难点,主要从三个方面分析了共享单车带来的一些公共管理和社会治理难题。

2. 这篇统计分析报告给你带来什么启示?

■ **实施过程:**

共享单车是指企业在校园、地铁站点、公交站点、居民区、商业区、公共服务区等提供自行车单车共享服务,是一种分时租赁模式。共享单车是一种新型环保共享经济,实质是一种新型的交通工具租赁业务——自行车租赁业务,其主要依靠载体为自行车(单车),可以很充分利用城市因快速的经济发展而带来的自行车出行萎靡状况,最大化地利用了公共道路通过率,同时起到健康身体的作用。本案例通过市民对共享单车意见的调查,反映了市民对共享单车的"爱恨交加",期待政府能够对这一新鲜事物及早有效地介入公共管理和社会治理范畴。

能力测试

请在网上搜索一篇本市往年的统计公报,分析其特点、作用和基本组成部分,并指出其所属的种类。

2021年全国规模以上文化及相关产业企业营业收入增长16.0%

据对全国6.5万家规模以上文化及相关产业企业调查,2021年,上述企业实现营业收入119 064亿元,按可比口径计算,比上年增长16.0%;两年平均增长8.9%。

分业态看,文化新业态特征较为明显的16个行业小类实现营业收入39 623亿元,比上年增长18.9%;两年平均增长20.5%,高于全部规模以上文化及相关产业企业11.6个百分点。分行业类别看,新闻信息服务营业收入13 715亿元,比上年增长15.5%,两年平均增长16.7%;内容创作生产25 163亿元,增长14.8%,两年平均增长9.7%;创意设计服务19 565亿元,增长16.6%,两年平均增长13.8%;文化传播渠道12 962亿元,增长20.7%,两年平均增长3.2%;文化投资运营547亿元,增长14.3%,两年平均增长8.4%;文化娱乐休闲服务1 306亿元,增长18.1%,两年平均下降9.2%;文化辅助生产和中介服务16 212亿元,增长14.6%,两年平均增长3.3%;文化装备生产6 940亿元,增长13.6%,两年平均增长7.2%;文化消费终端生产22 654亿元,增长16.2%,两年平均增长10.5%。分产业类型看,文化制造业营业收入44 030亿元,比上年增长14.7%,两年平均增长6.6%;文化批发和零售业18 779亿元,增长18.2%,两年平均增长6.2%;文化服务业56 255亿元,增长16.3%,两年平均增长11.8%。分领域看,文化核心领域营业收入73 258亿元,比上年增长16.5%,两年平均增长9.9%;文化相关领域45 806亿元,增长15.2%,两年平均增长7.3%。分区域看,东部地区实现营业收入90 429亿元,比上年增长16.5%,两年平均增长9.2%;中部地区17 036亿元,增长14.9%,两年平均增长7.9%;西部地区10 557亿元,增长13.7%,两年平均增长8.8%;东北地区1 042亿元,增长11.0%,两年平均增长0.7%。

思 考
1. 这篇统计分析报告主要讲了什么内容?
2. 报告中出现了哪些常用的统计数据类型?这些数据说明了什么?
3. 报告中的两年平均增长率是怎样计算出来的?

任务二 统计分析报告的选题与撰写

1. 能正确进行统计分析报告的选题。
2. 能够撰写简单的统计分析报告。
3. 能辨析统计分析报告中的常见错误。
4. 能说出统计分析报告的撰写程序和一般评价标准。

2022年7月份消费市场总体保持恢复态势

2022年7月份,消费市场受到疫情多点散发以及出行类商品销售增速回落等因素影响,市场销售增长有所放缓。但总体来看,随着促进消费系列政策措施落地显效,消费市场保持恢复态势,升级类商品销售较快增长,新型消费稳中向好,餐饮等接触型服务消费持续恢复。

一、消费市场保持恢复态势,城乡市场增长基本同步

市场销售增速稳中略降。受本土疫情多地频发、汽车市场进入传统销售淡季、石油价格高位下调等因素叠加影响,7月份,社会消费品零售总额同比增长2.7%,增速比6月份回落0.4个百分点。1—7月份,社会消费品零售总额同比下降0.2%,降幅比1—6月份收窄0.5个百分点;除汽车以外的消费品零售额增长0.2%。

乡村市场增速回落小于城镇。7月份,城镇消费品零售额同比增长2.7%,增速比6月份回落0.4个百分点;乡村消费品零售额增长2.6%,增速比6月份略回落0.1个百分点。

二、多数商品销售保持增长,升级类消费需求持续释放

超八成限上商品类值销售增长。7月份,商品零售额同比增长3.2%。从商品类别看,限额以上单位18类商品中,15类商品零售额同比增长,其中7类商品零售额增速比上月加快。

消费升级类商品增势较好。7月份,限额以上单位金银珠宝类、体育娱乐用品类、家用电器和音像器材类、文化办公用品类等升级类商品销售较快增长,零售额同比分别增长22.1%、10.1%、7.1%和11.5%,增速比6月份分别加快14.0、0.4、3.9和2.6个百分点。

三、网络零售稳中有升,线下店铺经营向好

网上零售保持稳定增长。1—7月份,全国实物商品网上零售额同比增长5.7%,增速比1—6月份加快0.1个百分点。其中,吃类、穿类和用类网上零售额同比分别增长15.7%、3.4%和5.0%。与网购密切相关的邮政快递业务稳步回升。国家邮政局测算数据显示,7月份,快递业务量预计同比增长6.2%。

线下零售店铺经营继续恢复。1—7月份,限额以上实体店零售在1—6月份有所恢复的基础上保持向好态势。其中,专业店零售额同比增长3.7%,增速比1—6月份加快0.9个百分点;百货店、专卖店零售额同比分别下降7.4%、2.3%,降幅比1—6月份分别收窄1.0和1.8个百分点。

四、促消费政策发力显效,餐饮等接触型服务消费持续恢复

餐饮消费降幅收窄。在精准疫情防控政策实施背景下,居民暑期外出旅行和就餐等活动增多,居民餐饮消费需求持续恢复,餐饮收入同比降幅继续收窄。7月份,餐饮收入同比下降1.5%,降幅比6月份收窄2.5个百分点。

文娱及交通类服务消费持续复苏。随着消费场景有序放开,叠加各地多项促消费政策落地见效,文化及旅游相关服务消费市场继续回暖。7月份,电影市场共产出票房35.1亿元,同比增长8.6%,实现今年以来首次正增长。旅游出行类服务消费在暑期旅游旺季带动

下继续复苏。国铁集团数据显示,7月份全国铁路累计发送旅客2.2亿人次,日均发送量环比增长30.9%。

2022年7月份,市场销售总体上延续恢复态势,但也要看到,出行类商品增长放缓,餐饮收入增速仍未转正,居住类商品销售未有明显改善,消费市场恢复基础仍需巩固。下阶段,要深入贯彻落实党中央、国务院决策部署,高效统筹疫情防控和经济社会发展,着力提振消费信心,不断释放消费潜力,促进消费市场平稳恢复。

(资料来源:中国国家统计局网,http://www.stats.gov.cn/tjsj/sjjd/202208/t20220815_1887374.html)

任务描述

1. 本篇统计分析报告是根据什么来选题的?其背景是什么?
2. 本案例搜集了哪些资料?运用了哪些方法对资料进行加工整理?
3. 从本案例中你得到哪些启示?

相关知识

一、统计分析报告的选题

选准题目是统计分析报告的首要任务。要完成这一任务,就要遵循选题的原则,选好课题的内容,讲究选题的方法,突出选题的要点。

(一)选题的方向

统计分析报告的选题应同时具备两个基本条件:一是要有实用价值;二是要有新颖性。选择题目应该遵循三条原则:一是要根据社会经济发展的实际情况来选题;二是要根据服务对象的需要来选题;三是要根据本身的工作条件来选题。

如何才能做到选题准确呢?根据统计工作经验来看,一般应围绕以下方向来选题:

(1)选领导和群众最关心的问题,特别是本单位布置的题材和领导亲自出的题目。

(2)选具有现实意义的课题,或是与中心工作、全局性工作有密切联系的课题。

(3)选国民经济发展中带有前沿性、动向性、突发性的问题。

(4)选改革开放和社会经济建设中出现的新情况、新问题、新经验。

(5)选各方面有不同看法的重大问题。

(6)选中心工作、重要会议需要提供材料的课题。

总之,要根据实际情况来选题,不要为了分析而分析。当然选题中还要对主观条件加以考虑,课题所需资料的来源渠道是否畅通,干部力量是否能胜任,时间是否赶得上领导决策的需要等。

(二)选题的技巧

统计分析报告的课题虽然很多,但不等于随便什么都可以写,而是要抓住党政领导和社会各界的关注点,了解他们尚未认识或尚未充分认识的社会经济情况,这是主观与客观应该结合之点,常常表现为"注意点""矛盾点""发生点"。统计分析报告的选题要在明确选题方向的基础上抓住这"三点"。

(1)"注意点",即党政领导和社会各界比较关注的热点问题。比如金融危机、通货膨胀和需求不足、农民收入等人们比较关注的社会热点问题。

(2)"矛盾点",即问题比较集中、事情比较关键、影响比较大、争议比较多,但长期得不到很好解决的社会难点问题。比如国有企业改革、下岗职工再就业、企业养老金、房地产调控、商品房投诉等问题。

(3)"发生点",即指管理过程中,事物处于萌芽状态,还未被多数人认识之时,也就是人们所说的新情况、新问题,新趋势。如近年来开展的消费信贷、商品房抵押贷款、居民消费启而不动等。

总之,只要能抓住这"三点"来进行选题,统计分析报告就能发挥积极的作用,取得较好的社会效益。

二、统计分析报告的撰写

统计分析报告一般包括标题、导语、正文、结尾四个部分,统计分析报告的撰写包括标题的拟定、导语的撰写、正文和结尾的撰写等。

(一) 标题的拟定

标题也称题目,它是作者向读者传递的第一个信息,也是读者决定是否阅读这一分析报告的依据。因此,好的报告标题应该做到确切、简洁、新颖三个方面的基本要求。

拟定标题的常见方式有:
(1) 以分析目的为标题,这是统计分析报告标题的最基本形式。
(2) 以主要论点为标题,这种方式突出了分析报告的主题。
(3) 以主要结论为标题,这种方式既突出了主题又亮明了作者的观点。
(4) 以提问的方式拟定标题,这种方式能引起读者的疑问和悬念,使读者产生阅读的欲望。

此外,统计分析报告标题的拟定还可以将上述方式结合一些修辞手法。如"效益一落千丈,企业进退两难",这就是用夸张的手法将主要论点提出来,但这样的标题一般加副标题会比较好。

想一想 某人撰写了一篇题为"我市股份制商业银行的竞争力不断提高"的统计分析报告,你认为此报告是以什么为标题的?

(二) 导语的撰写

导语是统计分析报告的开头,精美的导语既可以使统计分析报告顺利展开,又能吸引读者。对导语的基本要求是:① 要抓住读者的心理,引起读者的注意和兴趣,使读者急于读下去和乐于读下去。② 要为全文的展开理清脉络,牵出头绪,做好铺垫,制定格局。③ 要短、要精、要新。

撰写导语的常见方式有：

（1）开门见山。其特点是紧密围绕文章的基本观点，简明扼要，直入主题。这种方式能直接揭示文章的主要结论，把读者关心的问题点破，使读者看完导语就能领悟到题旨。

（2）总揽全文。其特点是一开头就把分析报告的基本观点、基本内容交代清楚，使读者对所分析的问题有个概括的了解，起到画龙点睛的作用。

（3）交代动机。其特点是起因线索完整，时间、地点俱在，分析动机清楚，命题明显自然。简短数句话，就将全文所要说明的问题和目的以及分析问题的重要意义交代清楚。

（4）造成悬念。其特点是以提问、设问等方式提出问题，摆出矛盾，使读者产生疑问或悬念，然后逐一剖析解决。这种方式使文章内容在问与答中不断扩展深化，使读者在问与答中得到新的启迪和提高。

导语的形式是多种多样的，有的统计分析报告甚至不写导语，直接进入正文。

（三）正文的撰写

正文，即报告的主体。它是对基本内容、基本观点的论述和分析，是统计分析报告的精华所在。撰写正文需要对内容的先后次序、展开的步骤、论述的详略等，从全文出发进行合理的组织。正文结构安排得如何，直接影响分析报告的质量。

撰写正文的常见方式有：

（1）序时式。即按事物发展的经过和时间的先后次序安排层次。这种结构多用于反映客观事物随着时间的变化而变化的统计分析报告。

（2）序事式。即文章各部分内容按事理的发展顺序排列。

（3）总分式。即先总起来说，然后分开说；或者先分开说，后总起来说；或者前后都总说，中间分开说。

（4）并列式。即各层意思之间是并列关系，一般是将所要表述的情况分成并列的几部分横向展开。

（四）结尾的撰写

好的结尾可以使读者明确题旨、加深认识，又可以引起读者的联想和思考。对结尾的基本要求是：① 收笔自然，意尽言止。② 加深读者认识，达到言尽而意无穷。③ 深化主题，首尾呼应。④ 准确简洁，提出的问题或对策建议要归纳准确，语言表述要简洁。

撰写结尾的常见方式有：

(1) 总结全文，深化主题。

(2) 表明态度，提出建议。

(3) 展望前景，提出看法。

(4) 强调问题，引起重视。

(5) 水到渠成，得出结论。

(6) 呼应开头，首尾圆合。

无论用何种形式结尾，都需要注意当止则止、合情合理、首尾照应、准确简洁。

问题讨论

阅读下列一些标题,并指出哪些更适合作为统计分析报告的标题。
(1) A. 关于乡镇企业的调查
    B. 乡镇企业的呼唤
(2) A. ××市蔬菜价格猛涨26%
    B. ××市蔬菜价格上涨26%
(3) A. ××市九月份工业增加值增长15%
    B. ××市九月份工业增加值再创新高

三、统计分析报告中的常见问题

(一) 标题的常见问题

1. 标题与内容不统一

一般情况文不对题的文章较少,但标题与内容不统一的情况常常发生。有的文章题意太大或太宽,而有的文章题意太小或太窄。

2. 标题太长

有的分析者为了说明更细的分析目的和内容,写出的统计分析报告题目太长,如:"从我省工业发展的历史,结合改革开放的要求看,我省工业的振兴靠技术进步",如果改为"加快技术进步振兴我省工业"会比较好。

3. 标题缺乏新意

有些文章的标题虽然反映了统计分析的内容,但题目缺乏新意,不能引起读者的兴趣。很多的统计分析报告题目多是"××几点看法""××分析报告""××问题的调查"等,文章的题目千篇一律,没有特色。

(二) 导语的常见问题

导语的常见问题主要有以下两种:

1. 导语与正文缺乏联系

导语要吸引读者进入正文,就要紧密地联系正文。例如,导语讲全国的情况,而正文论述的却是某省的问题,或导语是某省的问题,而正文却主要论述全国的情况等。

2. 导语太长

有些统计分析报告的导语太长,不仅分散了读者的注意力,也会引起读者的反感。导语只要求起到引导作用即可,寥寥数语引出主题。

(三) 数字运用中的常见问题

一篇统计分析报告的质量好坏,在很大程度上取决于统计数字的准确性、统计数字使用的规范性及统计数字表达的完整性。统计分析报告中数字运用常见的问题有以下几种:

1. 数字罗列太多或数字搬家

统计分析报告中应用的统计数字应该是经过加工处理过的数字,如果只将统计表中的数字过多罗列或简单地搬到分析报告中,不仅不能反映出事物的本质和规律性,也无任何意义,还不如直接看原始表中数据。要学会使用分析数据,如:"从上表数字可以看出,该公司产品销售额连续五年大幅度增长,年平均增长 18.6%……",而不是将统计表中五年的销售额数字直接搬到分析报告中。

2. 数字运用不准确

在一些分析报告中,作者为了引起读者的注意,会有意无意地夸大使用统计数据。如:"在城市家庭收支调查中,低收入家庭的月人均收入仅为 50.6 元。实际生活水平已经处在难以维持温饱的状态。加之物价的上涨,他们不得不靠借贷维持生计。今年以来,月人均借款额比去年增长了 25 倍……"而实际情况是,月人均借款额由去年的 0.8 元增加到 20 元,由于借款的基数小,计算增长倍数不能给人准确的概念。应该把相对数与绝对数结合使用,或在此只分析绝对数的影响则可。

3. 数字运用含义不清或表述不当

有些统计分析报告的数字运用含义不清或表述不当,如:"某企业劳动生产率计划增长 8%,而实际增长了 12%,计划完成程度超额完成了 3.7 个百分点。"应将百分点改为百分数,即"计划完成程度超额完成了 3.7%"或"超额完成了 4 个百分点"均可。百分点和百分数的含义不同,计算方法也不同。

4. 作为统计数字的论据与论点不统一

有些分析报告中,作为统计数字的论据与论点不统一,即这些作为论据的统计数字不能说明论点。如:"……某市上年固定资产投资规模增长过猛,今年势头初步得到了控制,全社会固定资产投资总额为 5 210 亿元,比上年增长了 43%。"试想增长 43% 还说是增长势头初步得到了控制,那么多大幅度才算失控呢?

(四)修辞、语法、语言逻辑方面的常见问题

统计分析报告虽然强调用数字说话,但也离不开文字的叙述。在其他文章中常见的修辞、语法、语言逻辑方面的错误,在统计分析报告中也常出现,如语序混乱,词不达意,逻辑不清等。如:"今年上半年,我商场基本上完成了全年销售任务的 55%。"这里"基本上"是笼统的概念,而 55% 是准确的数字,二者不应搭配使用。又如:"我省消费结构中,吃的食品的构成质量正在发生变化。"这里的"食品"与"吃的"、"构成"与"质量"均为重复用词,应改为"我省消费结构中,食品的构成正在发生变化"。

总之,一篇好的分析报告应该是:选题准确,中心突出;结构严谨,层次分明;观点准确,材料翔实,推断合理;文字精练,通俗易懂。

四、统计分析报告的撰写程序

(一)选择分析课题

选题是写作统计分析报告首先要解决的问题。统计分析报告的选题范围、题材内容十分广泛,一般可以分为三种类型:一是任务题,这是领导交办、上级部门布置以及有关单位委

托的选题。二是固定题,这是结合定期统计报表进行统计分析的选题。这种选题一般比较稳定、变化不大。三是自选题,这是作者从统计资料或从现实生活中发现的选题。

(二) 拟定分析提纲

分析提纲与写作提纲不同,它是如何进行统计分析的思路和打算,是作者对分析对象的初步认识,它对统计分析的顺利进行起指导作用。其内容主要包括:① 统计分析的目的和任务是什么,要解决哪些问题;② 需要收集哪些统计数字和具体事实,从哪些途径去取得这些资料;③ 要选择哪些分析方法,准备从哪些方面进行分析;④ 调查、整理与分析工作的组织安排等。

(三) 收集加工资料

统计分析报告所需要的材料主要是统计资料。统计资料不仅是统计分析的基础,也是报告写作的基础;不仅是形成和表现观点的依据,也是阐明事物发展变化的依据。统计资料一般包括定期统计报表资料、一次性调查资料、统计整理资料、统计分析资料、统计资料书刊等。

(四) 撰写分析报告

统计分析的目的是为了认识事物。只有做到分析更加深入,才能对事物的认识更加深刻,从而使统计分析报告更加具有深度。撰写分析报告时需要注意:① 要综合运用多种分析方法从多个方面多个角度进行分析;② 定性分析与定量分析相结合;③ 要善于使用比较分析的方法;④ 要善于进行系统分析。

做一做 中国汽车工业协会发布的 2021 年 7 月份全国汽车产销数据显示了当前汽车的市场情况。有关数据如图 8.2-1、表 8.2-1 和表 8.2-2 所示。

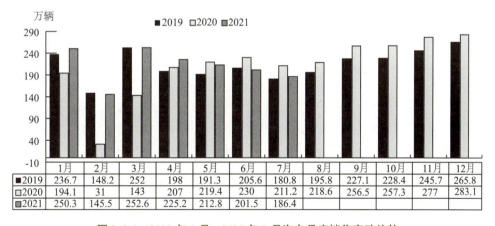

图 8.2-1 2019 年 1 月—2021 年 7 月汽车月度销售变动趋势

表 8.2-1　　　　　　　　　　2021 年 7 月汽车生产情况

	7月/万辆	1—7月累计/万辆	环比增长/%	同比增长/%	同比累计增长/%
汽车	186.3	1444.0	-4.1	-15.5	17.2
乘用车	154.8	1139.4	-0.5	-10.7	20.1
轿车	72.6	527.8	-0.8	-10.7	18.6
MPV	8.3	55.0	22.7	-0.5	30.0
SUV	70.7	534.8	-2.2	-11.7	21.0
交叉型乘用车	3.1	21.8	-3.8	-11.1	10.6
商用车	31.5	304.5	-18.8	-33.2	7.6
客车	4.3	30.1	-16.3	25.5	36.9
客车非完整车辆	0.1	0.9	-42.5	-26.0	0.8
货车	27.3	274.5	-19.2	-37.8	5.1
半挂牵引车	3.5	53.0	-45.8	-57.0	8.3
货车非完整车辆	3.8	43.3	-18.6	-47.4	6.1

表 8.2-2　　　　　　　　　　2021 年 7 月汽车销售情况

	7月/万辆	1—7月累计/万辆	环比增长/%	同比增长/%	同比累计增长/%
汽车	186.4	1475.6	-7.5	-11.9	19.3
乘用车	155.1	1156.0	-1.1	-7.0	21.2
轿车	71.1	535.4	-1.8	-8.4	20.3
MPV	8.0	53.6	18.8	-5.6	19.4
SUV	72.4	545.7	-2.9	-6.2	22.6
交叉型乘用车	3.6	21.2	13.3	2.5	11.6
商用车	31.2	319.6	-30.0	-30.2	12.9
客车	3.8	29.6	-28.2	16.4	36.2
客车非完整车辆	0.1	0.9	-43.5	-27.2	0.1
货车	27.4	290.0	-30.3	-33.8	10.9
半挂牵引车	3.4	56.5	-58.5	-53.0	12.4
货车非完整车辆	3.8	48.9	-40.8	-40.3	22.3

要求：请你根据上述资料及对汽车行业的认知，写一篇简单的数据分析报告，题目自拟。

五、统计分析报告的评价标准

统计分析报告的质量好坏,一般从两个方面来衡量:一是统计分析报告的深度和广度,即报告的内容是否丰富,对资料的分析和写作技巧如何;二是统计分析报告的时效性及产生的社会影响,即分析报告在实际工作中发挥的作用如何,也就是它的社会效益。后者是衡量统计分析报告质量的主要标准。从1985年起,国家统计局组织评选优秀统计分析报告时,提出了四条评比标准,即基本质量要求:

(1)准确性要求,即选题准确,能够紧密结合经济形势,配合党的中心任务,反映方针、政策的执行情况和效果,对党政领导的决策能起积极的作用。

(2)针对性要求,即资料可靠,观点鲜明,分析深刻,提出一定的见解。

(3)时效性要求,即时效性强,反映情况及时。

(4)逻辑性要求,即主题突出,结构严谨,条理清晰,文字简洁。

总之,要写出一篇高质量的统计分析报告,除了要做到上述四个要求外,还应在求新和求深上下功夫。

 请搜索两篇统计分析报告进行比较,说说优秀的统计分析报告需要具备几个要素?

任务实施

1. 本篇统计分析报告是根据什么来选题的?其背景是什么?

■ **实施过程:**

消费需求是拉动经济发展至为重要的力量,消费是我国经济增长的重要引擎,党中央历来高度重视提振消费工作。消费市场受到疫情多点散发以及出行类商品销售增速回落等因素影响,市场销售增长有所放缓。

2. 本案例搜集了哪些资料?运用了哪些方法对资料进行加工整理?

■ **实施过程:**

搜集了2022年1—7月份社会消费品零售总额数据以及2021年同比数据。调查方法上,对限额以上单位进行全数调查,对限额以下单位进行抽样调查,采用分组、汇总、对比等方法进行加工整理。

3. 从本案例中你得到哪些启示?

■ **实施过程:**

要根据党中央各项促进消费的政策措施,针对不同时期对消费领域、消费结构、消费形式、消费品质等不同侧重点和要求,立足新发展阶段,增强消费对经济发展的基础性作用。

 能力测试

请你根据自己所在小区居民的上班交通问题,设计调查问卷并展开调查,撰写一篇完整的统计分析报告。

课后阅读与思考

2022年7月份社会消费品零售总额增长2.7%

2022年7月份,社会消费品零售总额35 870亿元,同比增长2.7%(图1)。其中,除汽车以外的消费品零售额32 046亿元,增长1.9%。2022年1—7月份,社会消费品零售总额246 302亿元,同比下降0.2%。其中,除汽车以外的消费品零售额221 332亿元,增长0.2%。

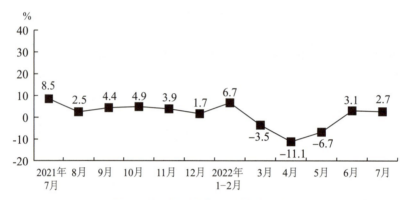

图1 社会消费品零售总额同比增速

按经营单位所在地分,7月份,城镇消费品零售额31 205亿元,同比增长2.7%;乡村消费品零售额4 665亿元,增长2.6%。1—7月份,城镇消费品零售额213 910亿元,同比下降0.3%;乡村消费品零售额32 391亿元,增长0.1%。

按消费类型分,7月份,商品零售32 176亿元,同比增长3.2%;餐饮收入3 694亿元,下降1.5%(图2)。1—7月份,商品零售222 568亿元,同比增长0.5%;餐饮收入23 734亿元,下降6.8%。

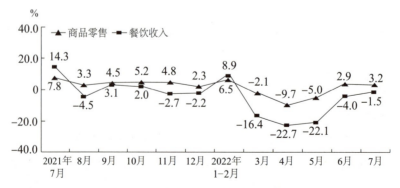

图2 按消费类型分零售额同比增速

按零售业态分,1—7月份,限额以上零售业单位中的超市、便利店、专业店零售额同比分别增长4.1%、4.6%、3.7%,百货店、专卖店分别下降7.4%、2.3%。

1—7月份,全国网上零售额 73 224 亿元,同比增长 3.2%。其中,实物商品网上零售额 63 153 亿元,增长 5.7%,占社会消费品零售总额的比重为 25.6%;在实物商品网上零售额中,吃类、穿类、用类商品分别增长 15.7%、3.4%、5.0%。如表 1 所示。

表1　2022 年 7 月份社会消费品零售总额主要数据

指　标	7月		1—7月	
	绝对量/亿元	同比增长/%	绝对量/亿元	同比增长/%
社会消费品零售总额	35 870	2.7	246 302	-0.2
其中:除汽车以外的消费品零售额	32 046	1.9	221 332	0.2
其中:限额以上单位消费品零售额	13 737	6.8	94 750	1.7
其中:实物商品网上零售额	—	—	63 153	5.7
按经营地分				
城镇	31 205	2.7	213 910	-0.3
乡村	4 665	2.6	32 391	0.1
按消费类型分				
餐饮收入	3 694	-1.5	23 734	-6.8
其中:限额以上单位餐饮收入	959	-1.2	5847	-6.8
商品零售	32 176	3.2	222 568	0.5
其中:限额以上单位商品零售	12 778	7.5	88 903	2.3
粮油、食品类	1 366	6.2	10 375	9.4
饮料类	244	3.0	1 719	7.4
烟酒类	366	7.7	2 828	6.9
服装、鞋帽、针纺织品类	964	0.8	7 239	-5.6
化妆品类	253	0.7	2 161	-2.1
金银珠宝类	247	22.1	1 726	1.5
日用品类	572	0.7	4 224	1.3
家用电器和音像器材类	808	7.1	5 278	1.4
中西药品类	504	7.8	3 599	9.4
文化办公用品类	351	11.5	2 330	6.6
家具类	134	-6.3	864	-8.6
通讯器材类	425	4.9	3 448	0.0
石油及制品类	2 030	14.2	13 068	14.2
汽车类	3 824	9.7	24 970	-3.6
建筑及装潢材料类	152	-7.8	1 026	-3.6

注:①此表速度均为未扣除价格因素的名义增速。②此表中部分数据因四舍五入,存在总计与分项合计不等的情况。

(资料来源:中国国家统计局网,http://www.stats.gov.cn/tjsj/zxfb/202208/t20220814_1887335.html)

思　考　1. 请解释这篇分析报告中出现的社会消费品零售总额、网上零售额两个指标的涵义。

2. 这篇统计分析报告在撰写方面有什么特点?

3. 请你评价一下这篇统计分析报告。透过这个报告,你可以了解到哪些消费市场信息情况?

统计分析报告技术

附　录

国民经济和社会发展常见统计指标解释

1. 平均增长速度　表明社会经济现象在一个较长的时期内逐期平均增长变化的程度,它不能根据各个环比增长速度直接求得,但与平均发展速度之间存在着一定的数量关系:平均增长速度＝平均发展速度－1。

平均发展速度是一种根据环比发展速度计算的序时平均数,由于各时期对比的基础不同,所以计算平均发展速度不能采用一般的序时平均数的计算方法,计算方法分为水平法和累计法。水平法,又称几何平均法,即将环比发展速度按连乘法用几何平均数公式计算。累计法,也称方程法,根据一段时期内各年发展水平总和与基期水平的关系,列出方程式计算平均发展速度。水平法着重考虑最后一年所达到的发展水平;累计法着重考虑整个时期累计发展水平的总量。

《中国统计年鉴》内所列的平均增长速度,除固定资产投资用"累计法"计算外,其余均用"水平法"计算。从某年到某年平均增长速度的年份,均不包括基期年在内。如建国四十三年以来的平均增长速度是以1949年为基期计算的,则写为1950—1992年平均增长速度,其余类推。

2. 企业(单位)登记注册类型　是以在工商行政管理机关登记注册的各类企业为划分对象,以工商行政管理部门对企业登记注册的类型为依据,将企业登记注册类型分为内资企业、港澳台商投资企业和外商投资企业三大类。内资企业包括国有企业、集体企业、股份合作企业、联营企业、有限责任公司、股份有限公司、私营企业和其他企业;港澳台商投资企业和外商投资企业分别包括合资经营企业、合作经营企业、独资经营企业和股份有限公司等。对不在工商行政管理部门进行登记注册的行政机关、事业单位和社会团体,主要按其经费来源和管理方式进行划分。

(1) 国有企业　指企业全部资产归国家所有,并按《中华人民共和国企业法人登记管理条例》规定登记注册的非公司制的经济组织。不包括有限责任公司中的国有独资公司。

(2) 集体企业　指企业资产归集体所有,并按《中华人民共和国企业法人登记管理条例》规定登记注册的经济组织。

(3) 股份合作企业　指以合作制为基础,由企业职工共同出资入股,吸收一定比例的社会资产投资组建,实行自主经营,自负盈亏,共同劳动,民主管理,按劳分配与按股分红相结合的一种集体经济组织。

(4) 联营企业　指两个及两个以上相同或不同所有制性质的企业法人或事业单位法人,按自愿、平等、互利的原则,共同投资组成的经济组织。联营企业包括国有联营企业、集体联营企业、国有与集体联营企业和其他联营企业。

（5）有限责任公司　指根据《中华人民共和国公司登记管理条例》规定登记注册，由两个以上、五十个以下的股东共同出资，每个股东以其所认缴的出资额对公司承担有限责任，公司以其全部资产对其债务承担责任的经济组织。有限责任公司包括国有独资公司以及其他有限责任公司。

（6）股份有限公司　指根据《中华人民共和国公司登记管理条例》规定登记注册，其全部注册资本由等额股份构成并通过发行股票筹集资本，股东以其认购的股份对公司承担有限责任，公司以其全部资产对其债务承担责任的经济组织。

（7）私营企业　指由自然人投资设立或由自然人控股，以雇佣劳动为基础的营利性经济组织。包括按照《公司法》《合伙企业法》《私营企业暂行条例》规定登记注册的私营有限责任公司、私营股份有限公司、私营合伙企业和私营独资企业。

（8）其他企业　指上述企业之外的其他内资经济组织。

3. 国内生产总值（GDP）　指按市场价格计算的一个国家（或地区）所有常住单位在一定时期内生产活动的最终成果。国内生产总值有三种表现形态，即价值形态、收入形态和产品形态。从价值形态看，它是所有常住单位在一定时期内生产的全部货物和服务价值与同期投入的全部非固定资产货物和服务价值的差额，即所有常住单位的增加值之和；从收入形态看，它是所有常住单位在一定时期内创造并分配给常住单位和非常住单位的初次收入之和；从产品形态看，它是所有常住单位在一定时期内最终使用的货物和服务价值与货物和服务净出口价值之和。在实际核算中，国内生产总值有三种计算方法，即生产法、收入法和支出法。三种方法分别从不同的方面反映国内生产总值及其构成。

对于一个地区来说，称为地区生产总值或地区 GDP。

4. 国民总收入（GNI）　即国民生产总值，指一个国家（或地区）所有常住单位在一定时期内收入初次分配的最终结果。一国常住单位从事生产活动所创造的增加值在初次分配中主要分配给该国的常住单位，但也有一部分以生产税及进口税（扣除生产和进口补贴）、劳动者报酬和财产收入等形式分配给非常住单位；同时，国外生产所创造的增加值也有一部分以生产税及进口税（扣除生产和进口补贴）、劳动者报酬和财产收入等形式分配给该国的常住单位，从而产生了国民总收入的概念。它等于国内生产总值加上来自国外的净要素收入。与国内生产总值不同，国民总收入是个收入概念，而国内生产总值是个生产概念。

5. 三次产业　三产业的划分是世界上较为常用的产业结构分类，但各国的划分不尽一致。根据《国民经济行业分类》（GB/T 4754—2011），我国的三次产业划分是：

第一产业是指农、林、牧、渔业（不含农、林、牧、渔服务业）。

第二产业是指采矿业（不含开采辅助活动），制造业（不含金属制品、机械和设备修理业），电力、热力、燃气及水生产和供应业，建筑业。

第三产业即服务业，是指除第一产业、第二产业以外的其他行业。

6. 人口数　指一定时点、一定地区范围内有生命的个人总和。

年度统计的年末人口数指每年 12 月 31 日 24 时的人口数。年度统计的全国人口总数内未包括香港、澳门特别行政区和台湾地区以及海外华侨人数。

7. 经济活动人口　指在 16 周岁及以上，有劳动能力，参加或要求参加社会经济活动的人口。包括就业人员和失业人员。

8. 就业人员 指在16周岁及以上,从事一定社会劳动并取得劳动报酬或经营收入的人员。这一指标反映了一定时期内全部劳动力资源的实际利用情况,是研究我国基本国情国力的重要指标。

9. 单位就业人员 指报告期末最后一日24时在本单位中工作,并取得工资或其他形式劳动报酬的人员数。该指标为时点指标,不包括最后一日当天及以前已经与单位解除劳动合同关系的人员,是在岗职工、劳务派遣人员及其他就业人员之和。就业人员不包括:(1) 离开本单位仍保留劳动关系,并定期领取生活费的人员;(2) 利用课余时间打工的学生及在本单位实习的各类在校学生;(3) 本单位因劳务外包而使用的人员。

10. 在岗职工 指在本单位工作且与本单位签订劳动合同,并由单位支付各项工资和社会保险、住房公积金的人员,以及上述人员中由于学习、病伤、产假等原因暂未工作仍由单位支付工资的人员。在岗职工还包括:(1) 应订立劳动合同而未订立劳动合同人员(如使用的农村户籍人员);(2) 处于试用期人员;(3) 编制外招用的人员;(4) 派往外单位工作,但工资仍由本单位发放的人员(如挂职锻炼、外派工作等情况)。

11. 城镇登记失业人员 指有非农业户口,在一定的劳动年龄内(16周岁至退休年龄),有劳动能力,无业而要求就业,并在当地劳动保障部门进行失业登记的人员。

12. 城镇登记失业率 城镇登记失业人员与城镇单位就业人员(扣除使用的农村劳动力、聘用的离退休人员、港澳台及外方人员)、城镇单位中的不在岗职工、城镇私营业主、个体户主、城镇私营企业和个体就业人员、城镇登记失业人员之和的比。

13. 货物进出口总额 指实际进出我国国境的货物总金额。包括对外贸易实际进出口货物,来料加工装配进出口货物,国家间、联合国及国际组织无偿援助物资和赠送品,华侨、港澳台同胞和外籍华人捐赠品,租赁期满归承租人所有的租赁货物,进料加工出口货物,边境地方贸易及边境地区小额贸易进出口货物(边民互市贸易除外),中外合资企业、中外合作经营企业、外商独资经营企业进出口货物和公用物品,到、离岸价格在规定限额以上的进出口货样和广告品(无商业价值、无使用价值和免费提供出口的除外),从保税仓库提取在中国境内销售的进口货物,以及其他进出口货物。该指标可以观察一个国家在对外贸易方面的总规模。我国规定出口货物按离岸价格统计,进口货物按到岸价格统计。

14. 居民消费价格指数 是反映一定时期内城乡居民所购买的生活消费品和服务项目价格变动趋势和程度的相对数,是对城市居民消费价格指数和农村居民消费价格指数进行综合汇总计算的结果。通过该指数可以观察和分析消费品的零售价格和服务项目价格变动对城乡居民实际生活费支出的影响程度。

15. 商品零售价格指数 是反映一定时期内城乡商品零售价格变动趋势和程度的相对数。商品零售价格的变动与国家的财政收入、市场供需的平衡、消费与积累的比例关系有关。因此,该指数可以从一个侧面对上述经济活动进行观察和分析。

16. 工业生产者出厂价格指数 是反映一定时期内全部工业产品出厂价格总水平的变动趋势和程度的相对数,包括工业企业售给本企业以外所有单位的各种产品和直接售给居民用于生活消费的产品。该指数可以观察出厂价格变动对工业总产值及增加值的影响。

17. 城镇家庭总收入 指家庭成员得到的工资性收入、经营净收入、财产性收入、转移性收入之和,不包括出售财物收入和借贷收入。

18. 城镇居民家庭可支配收入 指家庭成员得到可用于最终消费支出和其他非义务性

支出以及储蓄的总和,即居民家庭可以用来自由支配的收入。它是家庭总收入扣除交纳的个人所得税、个人交纳的社会保障支出以及记账补贴后的收入。计算公式为:

城镇居民家庭可支配收入 = 家庭总收入 − 交纳个人所得税 − 个人交纳的社会保障支出 − 记账补贴

19. 城镇家庭服务性消费支出　指家庭用于支付社会提供的各种文化和生活方面的非商品性服务费用。

20. 农村居民家庭纯收入　指农村住户当年从各个来源得到的总收入相应地扣除所发生的费用后的收入总和。计算方法:

农村居民家庭纯收入 = 总收入 − 家庭经营费用支出 − 税费支出 − 生产性固定资产折旧 − 赠送农村内部亲友

纯收入主要用于再生产投入和当年生活消费支出,也可用于储蓄和各种非义务性支出。"农民人均纯收入"是按人口平均的纯收入水平,反映的是一个地区农村居民的平均收入水平。

21. 恩格尔系数　指食品支出在现金消费支出中所占的比例。计算公式为:

$$恩格尔系数 = \frac{食品支出}{现金消费支出} \times 100\%$$

22. 工业　指从事自然资源的开采,对采掘品和农产品进行加工和再加工的物质生产部门。具体包括:(1)对自然资源的开采,如采矿、晒盐等(但不包括禽兽捕猎和水产捕捞);(2)对农副产品的加工、再加工,如粮油加工、食品加工、缫丝、纺织、制革等;(3)对采掘品的加工、再加工,如炼铁、炼钢、化工生产、石油加工、机器制造、木材加工等,以及电力、自来水、煤气的生产和供应等;(4)对工业品的修理、翻新,如机器设备的修理、交通运输工具(如汽车)的修理等。

工业统计调查单位为独立核算法人工业企业。

独立核算法人工业企业指从事工业生产经营活动的单位。独立核算法人工业企业应同时具备以下条件:① 依法成立,有自己的名称、组织机构和场所,能够承担民事责任;② 独立拥有和使用资产,承担负债,有权与其他单位签订合同;③ 独立核算盈亏,并能够编制资产负债表。

23. 国有及国有控股企业　指国有企业加上国有控股企业。国有企业(即原全民所有制工业或国营工业)指企业全部资产归国家所有,并按《中华人民共和国企业法人登记管理条例》规定登记注册的非公司制的经济组织。包括国有企业、国有独资公司和国有联营企业。1957年以前的公私合营和私营工业,后均改造为国营工业,1992年改为国有工业,这部分工业的资料不单独分列时,均包括在国有企业内。国有控股企业是对混合所有制经济的企业进行的"国有控股"分类。它是指这些企业的全部资产中国有资产(股份)相对其他所有者中的任何一个所有者占资(股)最多的企业。该分组反映了国有经济控股情况。

24. 社会消费品零售总额　指企业(单位、个体户)通过交易直接售给个人、社会集团非生产、非经营用的实物商品金额,以及提供餐饮服务所取得的收入金额。个人包括城乡居民和入境人员,社会集团包括机关、社会团体、部队、学校、企事业单位、居委会或村委会等。

25. 工业总产值　是以货币表现的工业企业在一定时期内生产的已出售或可供出售工业产品总量,它反映一定时间内工业生产的总规模和总水平。

26. 工业增加值 是指工业企业在报告期内以货币形式表现的工业生产活动的最终成果；是工业企业全部生产活动的总成果扣除了在生产过程中消耗或转移的物质产品和劳务价值后的余额；是工业企业生产过程中新增加的价值。

27. 人户分离的人口 是指居住地与户口登记地所在的乡镇街道不一致且离开户口登记地半年及以上的人口。

28. 流动人口 是指人户分离人口中扣除市辖区内人户分离的人口。市辖区内人户分离的人口是指一个直辖市或地级市所辖区内和区与区之间，居住地和户口登记地不在同一乡镇街道的人口。

29. 全员劳动生产率 为国内生产总值(以2015年价格计算)与全部就业人员的比率。

30. 当年价格 也就是报告期当年的实际价格，如：工业品的出厂价格、农产品的收购价格、商品的零售价格等。用当年价格计算的一些以货币表现的物量指标，如国内生产总值、工业总产值、农业总产值、农副产品收购总额和社会商品零售总额等，反映当年的实际情况，使国民经济指标互相衔接，便于考察社会经济效益，便于对生产、流通、分配、消费之间进行综合平衡。

按当年价格计算的以货币表现的指标，在不同年份之间进行对比时，因为包含各年间价格变动的因素，不能确切地反映实物量的增减变动，必须消除价格变动的因素后，才能真实地反映经济发展动态。因此，在计算增长速度时，一般都使用可比价格计算。

31. 不变价格 是固定不变的价格，也叫固定价格，它是用某一时期同类产品的平均价格作为固定价格来计算各个时期的产品价值，目的是为了消除各时期价格变动的影响，保证前后时期之间、地区之间、计划与实际之间指标的可比性。

(资料来源：中国国家统计局网，http：∥www.stats.gov.cn/tjsj/zbjs/)

参考文献

[1] 吴喜之.统计学:从数据到结论[M].3版.北京:中国统计出版社,2009.
[2] 曾五一.统计学简明教程[M].北京:中国人民大学出版社,2012.
[3] 李洁明,祁新娥.统计学原理[M].5版.上海:复旦大学出版社,2010.
[4] 徐国祥.统计学[M].上海:上海人民出版社,2007.
[5] 栗方忠.统计学原理[M].4版.大连:东北财经大学出版社,2011.
[6] 贾俊平,何晓群,金勇进.统计学[M].2版.北京:中国人民大学出版社,2006.
[7] 袁卫,庞皓,曾五一,贾俊平.统计学[M].2版.北京:高等教育出版社,2005.
[8] 黄良文.统计学原理[M].北京:中国统计出版社,2000.
[9] 王静龙,梁小筠.定性数据统计分析[M].北京:中国统计出版社,2008.
[10] 马家善.社会经济统计学原理[M].上海:立信会计出版社,1997.
[11] 韩兆洲.统计学原理[M].7版.广州:暨南大学出版社,2011.
[12] 陈仁恩.统计学基础[M].厦门:厦门大学出版社,2004.
[13] 许涤龙,谭朵朵,沈春华.统计学基础实验[M].北京:中国统计出版社,2010.
[14] 魏振军.统计通俗读本:漫游数据王国[M].北京:中国统计出版社,2010.
[15] 陈黎明,张芳.市场调查与分析实验[M].北京:中国统计出版社,2011.
[16] 娄庆松,曹少华.统计基础知识[M].2版.北京:高等教育出版社,2006.
[17] 黄良文,陈仁恩.统计学原理[M].4版.北京:中央广播电视大学出版社,2006.
[18] 王景新.统计学基础[M].上海:上海财经大学出版社,2011.
[19] 李朝鲜.调查与分析[M].北京:经济科学出版社,2011.
[20] Salkind N J.爱上统计学[M].史玲玲,译.重庆:重庆大学出版社,2008.
[21] David S. Moore.统计学的世界[M].郑惟厚,译.北京:中信出版社,2003.
[22] David Freedman等.统计学[M].魏宗舒等,译.北京:中国统计出版社,1997.
[23] 吴喜之.逆向思维与统计[J].统计与信息论坛,2003(1).
[24] 史宁中.统计的基本思想与方法及其课程教学设计[J].湖南教育(数学教师),2008(1).
[25] 中华人民共和国国家统计局网站,http://www.stats.gov.cn/.